FP
教科書
®

EXAM PRESS ®
ファイナンシャル・プランニング
技能検定学習書

JN050908

いつもバタ子さんの

FP3級

FP3

テキスト&
過去問題集
2024
-
2025
年版

NPO法人
Wco.FPの会 監修

青山雅恵・
溝江淳子 著

SE
SHOEISHA

本書内容に関するお問い合わせについて

このたびは翔泳社の書籍をお買い上げいただき、誠にありがとうございます。弊社では、読者の皆様からのお問い合わせに適切に対応させていただくため、以下のガイドラインへのご協力をお願い致しております。下記項目をお読みいただき、手順に従ってお問い合わせください。

●ご質問される前に

弊社Webサイトの「正誤表」をご参照ください。これまでに判明した正誤や追加情報を掲載しています。

正誤表 https://www.shoeisha.co.jp/book/errata/

●ご質問方法

弊社Webサイトの「書籍に関するお問い合わせ」をご利用ください。

書籍に関するお問い合わせ https://www.shoeisha.co.jp/book/qa/

インターネットをご利用でない場合は、FAXまたは郵便にて、下記"翔泳社 愛読者サービスセンター"までお問い合わせください。
電話でのご質問は、お受けしておりません。

●回答について

回答は、ご質問いただいた手段によってご返事申し上げます。ご質問の内容によっては、回答に数日ないしはそれ以上の期間を要する場合があります。

●ご質問に際してのご注意

本書の対象を超えるもの、記述箇所を特定されないもの、また読者固有の環境に起因するご質問等にはお答えできませんので、予めご了承ください。

●郵便物送付先およびFAX番号

送付先住所 〒160-0006 東京都新宿区舟町5
FAX番号 03-5362-3818
宛先 (株)翔泳社 愛読者サービスセンター

はじめに

「新NISAって何？ iDeCoとどう違うの？」「年金って、人によってもらう金額が違うの！？」「保険っていくら入ったらいいの？」……日常の暮らしの中で、お金について「よくわからないな」と立ち止まって考えたり、「ちょっと誰かに聞いてみたい」と思ったりした経験、ありませんか？

FP（ファイナンシャル・プランナー）は、専門的な知識を持ってさまざまなお金にまつわる悩みや相談に答え、相談された方の人生について一緒に考えていく、いわば「お金の専門家」です。年金、税金、保険、資産運用、不動産、相続・贈与など、幅広い分野の知識を備えることが求められており、「お金のジェネラリスト」と言えるでしょう。

FPとして必要とされる知識は多岐にわたりますが、この知識は、生活していれば必ず知りたくなり、必要になる時がやってくるものです。自分やご家族、身近な方の課題や悩みについて、解決策を探っていくのにも大いに役立ちます。FP資格取得に必要な知識は、お金に関係する仕事に従事される方のみならず、生活者にこそ必要なものと言えます。

本書は、仕事にプライベートに忙しい「バタ子さん」が、スキマ時間を使いながらFP知識を少しずつ学んでいくことを想定して作りました。トピックが見開き2ページで完結し、学習目標も立てやすくなっています。

これまで多くの生活クラブ生協の組合員さんを対象に、3級FP技能士養成講座でFP取得に必要な知識を伝え、合格に導いてきました。本書はその経験をふんだんに盛り込んでいます。初めて学ぶ方に寄り添った内容になっているのではないかと思います。

どうぞ本書をご活用頂き、知識を身につけて下さい。そしてFP資格取得を実現されることを、心からお祈り申し上げます。

2024年5月　NPO法人Wco.FPの会
青山 雅恵・溝江 淳子

Contents 目次

Chapter1　ライフプランニングと資金計画

Chapter2 リスク管理

Chapter3　金融資産運用

Chapter4 タックスプランニング

Chapter6 相続・事業承継

Chapter7　仕上げの本番問題

登場人物紹介

いつも仕事に追われる会社員。給料日のたびにファッションビルに吸い込まれる浪費家だったが、FPの2人に出会い、FPの勉強を始めて自分のお金を見直そうになる。

バタ子さん

バタ子さんのご近所に住むFP。

マサエさん

バタ子さんのご近所に住むFP。

アキコさん

バタ子さん、FP3級合格を目指す

とある地方都市。
会社員のいつもバタ子さんが懸命に働いて、
忙しい毎日を送っています。

休日の昼下がり、バタ子さんが
池のスッポンにひとり言を
つぶやいています。ちょっと盗み
聴いちゃいましょう。

残業続きでお惣菜ばかり
買っちゃう。
そのせいか肌荒れが……

しかも給料日のたびに
服も買って、
ぜんぜんお金が
貯まらないよ〜。

そういえば、
老後に2,000万円
必要って
ニュースで見たような。

老後のお金だけじゃなくて、
結婚式は友達を呼んで
盛大にやりたい！

彼氏いないけど？

海外旅行も行きたい！
けれど貯金ゼロだしなぁ。

バタ子ちゃん、お久しぶり!

大きなひとり言ねぇ。遠くから聞こえたわよ。

マサエさんとアキコさんは近所のお知り合いです。

お久しぶりです!聞こえちゃいましたか、お恥ずかしい。

大丈夫ですか!?

以前、バタ子さんが通勤中に転んだときに通りかかり、手当をしてくれました。

その節はありがとうございました!遅刻しそうで走ってたら転んで。今はすっかり治りました。

ケガが治ってよかったわ。

ところで、お金のことで悩んでいるみたいだけど。

じつは、貯金がなくて。将来の備えをしたいのに、ついお金を使っちゃうんです。

いくら貯めればいいのか……

仕事が忙しくてお金の勉強をどうやって始めればいいのやら。

もじもじ…

経過年数	1	2	3	4	5
西暦	20XX	20XX	20XX	20XX	20XX
年齢	XX	XX	XX	XX	XX
ライフイベント		結婚	車の買い替え		出産
予定出額		300	200		50

たとえば、ライフイベント表で将来必要なお金を計算する方法があるの。

これをもとに貯金や投資をすれば、ある程度悩み解消されると思うわ。

知って損はないと思うのだけど、

バタ子ちゃん、受検してみない？

キラン

そんな資格があるんですか!?でも私、勉強する時間がなくて。

三日坊主になっちゃうかも

ど…どうしよ

心配ないわ。この本は、バタ子ちゃんみたいに忙しい人のために1レッスン2ページで完結しているの。

スキマ時間や、休日のまとまった時間に自分の好きな量だけ勉強すれば、チリツモで合格出来るわよ。

画期的！私、頑張ってみます！

1レッスン2ページ！

ガンバレー！

バタ子さんはあらゆるスキマ時間を使って
勉強に励みました。

そして合格発表—

合格!!

やった!!

マサエさん、
アキコさん！
私、合格できました！
いろんな制度を知れて
勉強が楽しかったです。

合格おめでとう！
バタ子ちゃん
頑張っていたものね。

お金のニュースも
前よりわかるように
なったんじゃない？
これからも
お金の知識で
人生を豊かに
してね。

よかったね、
バタ子ちゃん。

みんなも
忙しい毎日に
学びを取り入れて、
合格しよう！

1.試験概要

FPとは？

ファイナンシャル・プランニング技能士（以下、FP）とは個人や家族を対象に家計計画をサポートする専門家のこと。分野は金融、税制、不動産、住宅ローン、保険、教育資金、年金制度など幅広いながらも身近な事柄ばかりです。誰にとっても必要な知識が中心となっています。

FP技能検定とは？

多くのFPは、国家検定であるFP技能検定を受検し、資格を取得しています。FP技能検定には、1級、2級、3級があり、それぞれに学科試験と実技試験があります。学科試験、実技試験の両方に合格すると、級ごとの「ファイナンシャル・プランニング技能士（FP技能士）」と名乗ることができます。

FP技能検定の種類

FP技能検定には、NPO法人日本ファイナンシャル・プランナーズ協会（日本FP協会）が主催するものと一般社団法人　金融財政事情研究会（金財）が主催するものの2つがあります。

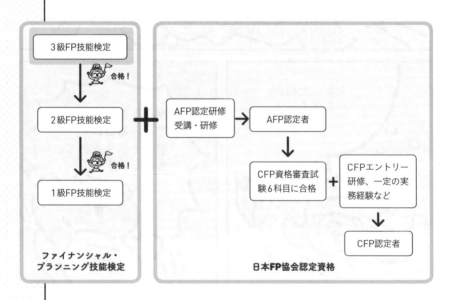

受検資格

条件は特になし。

学科試験

学科試験は、金財、FP協会ともに共通です。

出題形式	多肢選択式60問
出題範囲	・ライフプランニングと資金計画 ・リスク管理 ・金融資産運用 ・タックスプランニング ・不動産 ・相続・事業承継
試験時間	90分
合格基準	60点満点で36点以上（6割以上の正答）
受検手数料	4,000円（消費税非課税）＋手数料

実技試験

実技試験は、金財とFP協会で内容が異なります。

	金財	日本FP協会
出題形式	事例形式5題	多肢選択式20問
出題範囲	下記のうちから一つ選択 ・個人資産相談業務 ・保険顧客資産相談業務	資産設計提案業務
試験時間	60分	
合格基準	50点満点で30点以上 （6割以上の正答）	100点満点で60点以上 （6割以上の正答）
受検手数料	4,000円（消費税非課税）＋手数料	

2.CBTについて

CBTとは「Computer Based Testing（コンピュータ ベースド テスティング）」の略称です。コンピュータを使った試験方式で、受検申込から試験実施、合否通知まで、試験の全ての工程がインターネット上で完結します。

試験当日に戸惑わないためにも、各受検案内サイトにある操作方法マニュアルや受検者専用サイトのCBT体験試験から、事前に操作方法をチェックしておくとよいでしょう。

3. 試験日程

試験がCBT化され、ペーパー試験は2024年5月26日の開催をもって終了となりました。それに伴い、以下の表のとおり、以前と比べ試験日が増えました。

なお、2025年3月1日～3月31日は試験の休止期間です。2025年4月以降の日程は、本書の制作時点では未発表ですので、ご自身でご確認ください。

試験日	受検申請期間	合格発表日	法令基準日
2024年 6月1日～6月30日	2024年3月1日（金） 正午～試験日3日前	2024年 7月12日（金）	2024年4月1日
2024年 7月1日～7月31日	2024年4月1日（月） 正午～試験日3日前	2024年 8月15日（木）	
2024年 8月1日～8月31日	2024年5月1日（水） 正午～試験日3日前	2024年 9月13日（金）	
2024年 9月1日～9月30日	2024年6月1日（土） 正午～試験日3日前	2024年 10月15日（火）	
2024年 10月1日～10月31日	2024年7月1日（月） 正午～試験日3日前	2024年 11月15日（金）	
2024年 11月1日～11月30日	2024年8月1日（木） 正午～試験日3日前	2024年 12月13日（金）	
2024年 12月1日～12月26日	2024年9月1日（土） 正午～試験日3日前	2025年 1月17日（金）	
2025年 1月7日～1月31日	2024年10月1日（火） 正午～試験日3日前	2025年 2月14日（金）	
2025年 2月1日～2月28日	2024年11月1日（金） 正午～試験日3日前	2025年 3月14日（金）	

※一部地域では激変緩和措置により、2025年5月までペーパー試験が行われます。

対象地域など、詳細は試験団体のホームページで確認してください。

なお、本書の内容は2024年6月〜2025年5月の試験に対応しています。

4.試験団体問合わせ先

以上の情報は、本書刊行時点のものです。変更される可能性もあるので、下記の試験運営団体に最新情報を確認するようにしてください。

・NPO法人日本FP協会
https://www.jafp.or.jp/exam/
TEL：03-5403-9890

・一般社団法人　金融財政事情研究会
https://www.kinzai.or.jp/fp
TEL：03-3358-0771

中心となる主題から放射状に関連する知識を
つなげていく暗記法です。
視覚的に理解しやすく、
頭に入りやすいといわれます。

例：配当所得の場合

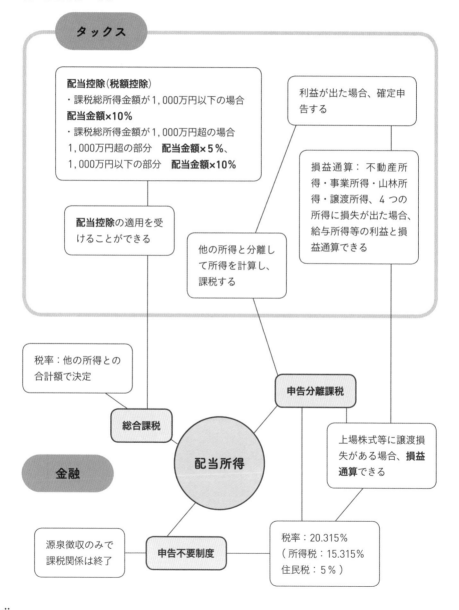

タックス

配当控除（税額控除）
・課税総所得金額が1,000万円以下の場合
配当金額×10%
・課税総所得金額が1,000万円超の場合
1,000万円超の部分　**配当金額×5％**、
1,000万円以下の部分　**配当金額×10%**

利益が出た場合、確定申告する

損益通算：不動産所得・事業所得・山林所得・譲渡所得、4つの所得に損失が出た場合、給与所得等の利益と損益通算できる

配当控除の適用を受けることができる

他の所得と分離して所得を計算し、課税する

税率：他の所得との合計額で決定

申告分離課税

総合課税

配当所得

上場株式等に譲渡損失がある場合、**損益通算**できる

金融

源泉徴収のみで課税関係は終了

申告不要制度

税率：20.315%
（所得税：15.315%
住民税：5％）

自分で作る メモリーツリー

3種類ご用意しましたので、自由に活用してください。
どんどん書き足して、自分のメモリーツリーを
作成しましょう。

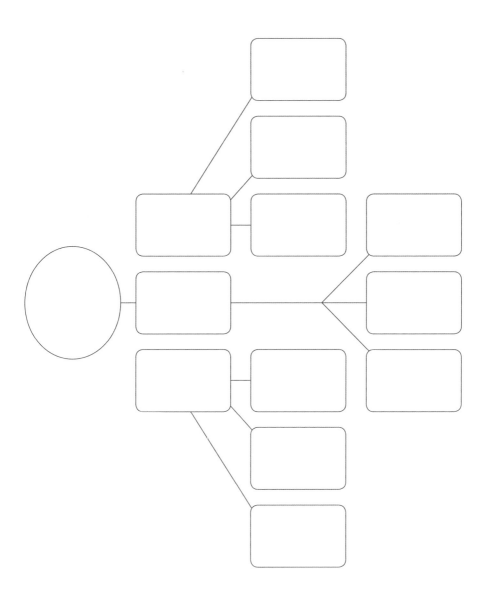

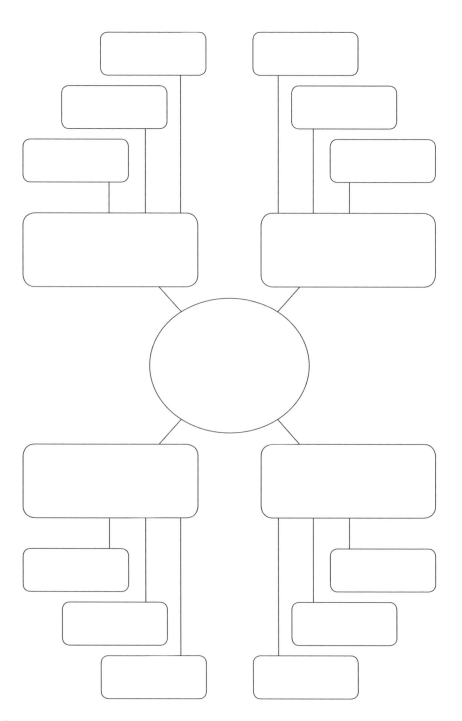

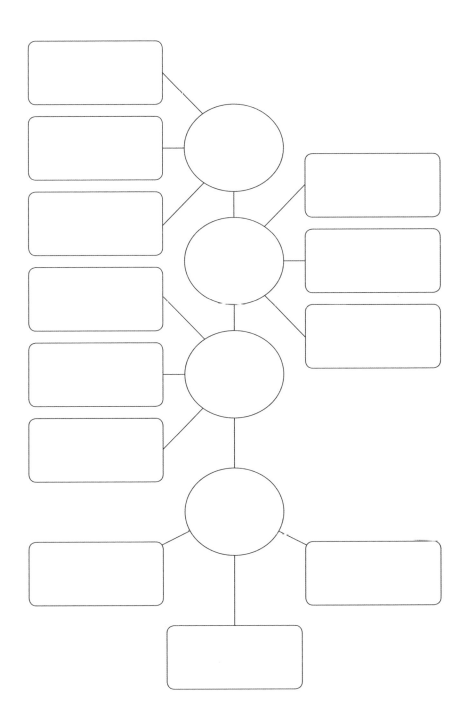

本書の使い方

見出し

右上がChapter番号、下がLesson番号、横がタイトルとLesson概要です。学習日を書き込むこともできます。

チェックボックス

理解したところは✔を書き込みましょう。

○×問題・過去問題にチャレンジ

理解度を確認するために本番問題に挑戦できます（選択問題を○×問題にするなどの改題あり。※スペースの都合で問題のないページもありますが、巻末問題等でフォローしています）。

Chapter 1

11

学習日
／

住宅ローンの借換え と繰上返済

住宅ローンの借換えや繰上返済について整理する。

住宅ローンの借換え

☐ 住宅ローンの借換えとは、既存の住宅ローンを他の金融機関の住宅ローンに切り替えることをいう（新たに借りた住宅ローンで既存ローンを一括返済する）。

Check!

借換えのポイント

☐ 借換えの目安：金利差1%以上、残債期間10年以上、残債 1,000万円以上

☐ 公的ローンから民間の住宅ローンやフラット35への借換えはできるが、民間ローンから公的ローンへの借換えはできない。

☐ 借換えを行うと、新たに諸費用（ローン保証料、登録免許税等）が発生する。

 試験対策として覚えるポイント（条件）は上記になりますが、実務的には、金利差がもっと小さく、残債金額が1,000万円より少額でも借換えメリットが出る場合があります。借換えを検討する場合には、シミュレーション等をしっかりして決めましょう。

 借換えできない場合があるので要注意だね。

○×問題にチャレンジ

1 住宅ローンの一部繰上返済には、返済期間短縮型と返済額軽減型の方法があるが、一般に、返済期間短縮型よりも返済額軽減型のほうが利息の軽減効果が大きい。（2014年1月）　　　[　　]

(24)

※問題の出典について
学科試験は試験年月のみ記載、実技試験は試験団体名と、試験名のあたまの2文字を記載しています。
★印の記載の無い限り、どの実技試験を受検される方にも必要な問題となっています。

会員特典

Webアプリ

スマートフォンやパソコンでご利用いただけるWebアプリです。本書に掲載の問題と同様の問題にいつでもどこでも取り組めます。
https://www.shoeisha.co.jp/book/exam/9784798182766

住宅ローンの繰上返済

- ☐ 繰上げ返済とは、元金の一部または全部を返済することをいう。繰上げ返済資金の全額が元本返済に充当され、その分利息を軽減することができる。繰上げ返済の時期が早いほど利息軽減効果が高くなる。
- ☐ 繰上げ返済の方法には、返済期間短縮型と返済額軽減型の2種類がある。
- ☐ 一般的に、同一条件であれば、返済期間短縮型の方が返済負担額軽減型より利息の削減効果は大きくなる。

返済期間短縮型

毎回の返済額 / 利息 / 元金 / ▲繰上げ返済 / 返済期間

- ▨：利息が軽減される部分
- ▩：繰上返済により元金が済される部分
- 月の返済額➡不変
- 済期間➡短縮

右は「元金均等返済」である。

返済額軽減型

毎回の返済額 / 利息 / 元金 / ▲繰上げ返済 / 返済期間

- ▨：利息が軽減される部分
- ▩：繰上返済により元金が済される部分
- 返済期間➡不変
- 毎月の返済額➡軽減

※図の左は「元利均等返済」、右は「元金均等返済」である。

Chapter 1-11 ｜ 住宅ローン 借換えと繰上返済

リボンをチェック！

リボンをチェック！

学習が終わったら塗りましょう。理解できているところとできていないところが一目でわかります。

赤字

赤シートをお持ちであれば、被せることで文字が見えにくくなります。

法改正への対応

試験によっては、本書が準拠している2024年4月1日以降の法令に準拠している可能性があります。適宜、iiページで案内している正誤表・追加情報で対応しますので、試験前にご確認ください。

 繰上返済により元金部分が返済されると（図の濃いどり部分）、本来支払う予定だった利息（元金返済された部分の上の部分：図の薄いどり部分）の支払が不要となり、利息支払いが軽減されます。

 がんばった！

解説

1. 住宅ローンの一部繰上げ返済には、返済期間短縮型と返済額軽減型の2つの方法がある。繰上げ返済額等他の条件が同じ場合、返済期間短縮型の方が、利息削減効果は大きくなる。（答：×）

㉕

ボーナス過去問題（2024年6月末までに提供）

もっとたくさんの問題に取り組みたい方のために、ダウンロードして取り組める過去問題と解説をご用意しました。以下のサイトからダウンロードして入手いただけます。
https://www.shoeisha.co.jp/book/present/9784798182766

学習ペースを決めて、
合格までの道のりをたしかなものにしよう！

目標を決めよう

_____ 月試験を受ける

学習ペースを決めよう

・テキストを以下のペースで読む※1

月曜日___ **Lesson**	火曜日___ **Lesson**	水曜日___ **Lesson**
木曜日___ **Lesson**	金曜日___ **Lesson**	土曜日___ **Lesson**
日曜日___ **Lesson**		

・本番問題と過去問題に _____ 日間取り組む※2

※1　本書は全部で190Lessonあるので(Lesson 0を含まない)、たとえば5か月(20週間)で勉強を終える場合190÷20＝9.5→約10Lesson
が1週間に取り組むべきLesson数の目安となります。

※2　本書の巻末には厳選した本番問題がついています。このほか、過去問を3回分解くことが推奨されているので、これらを解き、苦手なところをテキストで振り返る期間を確保してください。

スケジュールを
大まかに決めたい場合は、
以下に何月に何をやるか、
書き込んでください。

> 試験日まで無理のないスケジュールにしたい！試験日が近すぎたら受検日を見直すのも大切かも。試験は年に何度もあるしね。

＿月	＿月	＿月	＿月

＿月	＿月	＿月	＿月

Chapter 1

ライフプランニング と 資金計画

Chapter1では、FPとして守るべきルールや、FPとして業務を行う場合の方法などを学ぶ。また、健康保険をはじめとする社会保険や年金制度について、しくみと内容を幅広く学習する。社会保険は、いざというときに頼りになるセーフティネットであり、リスク管理（Chapter2）を考える上での土台となる。どんなときにどんな保障があるのか、イメージしながら学んでいこう。

アクセスキー　**R**（大文字のアール）

バタ子さん、ねんきん 定期便を受け取る

お誕生日を控えたバタ子さんのもとに、ねんきん定期便が届いた ようです……

 マサエさん、アキコさん、こんにちは。この間ハガキの「ねんきん 定期便」が届いたんですけど、見方がよく分からないんです。年金 額が思っていたより少なくて、ちょっとがっかり。

 あらバタ子ちゃん、ねんきん定期便が届いたってことは、お誕生日 が近いのね。おめでとう！

 ありがとうございます。ねんきん定期便って、誕生日頃に届くもの なんですね。

 ねんきん定期便に載っていた「年金額」は、バタ子ちゃんの年齢だ ったら少ないのが普通よ。そんなに心配しなくて大丈夫。

 そうなんですか？！

 じつは、ねんきん定期便に記載される「年金額」は、受け取る人が 50歳未満か50歳以上かで中身が違うの。バタ子ちゃんのように、 50歳になる前の年齢の人には、20歳から今まで保険料を納めた実 績、つまり20歳から何か月間、累積でいくら保険料を納めたか？ を 基に計算した数字が年金額として表示されるのよ。

 年金の保険料は60歳までずっと納めていくわけだから、ここに載っ ている「年金額」は、これからも毎年増えていくの。

 50歳以上の人には、「このままいくと、65歳から受け取れる年金額 はこれくらいですよ」という目安の金額が記載されます。

つまり、「今の年金制度に60歳まで継続加入して、保険料を納めた」と仮定すると、65歳からは老齢年金がこれくらい受け取れますよ、という見込み額が表示されるのよ。実際に受け取れる金額に近い金額がわかるというわけ。

へー、じゃあ、今の私にはねんきん定期便ってあまり確認する意味ない？？

この1年間、洩れなく年金保険料をきちんと納めているか（記録されているか）を少なくとも確認できるわ。意味はありますよ。

例えば働き方が変わったりして、何号被保険者か？が変わるケースがあるわよね。その節目の時に年金の納め洩れ（未納）がないか、確認することは大切よ。

いまお話したことは、このChapter1にも出てきますよ。頑張って勉強してね！

ねんきん定期便の見方がわかるようになりたい！頑張って勉強しようっと。

FPの基本

はじめに、**FP**についての基本のキである「**FP**がすること（どのようにライフプランニングを行うのか）」や「**FP**がしてはいけないこと」を学習しよう。

ライフデザインとライフプラン、ファイナンシャル・プランニング

- ◯ 「将来マンションを購入したい」「海外に移住したい」等、自分の価値観に基づいて自分の将来の夢や人生を描くことをライフデザインという。
- ◯ ライフデザインに「いつ」「いくら」お金が必要か？ という資金的な要素を加味し、より具体的なプランを立てることをライフプランという。
- ◯ ライフプランを実現するために、より詳細な資金計画を立てることをファイナンシャル・プランニングという。ファイナンシャル・プランニングを行う専門家をファイナンシャル・プランナー（FP）という。

ファイナンシャル・プランニングの手順

- ◯ FPが顧客に対してファイナンシャル・プランニングを行う場合には、次のような手順で進める。

- ◯ 情報収集：顧客の目標や希望について聞く。
- ◯ 現状分析：顧客から得た情報を元に現状を分析し、課題を明確にする。
- ◯ プランの作成：課題解決に向けたプランを策定する。
- ◯ プラン実行の支援と定期的なフォロー：プランを実行できるよう支援し、定期的にフォローして必要に応じた見直しを行う。

> ここまでは、さらっと読めばOKです。イメージをつかみましょう。

> 結婚費用がどれくらい必要か考えなくちゃ！（恋人はまだいないけど……！）

FP の職業倫理

☐ FPは、業務を行うにあたって次の職業倫理が求められる。

☐ 顧客利益の優先：顧客の利益を最優先に考え、顧客の立場から提案を行う。FPの利益を優先してはならない。

☐ 顧客情報の守秘義務：顧客の個人情報は、同意を得ずに外部に漏らしてはならない。

 職業倫理はそんなに難しくありません。皆さんの社会人としての良識に照らして考えれば理解できますよ！

 これから一つひとつ学んでいくのね。頑張るよ！

 明日もファイトー！

FPが守るべき関連法規

2
学習日
/

FP業務は、税務や法律、保険等、幅広い分野にわたる。FPが守るべき関連法規を整理しよう。

FP業務と関連法規

税理士法	税理士資格を持たないFPは、税務に関する個別具体的な相談や書類の作成等を行ってはならない 例外：一般的な税法の説明や、仮の事例を使った税金の計算はOK
弁護士法	弁護士資格を持たないFPは、法律相談や法律事務を行ってはならない 例外：任意後見人や公正証書遺言の証人は、特別な資格等は不要のため、欠格事由に当たらなければなることができる
保険業法	保険募集人資格を持たないFPは、保険の募集や勧誘を行ってはならない 例外：保険商品についての一般的な商品説明や、必要保障額の試算等はOK
金融商品取引法	金融商品取引業の登録をしていないFPは、顧客と投資顧問契約を結んで具体的な投資の助言をしたり、資産運用を行ったりしてはならない 例外：景気動向等一般的な情報を伝えることはOK

○×問題にチャレンジ

1 弁護士資格を有していないFPが、離婚後の生活設計について相談された顧客の依頼により、その顧客の代理人として相手方との離婚時の財産分与について話し合いを行い、報酬を得た。（2022年1月FP協会 資産）　[　　]

2 投資助言・代理業の登録を受けていないFPが、顧客と投資顧問契約を締結し、当該契約に基づいて具体的な投資銘柄と投資タイミングについて有償で助言をした。（2022年9月FP協会 資産）　[　　]

3 税理士資格を有していないFPが、参加費無料の相談会において、相談者の持参した資料に基づき、相談者が納付すべき相続税の具体的な税額計算を行った（2021年5月FP協会 資産）　[　　]

4 生命保険募集人、生命保険仲立人の登録をしていないFPが、生命保険契約を検討している顧客のライフプランに基づき、必要保障額を具体的に試算した。（2021年9月FP協会 資産）　[　　]

それぞれの資格の専門領域があるんだね！

専門職の業務や、その分野に関する具体的な判断を伴う相談等は、有償無償を問わず資格がないとしてはいけません。一般的な説明等は、資格がなくても行うことができます。
相談内容が専門家の領域にわたる場合は、専門家と連携して業務を遂行することが求められます。

少なくとも1問は必ず関連法規から出題されるみたい！ 確実に得点できるようにしよう。

Check!

試験の際の判断ポイント

☐ 専門性の必要な業務、個別の具体的な説明や計算等→×
☐ 一般的な説明→○

解説

1.「顧客の代理人として相手方と離婚時の財産分与について話し合」うことは、弁護士資格がなければしてはならない。（答：×）

2. 具体的な投資銘柄や投資タイミングについて助言することは、金融商品取引業の登録をしていなければしてはならない。（答：×）

3. 個別具体的な税金の計算や相談は、税理士資格がなければしてはならない。（答：×）

4. 保険募集人でなくても、顧客のライフプランに基づいて必要保障額を試算したり、保険商品の一般的な説明をしたりすることは可能である。（答：○）

がんばった！

ライフプランニング のツール

ライフプランニングに活用するツールについて確認しよう。

ライフプランニングのツール

☐ FPが顧客に対してライフプランニングを行うにあたり、次の3つの表を活用する。

☐ ライフイベント表

☐ キャッシュフロー表

☐ 個人のバランスシート

 上記3表のうち、キャッシュフロー表と個人のバランスシートは実技試験で必ず出題されます（次のレッスンから説明します）。これらの表を正しく作成できるようになることはFPとして必須です！

ライフイベント表

☐ ライフイベント表は、本人と家族の将来のライフイベント（予定されている出来事や将来実現したい希望等）と、そのために必要な資金を時系列で表し、一覧表にまとめたものである。

☐ ライフイベント表を作成することで、「何の目的（ライフイベント）のため」「いつ（何年後に）」「いくら」お金が必要なのか、将来の夢や目標を具体的に見える化することができる。

 ライフイベント表では、出ていくお金（イベント）に注目しがちですが、入金予定のある収入も「見える化」していきます。例えば、学資保険や養老保険が満期になる場合は、時期と金額をライフイベント表に書き込みましょう。

○×問題にチャレンジ（2級をちょっと先取り）

1 将来の予定や希望する計画を時系列で表すライフイベント表には、子どもの進学や住宅取得などの支出を伴う事項だけを記入し、収入を伴う事項は記入しない。（2級2020年1月）　　　[　　]

ライフイベント表の作成例

[単位：万円]

経過年数		現在	1	2	3	4	5	6	7	8	9
西　　　暦		2024	2025	2026	2027	2028	2029	2030	2031	2032	2033
家族の年齢	鈴木　巧	39	40	41	42	43	44	45	46	47	48
	鈴木　真理子	36	37	38	39	40	41	42	43	44	45
	鈴木　太一	9	10	11	12	13	14	15	16	17	18
	鈴木　はな	7	8	9	10	11	12	13	14	15	16
ライフイベント		はな小学校入学		住宅購入		太一中学入学		はな中学入学	太一高校入学	車買い替え	はな高校入学
予定支出額		10	0	800	0	15	0	15	20	250	20

ライフイベント表の作成は試験には出ませんが、これからのライフプランを考える第一歩として取り組みやすい（作りやすい）ツールです。ぜひ作成してみてください。

とりあえず結婚した場合としない場合でつくってみようかな。まず結婚式はホテルでやりたい！　それから……

書き出すことでやりたいことが見えることもあるわ。その調子！

息抜きも大事だよ！

解説

1. ライフイベント表は、家族全員の年齢と、将来のライフイベント（予定している出来事や実現したい夢）を時系列に並べて、一覧表にしたもの。出来事に伴う支出だけでなく、贈与や保険の満期、祝い金受け取りなど、収入も記入する。（答：×）

キャッシュフロー表

将来の収支状況や貯蓄残高の推移を表すキャッシュフロー表の作成方法を見てみよう。

キャッシュフロー表

☐ 現在の収支状況と今後のライフイベントを基に、将来の収支状況や貯蓄残高の推移を一覧表にまとめたものである。

☐ 年間収入と年間支出、年間収支、預貯金残高を算出して作成する。

キャッシュフロー表の作成例

[単位：万円]

	経過年数		現在	1	2	3	4	5	6	7	8	9
	西暦（年）		2024	2025	2026	2027	2028	2029	2030	2031	2032	2033
名前／年齢	鈴木　巧		39	40	41	42	43	44	45	46	47	48
	真理子		36	37	38	39	40	41	42	43	44	45
	太一		9	10	11	12	13	14	15	16	17	18
	はな		7	8	9	10	11	12	13	14	15	16
ライフイベント			はな小学校入学		住宅購入		太一中学入学		はな中学入学	太一高校入学	車買い替え	はな高校入学
		合計	10	0	800	0	15	0	15	20	250	20
		変動率										
収入	給与収入（本人）	1.0%	450	455	①459	464	468	473	478	482	487	492
	給与収入（配偶者）	1.0%	240	242	245	247	250	252	255	257	260	262
	その他											200
	収入合計		690	697	704	711	718	725	732	740	747	955
支出	基本生活費	2.0%	240	245	250	255	260	265	270	276	281	287
	住居費		180	180	180	180	180	180	180	180	180	180
	教育費		70	61	70	75	91	86	117	107	110	139
	保険料		40	40	40	40	40	40	40	40	40	40
	一時的支出		0	0	800	0	0	0	0	0	250	20
	その他支出	2.0%	50	51	52	53	54	55	56	57	59	60
	支出合計		580	577	1,392	603	625	626	664	660	920	726
年間収支			110	120	-688	②108	93	99	69	80	-173	229
貯蓄残高		0.1%	680	801	114	222	③315	415	484	564	392	622

※番号がついた黄色いセルの数字は次ページ表の計算例を参照

キャッシュフロー表の各項目の
計算方法とポイント

年間収入 年間支出	・収入は給与金額ではなく可処分所得（手取り収入）を記入 可処分所得＝年収－（所得税＋住民税＋社会保険料） ・「変動率」（昇給率や物価上昇率等）のある項目は、変動率を考慮する。 n年後の収入/支出＝現在の金額×（1＋変動率）^{n} 【計算例】①2026年の本人の給与収入：450万円×（1＋0.01）^{2}＝459万円
年間収支	年間収支＝年間収入の合計額－年間支出の合計額 ※年間収支がプラスの場合は貯蓄残高が増加し、マイナスの場合は貯蓄残高が減少する。 【計算例】②2027年の年間収支：711万円－603万円＝108万円
貯蓄残高	貯蓄残高＝前年の貯蓄残高×（1＋変動率）±年間収支 【計算例】③2028年の貯蓄残高：222万円×（1＋0.001）＋93万円＝315万

電卓を使った累乗（同じ数を何度もかけてあわせる）
計算の方法

注意 ※カシオ電卓は ✕ を
1回多く押す

$2^2 =$ ｜2｜・｜✕｜・（｜✕｜）・｜＝｜

➡（｜✕｜を1回押し（カシオは2回）、｜＝｜を1回押す）

$2^3 =$ ｜2｜・｜✕｜・（｜✕｜）・｜＝｜・｜＝｜

➡（｜✕｜を1回押し（カシオは2回）、｜＝｜を2回押す）

$(1+0.02)^2 =$ ｜1｜・｜＋｜・｜0.02｜・｜✕｜・（｜✕｜）・｜＝｜

➡（｜✕｜を1or2回押し、｜＝｜を1回押す）

$(1+0.02)^3 =$ ｜1｜・｜＋｜・｜0.02｜・｜✕｜・（｜✕｜）・｜＝｜・｜＝｜

➡（｜✕｜を1or2回押し、｜＝｜を2回押す）

｜＝｜を押す回数は「累乗の数字－1」です。
電卓の機種により ✕ を押す回数が変わり
ます。確認しておきましょう。

明日もファイトー！

個人のバランスシート

バランスシートの作成方法を確認しよう。

○ 個人のバランスシートは、ある時点（○月×日現在）の家計の資産と負債の状況を表したものである。

バランスシートの例

[単位：万円]

資産		負債	
預貯金等	550	住宅ローン	2,400
株式・投資信託	130	負債合計	2,400
不動産（自宅）	2,250	純資産	
生命保険（解約返戻金相当額）	120	純資産	800
その他資産	150		
資産合計	3,200	負債・純資産合計	3,200

バランスシートは、資産合計（貸方）と負債・純資産合計（借方）が必ず等しくなります（＝balanced）。

バランスシート作成のポイント

○ 資産および負債に記載する金額は、時価評価額で記入する。

○ 生命保険の金額は、保険金額ではなく解約返戻金の金額を記入する。

○ 純資産は、資産合計から負債合計を差し引いて求める。

純資産＝資産合計－負債

○×問題にチャレンジ

1 ファイナンシャル・プランナーがライフプランニングにあたって個人顧客のバランスシートを作成する場合、バランスシートに計上する有価証券の価額については時価、生命保険については保険金額を使用する。（2017年5月 改題） [　　]

2 個人のライフプランニングにおけるバランスシート（貸借対照表）は、顧客やその家族の結婚・進学・住宅取得等のライフイベントに関するプランを時系列でひとつの表にまとめたものである。（2011年9月） [　　]

資産も負債も、バランスシート作成時の時価評価額を記入するんだね！

○ 例題

個人のバランスシートが下記の通りである場合、資産である「現預金」のうちの300万円を「その他ローン」の返済に充てると、資産合計に対する純資産残高の割合は（　　　）％となる。

≪資産≫		≪負債≫	
現預金	600万円	住宅ローン	800万円
株式等	200万円	その他ローン	400万円
自宅	700万円	≪純資産残高≫	300万円
≪資産合計≫	1,500万円	≪負債・純資産合計≫	1,500万円

1. 15　　2. 25　　3. 40

解説：現預金600万円のうち300万円を「その他ローン」の返済に充てると、現預金とその他ローンがそれぞれ300万円減少する。それに伴い資産合計は1,200万円となる。資産合計に対する純資産残高の割合は、300万円÷1,200万円×100＝25％となる。（答：2）

け、計算はちょっと苦手意識が……。

計算問題は、とにかく手を動かしましょう。悩んでいても答えは出ませんよ。キャッシュフロー表やバランスシートは、丁寧に電卓で計算すれば、確実に解けます。今のうちに慣れていきましょう！

がんばった！

解説

1. バランスシートは、左側（貸方）に資産、右側（借方）に負債と純資産を記入する。資産および負債の額は、時価評価額を記入するが、生命保険の額は、解約返戻金の額を記入する。（答：×）

2. バランスシートは、ある一定時点における資産と負債の状況を表したものである。「顧客やその家族の結婚・進学・住宅取得等のライフイベントに関するプランを時系列で一つの表にまとめたもの」は、ライフイベント表の説明。（答：×）

6つの係数

ライフプランを立てる際「現在の金額を複利運用すると、将来いくらになるか？」等、資金計画を立てるのに使えるのが、6つの係数である。

6つの係数と使い方

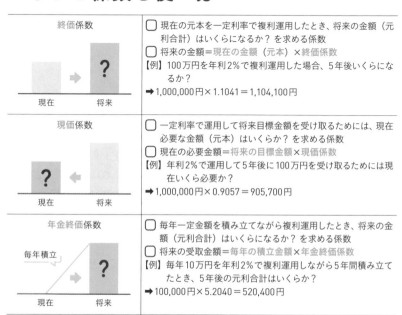

	終価係数
	☐ 現在の元本を一定利率で複利運用したとき、将来の金額（元利合計）はいくらになるか？ を求める係数
現在 → ? 将来	☐ 将来の金額＝現在の金額（元本）×終価係数
	【例】100万円を年利2％で複利運用した場合、5年後いくらになるか？
	➡ 1,000,000円×1.1041＝1,104,100円

現価係数

☐ 一定利率で運用して将来目標金額を受け取るためには、現在必要な金額（元本）はいくらか？ を求める係数
☐ 現在の必要金額＝将来の目標金額×現価係数
【例】年利2％で運用して5年後に100万円を受け取るためには現在いくら必要か？
➡ 1,000,000円×0.9057＝905,700円

年金終価係数

☐ 毎年一定金額を積み立てながら複利運用したとき、将来の金額（元利合計）はいくらになるか？ を求める係数
☐ 将来の受取金額＝毎年の積立金額×年金終価係数
【例】毎年10万円を年利2％で複利運用しながら5年間積み立てたとき、5年後の元利合計はいくらか？
➡ 100,000円×5.2040＝520,400円

年利2％の場合の6つの係数表

	1年	2年	3年	4年	5年	10年	20年
終価係数	1.0200	1.0404	1.0612	1.0824	1.1041	1.2190	1.4859
現価係数	0.9804	0.9612	0.9423	0.9238	0.9057	0.8203	0.6730
年金終価係数	1.0000	2.0200	3.6040	4.1216	5.2040	10.9497	24.2974
年金現価係数	0.9800	1.9420	2.8840	3.8080	4.7130	8.9830	16.3510
減債基金係数	1.0000	0.4950	0.3268	0.2426	0.1922	0.0913	0.0412
資本回収係数	1.0200	0.5150	0.3468	0.2626	0.2122	0.1113	0.0612

リボンを
チェック！

年金現価係数 	☐ 毎年一定金額を一定期間受け取るために、現在必要な金額（元本）はいくらか？ を求める係数 ☐ 現在必要な金額＝受け取る金額×年金現価係数 【例】年利2%で運用しながら毎年100万円を5年間にわたり受け取るためには、現在いくら必要か？ ➡ 1,000,000円×4.7130＝4,713,000円
減債基金係数	☐ 一定期間後に目標金額を受け取るために、毎年いくらずつ積み立てればよいか？ を求める係数 ☐ 毎年の積立額＝目標金額×減債基金係数 【例】年利2%で運用して5年後に100万円を貯めるには、毎年いくら積み立てればよいか？ ➡ 1,000,000円×0.1922＝192,200円
資本回収係数	☐ 現在の元本を複利運用しながら毎年一定金額を受け取る場合、毎年いくら受け取れるか？ を求める係数 ☐ 毎年の受取額＝現在の金額（元本）×資本回収係数 【例】100万円を年利2%で複利運用しながら5年間にわたり取り崩す場合、毎年受け取れる金額はいくらか？ ➡ 1,000,000円×0.2122＝212,200円

係数は、求める値を出すために与えられた値に掛ける数字です。数値を覚える必要はありません。「どんなときにどの係数を使うのか」を理解することが大切です。
6つの係数は、終価係数と現価係数、年金終価係数と年金現価係数、減債基金係数と資本回収係数をペアにして覚えましょう。

6つの係数の知っておくと得するポイント

☐ 6つの係数は、終価係数と現価係数、年金終価係数と年金現価係数、減債基金係数と資本回収係数が対になっている。

☐ 将来の金額を求めるときは「終価」の付いた係数、元本額を求めるときは「現価」の付いた係数を使う。

☐ 減債基金係数→「積立て」のために使う数字（基金を用意するために積み立てる）、資本回収係数→「受け取る」ために使う数字（回収は受け取ること）とイメージするとわかりやすい。

息抜きも大事だよ！

本番問題に チャレンジ

過去問題を解いて、理解を確かなものにしよう。

☐ **問1** ファイナンシャル・プランニング業務を行うに当たっては、関連業法を順守することが重要である。ファイナンシャル・プランナー（以下「FP」という）の行為に関する次の記述のうち、最も不適切なものはどれか。（2023年5月FP協会 資産）

1. 税理士資格を有していないFPが、無料の相続相談会において、相談者の持参した資料に基づき、相談者が納付すべき相続税額を計算した。
2. 社会保険労務士資格を有していないFPが、顧客の「ねんきん定期便」などの資料を参考に、公的年金の受給見込み額を試算した。
3. 投資助言・代理業の登録を受けていないFPが、顧客が保有する投資信託の運用報告書に基づき、その記載内容について説明した。 [　　]

☐ **問2** Aさんの2024年分の可処分所得の金額は、下記の＜資料＞によれば、（　　）である。（2021年9月 改題）

＜資料＞2024年分のAさんの収入等

給与収入	：700万円（給与所得：520万円）
所得税・住民税：	60万円
社会保険料	：100万円
生命保険料	： 10万円

1）360万円　　　2）530万円　　　3）540万円 [　　]

☐ **問3** 900万円を準備するために、15年間、毎年均等に積み立て、利率（年率）1%で複利運用する場合、必要となる毎年の積立金額は、下記の＜資料＞の係数を使用して算出すると、（　　）である。（2020年9月）

＜資料＞利率（年率）3%・期間5年の各種係数

現価係数	資本回収係数	減債基金係数
0.8613	0.0721	0.0621

1）516,780円　　2）558,900円　　　3）600,000円 [　　]

解説1

1. 本問のように「相談者の持参した資料に基づき相談者が納付すべき相続税額を計算」することは、個別具体的な税金の計算を含む税務相談にあたる。この業務は税理士資格を保有していないと行ってはならない。

2. 社労士資格がなければできないのは、労働社会保険諸法令に基づいて行政機関に提出する書類を作成したり、帳簿書類を作成したりすることである。「ねんきん定期便」等の資料を基に年金の受給見込み額を試算することは、社労士資格がなくても一般的に行える。

3. 投資信託の運用報告書の記載内容について説明することは、投資助言・代理業には当たらないので行うことができる。（答：1）

解説2

可処分所得は、給与収入から税金と社会保険料を控除して求める。

よって、給与収入－（税金＋社会保険料）＝700万円－（60万円＋100万円）＝540万円　（答：3）

解説3

「毎年一定金額を積み立てる」場合に使用する係数は「年金終価係数」か「減債基金係数」であり、中でも「毎年の積立額」を求めるのに使うのは「減債基金係数」である。よって、減債基金係数を使って計算すると、900万円×0.0621＝558,900円となる。（答：2）

係数を忘れても慌てないで！手を動かして解答にたどり着く方法があります。
①まず、「900万円を15年間で積み立てる」にはいくら必要か？を考える。
仮に利息が全くつかなくても、900万円÷15年＝60万円→毎年60万円ずつ積み立てれば、15年後には900万円になる。
②次に、与えられた係数を使って掛け算をしてみる（←手を動かす！）
現価係数：900万円×0.8613＝775.17万円→数字が大きすぎる。迷わず消去！
資本回収係数：900万円×0.0721＝64.89万円→運用しなくても1年に60万円積み立てれば目標を達成できるので、64.89万円は求める金額より大きい。消去。
よって、使うべき係数は「減債基金係数」と導くことができます!!

明日もファイトー！

教育資金のプランニング
～人生の**3**大資金の一つ～

教育資金のプランニングについて整理しよう。

☐ 教育資金は「人生の3大資金」の一つ。多額の資金が必要となる大学進学の時期は予測できるので、できるだけ早いうちから準備を始めることが重要。

 試験対策としては、資金準備の方法として学資保険を、不足分の備えとして国の教育ローンと奨学金を押さえたいですね。

貯める

学資保険（こども保険）

☐ 学資保険（こども保険）は、教育資金等を準備するための貯蓄性のある保険商品。契約期間中に契約者（親）が死亡したり、高度障害になった場合、以後の保険料支払いが免除され、子どもが満期年齢になれば保険金が支払われる。被保険者（子）が死亡すると保険契約は死亡給付金が支払われ、保険契約は終了となる。子の出生前から加入できる商品もある。

 教育資金は、まずは積立貯蓄等でコツコツ貯めることから考えましょう。児童手当がもらえる方は、ぜひ教育資金として積み立てを。0歳から中学校3年生までに受け取る金額は、（生まれ月により違いはありますが）合計すると約200万円になりますよ！※
※2024年10月から児童手当が拡充される予定

 「貯蓄等で資金を準備、不足分を奨学金や教育ローンで賄う」が基本的な考え方ね！

○×問題にチャレンジ

1 日本政策金融公庫の教育一般貸付（国の教育ローン）において、融資の対象となる学校は、中学校、高等学校、大学、大学院などの小学校卒業以上のものを対象とする教育施設である。（2022年1月）　[　　]

2 日本学生支援機構の奨学金（貸与型）のうち、第一種奨学金は利子が付かない。（2021年5月）　[　　]

借りる

教育一般貸付（国の教育ローン）

☐ 日本政策金融公庫の「教育一般貸付（国の教育ローン）」は、中学校卒業以上の子どもの教育資金を目的とするローン。借入は保護者が行う。年収制限がある。

教育一般貸付の概要

融資限度額	学生1人あたり350万円以内 （自宅外通学、大学院、海外留学等一定要件を満たせば450万円）
金利/返済期間	固定金利/最長18年
資金使途	学校納付金以外にも幅広く利用できる ※通学費、住居費、教科書・パソコン代、国民年金保険料等

日本学生支援機構の奨学金制度

☐ 代表的な奨学金制度として、日本学生支援機構（JASSO）の奨学金制度がある。貸与型（第一種奨学金、第二種奨学金）と給付型があり、ともに申込は学生本人が行う。給付型は返済不要の奨学金。貸与型は親の所得金額や本人の学力等の判定基準がある。教育一般貸付と重複して利用できる。

日本学生支援機構の奨学金制度の概要

	返済・利息	判定基準
第一種	返済必要（無利子）	厳しい（家計、学力基準あり）
第二種	返済必要（有利子） ※在学中は無利息	緩やか（家計基準あり）
給付型	返済不要	厳しい（家計基準あり、「学ぶ意欲」があることが条件）

解説

1. 国の教育ローンの融資対象となる学校は、中学校卒業以上の者を対象とする教育施設である。（答：×）

2. 貸与型奨学金のうち、第一種奨学金は無利子、第二種奨学金は利子がつく。（答：○）

住宅資金の プランニング

住宅資金のプランニングについて確認しよう。

 住宅ローンはキャッシュフローに大きな影響を与えるので、金利や返済方法等、しっかり検討することが大切です！

住宅ローンの金利

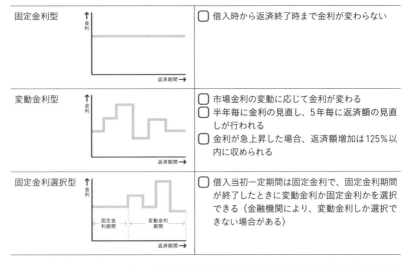

固定金利型	☐ 借入時から返済終了時まで金利が変わらない
変動金利型	☐ 市場金利の変動に応じて金利が変わる ☐ 半年毎に金利の見直し、5年毎に返済額の見直しが行われる ☐ 金利が急上昇した場合、返済額増加は125%以内に収められる
固定金利選択型	☐ 借入当初一定期間は固定金利で、固定金利期間が終了したときに変動金利か固定金利かを選択できる（金融機関により、変動金利しか選択できない場合がある）

 グラフの形をよく見て、イメージで覚えると Good！

 ○×問題にチャレンジ

1 住宅ローンの総返済額は、借入額、金利、借入期間等の条件が同一であれば、通常、元金均等返済よりも元利均等返済のほうが多くなる。
（2021年9月）

[　]

住宅ローンの返済方法

元利均等返済	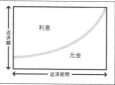	☐ 毎回の返済額（元金＋利息）が一定
元金均等返済	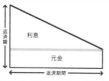	☐ 毎回の元金部分の返済額が一定 ※返済当初から元金部分が一定額返済されるため、返済が進むと返済額（元金＋利息）が減少する ※条件が同じ場合、返済総額は元金均等返済より元利均等返済が多くなる

 元金均等返済は、借入当初の返済額が多くなるから、資金に余裕があるかどうか確認した方がいいね。

 住宅の購入には、物件価格のほか、登記費用やローン手数料等の諸費用がかかります。住宅資金計画では、物件価格の3割程度を頭金として用意することが望ましいとされます。

息抜きも大事だよ！

解説

1. 住宅ローンの返済方法は、毎回の返済額が一定の元利均等返済と、毎回の元金部分の返済額が一定の元金均等返済の2種類ある。元本の減り方は元金均等返済の方が大きい。したがって、期間利子を含めた総返済額は、元金の減り方が少ない元利均等返済の方が多くなる。（答：○）

住宅ローンの種類

フラット**35**についてしっかり押さえよう。

財形住宅融資

☐ 財形貯蓄制度（下記参照）を1年以上継続し、一定の条件を満たした人が利用できる公的ローン。

> 財形貯蓄制度のない会社も少なくありませんが、FPとしてこのような制度があることは知っておきましょう。

融資条件	• 財形貯蓄を1年以上継続し、財形貯蓄残高が50万円以上ある人 • 申込時の年齢が70歳未満
融資対象	新築住宅、中古住宅、増改築。借換えは対象外
融資額	• 財形貯蓄残高の10倍以内（最高4,000万円） • 購入（リフォーム）金額の90%以内
適用金利	5年固定金利（5年毎に見直し）

Check!

財形貯蓄制度

☐ 勤労者の給与から天引きして貯蓄する積立制度。条件を満たすと税制優遇がある。給与から天引きのため着実に貯蓄できる。次の通り3種類ある。

	一般財形	財形住宅	財形年金
資金使途	自由	住宅資金 （住宅取得・増改築）	老後資金（年金）
年齢制限	なし	55歳未満	55歳未満
積立期間	3年以上	5年以上※1	5年以上
非課税枠	なし	あり※2	あり※3

※1 目的払出（住宅取得・増改築のための払出）であれば、5年未満でもOK
※2 財形住宅貯蓄と財形年金貯蓄を合算して元利合計550万円までは非課税
※3 財形年金は払込保険料385万円までは非課税

> 「財形貯蓄制度は5・55（ゴーゴーゴー）」と覚えましょう！

フラット35

☐ 住宅金融支援機構が民間金融機関と提携して行う、最長35年の固定金
利型住宅ローン。融資を実行するのは窓口となる金融機関。

融資条件	• 申込時の年齢が70歳未満で、総返済負担率（年収に占める借入金の年間合計返済額の割合）が次の基準を満たす人 ※年収400万円未満➡30％以下 　年収400万円以上➡35％以下
融資対象	床面積70m²以上（一戸建）または30m²（共同住宅等）以上の新築住宅（省エネ基準に適合）、中古住宅、借り換え ※増改築は対象外 ※店舗兼自宅の店舗併用住宅の場合、住宅部分の床面積が全体の2分の1以上あればよい
融資額	100万円以上8,000万円以下（購入価額の100％以内）
適用金利	• 固定金利（金融機関により異なる） • 融資実行日の金利が適用される • 融資率（フラット35の借入額÷住宅購入金額×100）が90％を超える場合、借入額全体の金利が上がる
借入期間	原則15年（申込者が満60歳以上の場合10年）～35年 または、申込者が80歳になるまでの年数のいずれか短い方
その他	• 保証人や保証料は不要。繰上返済手数料は無料 • 条件を満たせば親子リレー返済も可能

「フラット35」は、「（最長）35年間、金利がフラット（平らである
＝全期間固定金利）」からその名前が付いています。他に「フラット
20」「フラット50」があります。
現在多くの金融機関で扱っているフラット35は「買取型」です（「フ
ラット35」と記載されている場合は買取型を指す）。買取型は、民
間金融機関が融資した住宅ローンを直ちに住宅金融支援機構が買
い取る仕組みとなっています。

明日もファイトー！

住宅ローンの借換え と繰上返済

住宅ローンの借換えや繰上返済について整理する。

住宅ローンの借換え

☐ 住宅ローンの借換えとは、既存の住宅ローンを他の金融機関の住宅ローンに切り替えることをいう（新たに借りた住宅ローンで既存ローンを一括返済する）。

Check!

借換えのポイント

☐ 借換えの目安：金利差1%以上、残債期間10年以上、残債1,000万円以上

☐ 公的ローンから民間の住宅ローンやフラット35への借換えはできるが、民間ローンから公的ローンへの借換えはできない。

☐ 借換えを行うと、新たに諸費用（ローン保証料、登録免許税等）が発生する。

試験対策として覚えるポイント（条件）は上記になりますが、実務的には、金利差がもっと小さく、残債金額が1,000万円より少額でも借換えメリットが出る場合があります。借換えを検討する場合には、シミュレーション等をしっかりして決めましょう。

借換えできない場合があるので要注意だね。

○×問題にチャレンジ

1 住宅ローンの一部繰上返済には、返済期間短縮型と返済額軽減型の方法があるが、一般に、返済期間短縮型よりも返済額軽減型のほうが利息の軽減効果が大きい。（2014年1月）

[　]

住宅ローンの繰上返済

リボンを
チェック！

◯ 繰上げ返済とは、元金の一部または全部を返済することをいう。繰上げ
返済資金の全額が元本返済に充当され、その分利息を軽減することが
できる。繰上げ返済の時期が早いほど利息軽減効果が高くなる。

◯ 繰上げ返済の方法には、返済期間短縮型と返済額軽減型の2種類がある。

◯ 一般的に、同一条件であれば、返済期間短縮型の方が返済負担額軽減型
より利息の削減効果は大きくなる。

返済期間短縮型

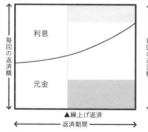

- ▨：利息が軽減される部分
- ▨：繰上返済により元金が
  返済される部分
- 毎月の返済額➡不変
- 返済期間➡短縮
※図の左は「元利均等返済」、
  右は「元金均等返済」である。

返済額軽減型

- ▨：利息が軽減される部分
- ▨：繰上返済により元金が
  返済される部分
- 返済期間➡不変
- 毎月の返済額➡軽減
※図の左は「元利均等返済」、
  右は「元金均等返済」である。

> 繰上返済により元金部分が返済されると（図の濃みどり部分）、本来
> 支払う予定だった利息（元金返済された部分の上の部分：図の薄み
> どり部分）の支払が不要となり、利息支払いが軽減されます。

がんばった！

解説

1. 住宅ローンの一部繰上げ返済には、返済期間短縮型と返済額軽減型の2つの方
法がある。繰上げ返済額等他の条件が同じ場合、返済期間短縮型の方が、利息削
減効果は大きくなる。（答：×）

老後資金のプランニングとカード等

老後資金のプランニングとカードについてポイントを整理しよう。

キャッシュレス決済（現金を使用しない支払/決済手段）が急速に進展するなか、正しいクレジットカードの知識は必須。リボ払いと総量規制は押さえておきましょう。

老後資金プランニング（リタイアメントプランニング）

☐ 老後の生活設計のことをリタイアメントプランニングという。

☐ リタイアメントプランニングでは、老後収入と老後支出を見積もり、不足額を早めに準備していくことがポイントとなる。

このページ（リタイアメントプランニング）はさらっと読めばOK！

老後の収入と支出（生活費）の考え方

☐ 老後収入➡年金（公的年金や企業年金）、退職金、貯蓄が主な収入源。

☐ 老後の支出➡現役時代（退職前）より支出を小さくしていく必要がある。

※目安としては、夫婦2人の場合は退職前の生活費の70％、1人の場合は退職前の生活費の50％で見積もるのが一般的。

老後の生活は現役時代に比べて活動量が減るから、生活費も減るんだね。

過去問題にチャレンジ

次の文章の（　）内にあてはまる最も適切な文章、語句、数字またはそれらの組み合わせを1）〜3）のなかから選び、番号を答えなさい。

1　貸金業法の総量規制により、個人が貸金業者による個人向け貸付を利用する場合の借入合計額は、原則として、年収の（　）以内でなければならない。（2023年5月）

　　1）2分の1　　2）3分の1　　3）4分の1　　　　　　　　[　　]

リボンを
チェック！

Chapter 1-12 ── 老後資金のプランニングとカード等

カード等

☐ 主な決済手段として利用されるカードには、クレジットカード、デビットカード、電子マネー（ICカード）等がある。

カードの種類

クレジットカード	利用者の信用に基づき、代金は後払いで商品を購入したりサービスを受けたりできる。
デビットカード	金融機関のキャッシュカードに支払い機能を持たせたカード。利用額は預貯金残高の範囲内で、代金は即時に支払われる。
電子マネー	ICカードに現金情報を記録したカード。契約内容により、代金は前払い（プリペイド）のものと後払いのものの両方がある。

クレジットカードの注意点

☐ クレジットカードは記名した本人のみ使用できる。貸借はできない。

☐ カードには署名が必要。署名欄にサインがないと、カードの紛失等で不正利用されても損害額が保障されない場合がある。逆にカードに署名があり、速やかに紛失等の届けをしていれば、届け出以前60日以内の利用代金の支払いは免除される。

☐ リボルビング払い（リボ払い）は、利用金額・利用件数に関わらず、毎月一定金額を返済する方法。利用残高（未返済残高）に対し利息が発生するため、手数料が高くなる傾向がある。

カードローン、キャッシング

貸金業法の総量規制により、貸金業者からの借入は、合計で年収の3分の1まで（クレジットカードのキャッシングも対象）とされている。

息抜きも大事だよ！

解説

1. 多重債務者の増加防止のため、貸金業法には総量規制があり、貸金業者からの借入残高は年収の3分の1までとされている。（答：2）

本番問題にチャレンジ

過去問題を解いて、理解を確かなものにしよう。

◻ **問1** 国が日本政策金融公庫を通じて行う「教育一般貸付」を利用する場合、自宅外通学、大学院、海外留学資金等の所定の利用する場合を除き、融資限度額は学生・生徒1人につき（ ① ）以内、返済期間は原則として（ ② ）以内である。（2011年1月 改題）
1) ①300万円　②20年　　2) ①350万円　②18年
3) ①400万円　②10年　　　　　　　　　　　　　　　[　　]

◻ **問2** 日本学生支援機構が取り扱う奨学金には、（ ① ）第一種奨学金と（ ② ）第二種奨学金がある。（2020年1月）
1) ①利息付（在学中は無利息）の　　②利息付（在学中も有利息）の
2) ①無利息の　　　　　　　　　　②利息付（在学中は無利息）の
3) ①返済義務のない　　　　　　　②無利息の　　　　　[　　]

◻ **問3** 住宅金融支援機構と民間金融機関が提携した住宅ローンであるフラット35（買取型）の融資金利は（ ① ）であり、（ ② ）時点の金利が適用される。（2023年5月）
1) ①変動金利　②借入申込　　2) ①固定金利　②借入申込
3) ①固定金利　②融資実行　　　　　　　　　　　　　[　　]

◻ **問4** フラット35（買取型）において、融資率（フラット35の借り入れ額÷住宅の建設費または購入価額）が（　　　）を超える場合は、融資率が（　　　）以下の場合と比較して、通常、借入れ額全体の金利が高く設定されている。（2015年9月）
1) 70%　　2) 80%　　3) 90%　　　　　　　　　　[　　]

問5 住宅ローンの返済方法のうち、元利均等返済は、毎月の返済額が（ ① ）、返済期間の経過とともに毎月の元金の返済額が（ ② ）返済方法である。（2022年1月）

1) ①減少し　②増加する　　　2) ①一定で　②減少する
3) ①一定で　②増加する

［　　　］

解説1

教育一般貸付の融資限度額は原則350万円（自宅外通学、大学院・海外留学等所定の要件を満たす場合は450万円）、返済期間は原則15年（ひとり親家庭等は最長18年）である。（答：2）

解説2

日本学生支援機構の貸与型奨学金には、第一種奨学金と第二種奨学金がある。第一種奨学金は無利息で、採用条件に家計基準、学力基準がある（基準は厳しめ）。第二種奨学金は利息付で（在学中は無利息）、第一種奨学金より採用条件は緩やか。（答：2）

解説3

フラット35は、最長35年、全期間固定金利の住宅ローンである。融資金利は金融機関により異なり、融資実行時の金利が適用される（答：3）

解説4

フラット35の金利は、融資率（借入額÷購入価額）が90％を超えると金利が高くなる。また借入期間が（15年以上）20年以下の場合と21年以上の場合で金利が異なる。（答：3）

解説5

住宅ローンの返済方法には「元利均等返済」と「元金均等返済」がある。元利均等返済は、毎月の返済額が一定で、返済が進むと、返済額に占める元金返済の割合が増える。元金均等返済は、毎月の元金の返済額が一定で、返済が進むと、毎月の返済額が減少する。（答：3）

明日もファイトー！

社会保険制度

ライフプランを考える上で、財政的な見通しとともに重要なのが
リスクへの備えである。社会保険は保障設計の土台。制度をよく
理解しよう。

社会保険の概要

もしものときの生活を支える社会保険には、医療保険、介護保険、年金
保険、労災保険、雇用保険の5つの制度がある。

医療保険	病気、けが、出産、死亡に関する給付を行う
介護保険	要介護や要支援の状態になった場合に給付を行う
年金保険	老後・障害・死亡（遺族）に対して給付を行う
労災保険	業務上の災害、通勤時の災害によるけが、病気、傷害、死亡等に対する給付を行う
雇用保険	失業者、雇用継続者、雇用促進、育児・介護による休業等に対する給付を行う

社会保険は国の社会保障制度の1つなんだね。色々あるなあ……。

目的によって保険の種類が異なるわ。一つひとつ理解することで、
日々のニュースも分かりやすくなるはず。しっかりと押さえておき
ましょう！

公的医療保険制度

リボンを
チェック！

⬭ 日本は国民皆保険制度で、国内に住所のある全ての人は、いずれかの公的医療保険制度に加入することが義務付けられている。

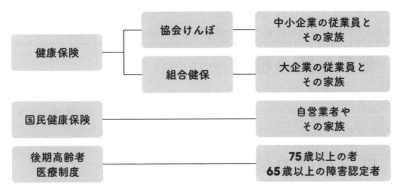

※上記の他に、公務員や私学の教職員等が加入する共済組合等がある。

　所属によって制度が違うんだ！

参考：保険制度の基本用語

保険者	保険制度の運営主体
被保険者	保険制度に加入し、保険の対象となっている人
被扶養者	被保険者の扶養家族 （日本に住所があり、年収130万円未満（60歳以上または障害者の場合は180万円未満）で、かつ被保険者の年収の2分の1未満、等の要件を満たす者）

がんばった！

15

/

健康保険
（被用者保険）

健康保険の基本的な事項を整理しよう。

☐ 健康保険は、業務外（労災保険の給付対象とならない場合）の病気やけが、出産、死亡等の場合に医療給付や手当金を支給する制度。

健康保険の種類

☐ 全国健康保険協会が運営する**協会けんぽ**（全国健康保険協会管掌健康保険）と、健康保険組合が運営する**組合健保**（組合管掌保険健康保険）がある。

健康保険の被保険者

☐ 健康保険の適用事業所で働く従業員および役員とその被扶養者（3親等内の親族、親等についてはChapter6参照）。被扶養者となるには次の条件がある。

健康保険の被扶養者となる条件

年収要件		同居の場合	別居の場合
年収130万円未満（60歳以上の者または障害者の場合は180万円未満）	かつ	年収が被保険者の2分の1未満であること	年収が被保険者からの仕送り額（援助額）より少ない

被保険者と被扶養者の要件は細かく定められているのね。

○×問題にチャレンジ

1 健康保険の被扶養者として認定されるためには、認定対象者が被保険者と同一世帯に属している場合、認定対象者の年収が103万円未満（60歳以上の場合または一定の障害者である場合は180万円未満）で、かつ、被保険者の年収の2分の1未満でなければならない。（2009年5月）

[　]

Check!

健康保険の被扶養者でなくなる要件

従業員数が101人※以上の企業で働く短時間労働者で、次の条件を満たす場合

- ☐ 週の労働時間が20時間以上
- ☐ 月収が88,000円以上
- ☐ 2か月を超える雇用の見込みがある
- ☐ 学生でない

※2024年10月以後は従業員数51人以上に変更予定

健康保険の保険料

☐ 保険料は、被保険者の標準報酬月額・標準賞与額に保険料率を掛けて計算し、事業主と従業員が半分ずつ負担する（労使折半）。

保険料＝標準報酬月額×保険料率＋標準賞与額×保険料率

☐ 保険料率は、協会けんぽは都道府県毎に異なる。組合健保は組合毎に異なる（組合の規約で定める）。

☐ 40歳以上65歳未満の者は、健康保険料は介護保険料と併せて支払う。

☐ 被保険者の産休、育休期間中は、健康保険の保険料および厚生年金保険料等の社会保険料が被保険者、事業者とも免除される。

 40歳からは介護保険料も併せて支払うのね。

息抜きも大事だよ！

解説

1. 健康保険の被扶養者となる所得要件は、「年収130万円未満（60歳以上の者や障害者の場合は180万円未満）で、かつ、同居の場合は被保険者の年収の2分の1未満であること。同居でない場合は仕送り額より少ないこと。」である。（答：×）

健康保険の6つの給付①

健康保険の6つの給付のうち療養の給付と高額療養費を整理する。

療養の給付

☐ 日常生活の（業務外の）病気やけがに対して治療を受けることができる。

☐ 治療を受ける際には一定の自己負担があり、医療機関の窓口で一部負担金を支払う。

医療費の自己負担割合

		3割（※1）	
2割	**3割**	**2割**	**1割または2割（※2）**

0歳　　　小学校入学　　　　　70歳　75歳

※1　同世帯に課税所得が145万円以上の被保険者がいる場合
※2　同世帯に課税所得28万円以上の被保険者がいて、かつ年金収入等の合計所得が複数世帯320万円以上、単身世帯200万円以上の場合

> お住まいの地域により、お子さんの医療費がゼロになる場合がありますが、それは自治体（市区町村）が医療費の自己負担分（2割または3割）を助成しているためです。
> お子さんが医療機関を受診するとき、保険証と自治体から交付される医療証を合わせて提示することで、医療費の窓口負担がゼロになります。

高額療養費

☐ 1カ月（同一月）の医療費の支払額[1]が自己負担限度額を超えた場合、超過額が高額療養費として支給される（払い戻される）。[2]

※1　差額ベッド代や食費、先進医療の技術料などは対象外
※2　事前に限度額適用認定証を提示すれば、窓口負担払は自己負担限度額までになる。

○×問題にチャレンジ

1　健康保険の被保険者が同一月内に同一の医療機関等で支払った医療費の一部負担金等の額が、その者に係る自己負担限度額を超えた場合、その支払った一部負担金等の全額が、高額療養費として支給される。（2021年1月）　　［　　］

高額療養費の自己負担限度額（参考：**70歳未満の場合**）

所得区分	月ごとの負担の上限額	4回目以降
（ア）年収　約1,160万円〜 健保：標準報酬月額83万円以上 国保：年間所得901万円超	252,600円＋（総医療費-842,000円）×1%	140,100円
（イ）年収　約770万〜約1,160万円 健保：標準報酬月額53万〜79万円 国保：年間所得600万〜901万円	167,400円＋（総医療費-558,000円）×1%	93,000円
（ウ）年収　約370万〜約770万円 健保：標準報酬月額28万〜50万円 国保：年間所得210万〜600万円	80,100円＋（総医療費-267,000円）×1%	44,400円
（エ）年収　〜約370万円 健保：標準報酬月額26万円以下 国保：年間所得210万円以下	57,600円	44,400円
（オ）住民税非課税者	35,400円	24,600円

○ 高額療養費の自己負担額等の計算例

ケース：標準報酬月額が41万円（所得区分 ウ）であるサラリーマンＡ
さんの1カ月（同一月）の医療費が100万円だった場合

自己負担限度額：

80,100円＋（1,000,000円－267,000円）×1％＝87,430円

実際に支払った金額：1,000,000円×30％＝300,000円

高額療養費として払い戻される金額：

300,000円－87,430円＝212,570円

 高額療養費の表は覚えなくて大丈夫。表を使って自己負担限度額を
計算できるようになりましょう！

明日もファイトー！

解説

1. 高額療養費制度は、同一月内にかかった医療費の自己負担額が高額になり、自己
負担限度額を超えた場合に、超過額が申請により払い戻される制度である。本問で
は、一部負担金等（自己負担額）の全額が支給されるとあるので間違い。（答：×）

健康保険の**6**つの給付②と退職後の健康保険

傷病手当金、出産育児一時金は頻出ポイント。しっかり整理しよう。

傷病手当金

☐ 病気やけがの療養のために仕事を連続して**3日間**休み、給料が支給されない場合に、**休業4日目**から支給される。

傷病手当金の支給と支給期間

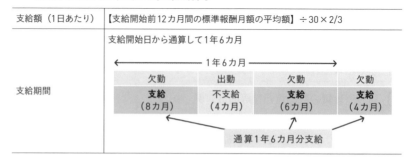

支給額（1日あたり）	【支給開始前12カ月間の標準報酬月額の平均額】÷30×2/3
支給期間	支給開始日から通算して1年6カ月 ←——————— 1年6カ月 ———————→ 欠勤 / 出勤 / 欠勤 / 欠勤 **支給**（8カ月） / 不支給（4カ月） / **支給**（6カ月） / **支給**（4カ月） 通算1年6カ月分支給

出産育児一時金（家族出産育児一時金）

☐ 被保険者（または被扶養者）が出産すると出産育児一時金（家族出産育児一時金）が、1児につき**50万円**（産科医療保障制度未加入の医療機関で出産した場合は48万8,000円）支給される。

○×問題にチャレンジ

1 全国健康保険協会管掌健康保険の被保険者に支給される傷病手当金の額は、1日につき、原則として、支給開始日の属する月以前12カ月間の各月の標準報酬月額の平均額を30で除した金額に、4分の3を乗じた額である。（2018年9月） [　　]

2 全国健康保険協会管掌健康保険の被保険者である会社員が、退職後に任意継続被保険者となるためには、資格喪失日から14日以内に任意継続被保険者となるための申出をしなければならない。（2020年9月） [　　]

出産手当金

○ 被保険者本人が出産のために仕事を休み、給与の支払いがなかった場合に支給される。

支給額（1日あたり）	【支給開始前12カ月間の標準報酬月額の平均額】÷30×2/3
支給期間	産前42日間（多胎妊娠の場合98日）＋産後56日間

埋葬料

○ 被保険者や被扶養者が死亡した場合、一律5万円が支給される。

退職後の公的医療保険

○ 在職中健康保険に加入していた会社員は、退職後どのように公的医療保険に加入するかを検討しなければならない。選択肢は、①健康保険の任意継続被保険者となる、②国民健康保険に入る、③子や配偶者の被扶養者になる、の3つがある。

健康保険の任意継続制度

加入資格	健康保険の被保険者期間が継続して2カ月以上ある
保険料	全額自己負担
申請期限	退職日の翌日から20日以内
加入期間	最長2年間（途中の任意脱退が可能）

 任意継続制度（ニンケイ）は、「2・2・2」で覚えましょう！

がんばった！

解説

1. 傷病手当金は、業務外の事由による負傷または疾病のために働けず、連続して3日以上休業して報酬を受けられなかった場合に、標準報酬日額の3分の2の金額が休業4日目から支給される。（答：×）

2. 任意継続保険制度は、「被保険者期間が2カ月以上」ある人が、退職日の翌日から20日以内に申請する必要がある。（答：×）

国民健康保険と後期高齢者医療制度

国民健康保険は、特に健康保険との違いを押さえよう。

国民健康保険

☐ 国民健康保険は、自営業者や定年退職者とその家族等、被用者保険や後期高齢者医療制度に加入していない全ての人が対象の医療保険制度である。

☐ 種類：市町村（都道府県）が保険者となるものと、同業種の個人を対象とする国民健康保険組合が保険者になるものがある。

 ひと口に国民健康保険と言っても、種類があるのね！

☐ 保険料：前年の所得等に基づき、世帯単位で計算される。市町村により計算方法は異なる。子どもを含む加入者全員が被保険者となる。

☐ 給付内容：療養の給付、高額療養費、出産育児一時金、葬祭費の給付があり、医療費の自己負担割合も健康保険と同じ。
※一般的に傷病手当金、出産手当金の給付はない（任意給付）。
※業務上のけがや病気について給付がある。

過去問題にチャレンジ

1 後期高齢者医療制度の被保険者は、後期高齢者医療広域連合の区域内に住所を有する（①）以上の者、または（②）の者であって一定の障害の状態にある旨の認定を受けたものである。（2023年5月）
1) ①65歳　②40歳以上65歳未満
2) ①70歳　②60歳以上70歳未満
3) ①75歳　②65歳以上75歳未満　　　　　　　　　　　　[　　]

2 全国健康保険協会管掌健康保険の被保険者が、産科医療補償制度に加入する医療機関で出産した場合の出産育児一時金の額は、1児につき（　　）である。（2022年1月 改題）
1) 42万円　　2) 50万円　　3) 56万円　　　　　　　　[　　]

後期高齢者医療制度

☐ 75歳になると、全ての人がそれまで加入していた健康保険や国民健康保険から脱退し、新たに後期高齢者医療制度に加入する。

後期高齢者医療制度の概要

被保険者	75歳以上の人、または65歳以上75歳未満の一定の障害認定を受けた人
保険者	後期高齢者医療広域連合
保険料	個人単位で納付。原則年金から天引きされる。保険料率は都道府県ごとに異なる。
自己負担割合	• 原則1割負担。ただし次の場合は2割または3割負担。 • 2割負担：課税所得28万円以上、かつ単身世帯収入200万円以上、複数世帯収入320万円以上。 • 3割負担：現役並み所得者（課税所得145万円以上）

75歳になって後期高齢者になった者の被扶養者（配偶者等）は、自ら国民健康保険に加入するか、子の健康保険の被扶養者になる等する必要があります。

試験では、後期高齢者医療制度の被保険者について問われることが多いですよ！年齢を正確に覚えましょう。

息抜きも大事だよ！

解説

1. 後期高齢者医療制度の被保険者は、原則75歳以上または65歳以上75歳未満の一定の障害認定を受けたものである。（答：3）

2. 出産育児一時金は、健康保険や国民健康保険などの被保険者やその被扶養者が出産した場合に、1児につき50万円が支給される。産科医療補償制度に加入していない医療機関で分娩する場合は48万8,000円が支給される。（答：2）

公的介護保険

第1号、第2号被保険者の違いが問われる。

○ 介護保険は、老化や老化を原因とする病気等により介護が必要になった場合に介護サービスの給付が受けられる制度。あらかじめ市区町村から要介護または要支援の認定を受ける必要がある。

公的介護保険の概要

	第1号被保険者	第2号被保険者
被保険者	65歳以上の者	40歳以上65歳未満の公的医療保険加入者
受給の条件	• 要介護者（1〜5） • 要支援者（1〜2） 原因を問わず支給	老化を原因とする特定疾病（初老期認知症、脳血管障害、末期がん等）により要介護者、要支援者と認定された場合
保険料と納付方法	• 医療保険の保険料と併せ、原則年金から天引きされる	• 医療保険の保険料と併せて徴収（会社員の場合は原則労使折半） • 被扶養者は不要
自己負担割合	• 第1号被保険者は原則1割負担で、一定以上の所得者は2割、現役並み所得者は3割負担（基準は医療保険の自己負担と同じ） • 第2号被保険者は一律1割負担 • 介護保険施設での食事や居住費用は全額自己負担 • 介護サービスを受けるためにケアマネージャーが作成するケアプランの作成費は無料	

 第2号被保険者は、交通事故等で要介護状態になっても介護給付は受けられません。

過去問題・○×問題にチャレンジ

1 公的介護保険の第2号被保険者は、市町村または特別区の区域内に住所を有する（ ① ）以上（ ② ）未満の医療保険加入者である。（2020年1月 改題）
1）①40歳 ②60歳　 2）①45歳 ②65歳
3）①40歳 ②65歳　　　　　　　　　　　　　　　　　　[　]

2 公的介護保険の第2号被保険者は、要介護状態または要支援状態となった原因を問わず、保険給付を受けることができる。（2021年5月）[　]

Check!

公的介護保険のポイント

☐ 要介護者（要介護1〜5）：**介護給付**として、施設サービスや居宅サービス等が受けられる（特別養護老人ホームへの施設入居は要介護3以上）。

☐ 要支援者（要支援1、2）：**予防給付**として介護予防サービスが受けられる。

- 介護サービスの自己負担金額には一定の上限額が設定されており、上限額を超えた場合は超えた金額が「高額介護サービス費」として支給される。

- 同一の医療保険に加入している世帯内で、医療保険と介護保険の自己負担額の8月〜翌7月までの合計額が一定の限度額を超えた場合、申請により超えた金額が支給される（高額介護合算療養費制度）。

介護保険制度利用のイメージ

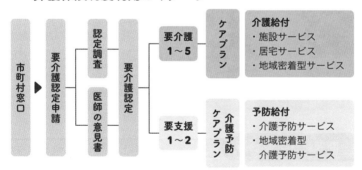

```
市町村窓口 ▶ 要介護認定申請 ─ 認定調査
                          医師の意見書 ─ 要介護認定 ─ 要介護1〜5 ─ ケアプラン ─ 介護給付
                                                                      ・施設サービス
                                                                      ・居宅サービス
                                                                      ・地域密着型サービス
                                            ─ 要支援1〜2 ─ 介護予防ケアプラン ─ 予防給付
                                                                      ・介護予防サービス
                                                                      ・地域密着型
                                                                        介護予防サービス
```

明日もファイト―！

解説

1. 公的介護保険の被保険者は、第1号被保険者と第2号被保険者がある。第1号被保険者は、65歳以上の者で、原因を問わず、要介護または要支援と認定されれば給付を受けることができる。第2号被保険者は40歳以上65歳未満の公的医療保険の加入者で、加齢を原因とする疾病により要介護状態になったときに給付を受けることができる。（答：3）

2. 解説は上記を参照。（答：×）

労災保険

労災保険について確認しよう。

○ 社会保険のうち、労働者の保護や雇用の安定等を目的として運営するものを労災保険という。

労災保険の概要

○ 労災保険（労働者災害補償保険）は労働保険の一つで、労働者が業務上又は通勤中に負傷、病気、死亡（傷病等）した場合等に被災労働者や遺族のために保険給付を行う。

被保険者	労働者は自動的に全員が被保険者 （アルバイトやパートタイマー等の雇用形態は関係なし） ※経営者は対象外
保険者	国（政府、管轄窓口は労働基準監督署等）
保険料	全額事業主負担（保険料率は業種により異なる）

※労働者数が一定以下の中小企業の事業主や、個人タクシー業者・大工・漁師等の一人親方、海外赴任者等は、任意で加入できる。これを特別加入制度という。

 労災保険の保険料は、本人（個人）の負担はありません。

 通勤中に転んだとき、ねんざしたから病院に行ったよ。書類で手続きをして、自己負担せずに済んだ！ もう走りすぎないように気を付けてるよ。

○×問題にチャレンジ

1 労働者災害補償保険の給付対象となる労働者は、適用事業所の正規雇用の社員のみであり、パートタイマー、アルバイトおよび日雇労働者は給付対象とならない。（2008年5月） [　　]

2 労働者災害補償保険の保険料は、その全額を事業主が負担する。（2021年5月） [　　]

3 労働者災害補償保険は、労働者の業務災害に対して必要な保険給付を行うものであり、通勤災害については保険給付の対象とならない。（2012年1月） [　　]

労災保険の給付

☐ 業務上（出張を含む）被った傷病等を業務災害、通勤中※に被った傷病等を通勤災害という。

※日用品の購入、病院での受診等、日常生活上必要な行為で通勤を中断した場合は、合理的な経路に戻った後は通勤中とみなされる。

労災保険の主な給付

種類	内容
休業（補償※1）給付	業務災害または通勤災害が原因の傷病（けがや病気）で働くことができず、賃金が支払われない場合、休業4日目から休業1日につき給付基礎日額の60％相当額が給付される
療養（補償※1）給付	業務災害または通勤災害が原因の傷病により労災指定病院等で治療を受けた場合、治療費が全額給付される（一部負担なし）
傷病（補償※1）給付	業務災害または通勤災害が原因の傷病により療養し、1年6か月を経過しても傷病が治癒しておらず、障害等級に該当する障害が残っている場合に給付される
障害（補償※1）給付	業務災害または通勤災害が原因の傷病が治癒した後に障害等級に該当する障害が残ったときに給付される
遺族（補償※1）給付	業務災害または通勤災害により死亡したときに給付される給付額は遺族※2の数に応じて異なる
介護（補償※1）給付	障害（補償）年金または傷病（補償）年金受給者のうち、一定の障害に該当して介護を受けているときに給付される
葬祭給付	業務災害または通勤災害が原因で死亡した人の葬祭を行う時に給付される

※1 業務災害の場合は「○○補償給付」、通勤災害の場合は「○○給付」という
※2 遺族補償給付の対象となる遺族は、労働者に生計を維持されていた配偶者、子、父母、孫、祖父母、兄弟姉妹のうち最も優先順位の高い者のみが受給する

がんばった！

解説

1. 労働者災害補償保険（労災保険）では、労働の対価として賃金を受ける者は、アルバイトやパートタイマー、日雇等の雇用形態や労働時間の長短は関係なく、全てが被保険者となる。（答：×）

2. 労働者災害補償保険（労災保険）の保険料は、社会保険料や雇用保険料と異なり、保険料全額を事業主が負担する仕組みとなっている。（答：○）

3. 労働者災害補償保険（労災保険）は、業務災害と通勤災害が対象となる。（答：×）

業務災害	業務上（出張含む）被ったけが、病気、障害または死亡
通勤災害	通勤中（日用品購入、選挙権の行使、病院での受診、家族の介護等日常生活上必要な行為により中断した場合を含む）に被ったけが、病気、障害、死亡

雇用保険

雇用保険の概要と基本手当について押さえよう。

雇用保険の概要

被保険者	原則、全ての雇用保険適用事業所の以下の条件を満たす労働者が対象 ※法人役員や個人事業主とその家族は対象外 ※非正規労働者の場合は、次の要件を満たす者が対象 ・1週間の所定労働時間が20時間以上 ・継続して31日以上雇用される見込みがある
保険者	国（政府、窓口はハローワーク）
保険料	事業主と被保険者の両方が負担（保険料率は業種により異なる）

 雇用保険料、たしか給料から天引きされていたわ。毎月いくら支払っているか見てみようっと。

雇用保険の給付の種類

☐ 雇用保険には、大きく分けて以下の4つの給付がある。

求職者給付	失業者が求職活動中に支給される
就業促進給付	基本手当の給付期間中に早期に再就職した場合に支給される
雇用継続給付	高齢で働く場合、育児、介護をするために休業した場合等に支給される
教育訓練給付	労働者が教育訓練を受けた場合に支給される

求職者給付（基本手当）

☐ 基本手当（失業保険）は、失業して求職中に、申請により受けられる。

 受給要件は離職理由によって分けられているわ。次の表で整理しましょう。

○×問題にチャレンジ

1 定年退職者や自己の意思により離職した者の雇用保険の基本手当の受給資格は、原則として、離職の日以前2年間に被保険者期間が通算して12カ月以上あることである。（2011年1月）　[　　]

基本手当の概要

リボンを
チェック！

受給要件	• 働く意思と能力はあるが、仕事に就くことができない65歳未満の者で、次のどちらかに該当すること 【一般被保険者（定年または自己都合による退職）】 →離職日以前2年間に被保険者期間が通算して12カ月以上ある 【特定受給資格者（倒産や解雇など会社都合による退職）】 →被保険者期間が離職日以前1年間に6カ月以上ある
受給期間	• 離職日の翌日から1年間（病気やけが、出産・育児などで就業できない場合は、最長3年延長して4年間まで受給可能） ※受給期間（基本手当を受けられる期間）を過ぎると、所定給付日数が残っていても、それ以後の基本手当は支給されない
待期期間	• 7日間の待期期間があり、この期間は支給されない • 自己都合退職の場合は、7日間の待機期間に加えて、さらに2カ月間の待期期間がある ※待期期間が2カ月なのは「5年間のうち2回の離職まで」に限定され、5年以内に3回以上の離職をした場合は、3回目から待期期間は3カ月となる

☐ 基本手当の給付日数は、離職理由、被保険者期間、年齢等により異なる。

給付日数

特定受給資格者（倒産・解雇など会社都合による退職）

被保険者期間 離職時の年齢	1年未満	1年以上 5年未満	5年以上 10年未満	10年以上 20年未満	20年以上
30歳未満	90日	90日	120日	180日	—
30歳以上35歳未満		120日	180日	210日	240日
35歳以上45歳未満		150日	180日	240日	270日
45歳以上60歳未満		180日	240日	270日	330日
60歳以上65歳未満		150日	180日	210日	240日

一般受給資格者（定年・自己都合による退職）

被保険者期間	1年未満	1年以上10年未満	10年以上20年未満	20年以上
年齢に関係なく	—	90日	120日	150日

息抜きも大事だよ！

解説

1. 雇用保険の受給要件は原則、離職の日以前2年間に、被保険者期間が通算12カ月以上あることである。（答：○）

雇用保険の
その他の給付

雇用保険のその他の給付について整理しよう。

高年齢雇用継続給付

☐ 高年齢雇用継続給付は、60歳以降も働く人の、60歳から65歳までの賃金低下を補う制度で、「高年齢雇用継続基本給付金」と「高年齢再就職給付金」がある。

受給要件	• 60歳以上65歳未満の一般被保険者で、被保険者期間が通算5年以上ある • 60歳以降の賃金が60歳時点に比べて、75%未満に低下した状態である
支給額	• 支給対象月に支払われた賃金の最大15% （各月の賃金が60歳時点の賃金の61%以下に低下した場合は、賃金の15%相当額 （61%超75%未満に低下した場合は、低下率に応じて支給される））※一定の上限あり

☐ 高年齢雇用継続基本給付金：60歳以降も雇用されている場合に支給される。

☐ 高年齢再就職給付金：基本手当を受給後、受給日数を100日以上残して再就職した場合に支給される。

 高年齢者が働きやすい環境整備が進められています。

☐ 2021年には高年齢者雇用安定法が改正され、定年年齢の70歳への引上げや70歳までの継続雇用等が企業の努力目標とされた。

☐ 2022年からは、高年齢者のより柔軟な働き方を可能にし得るマルチジョブホルダー制度が新設された。

マルチジョブホルダー制度（2022年1月〜）

☐ 複数の事業所で勤務する65歳以上の労働者が、うち2つの事業所での勤務時間等が一定の要件を満たした場合、本人からハローワークに申出を行うことで雇用保険へ加入できる制度。

Check!

雇用保険の重複加入の要件

☐ 複数の事業所に雇用される65歳以上の労働者であること

☐ 2つの事業所（1つの事業所の所定労働時間は5時間以上20時

間未満）の労働時間が合計して**20時間**以上あること

☐ 2つの事業所の雇用見込が**31日**以上あること

介護休業給付

☐ 要介護状態の家族を介護するために介護休業を取得した場合に支給される。

対象家族	配偶者（事実婚含む）、父母、子、配偶者の父母等
支給額	休業開始時賃金日額×支給日数×67% ※休業期間中に休業開始前賃金の80%以上の賃金支払いがある場合は支給されない
期間／回数	対象家族1人につき、通算93日まで（3回まで分割可能）

育児休業給付

☐ 子どもを養育するために育児休業を取得した場合に支給される。

受給要件	育児休業開始前2年間に、賃金支払いの基礎となる日数が11日以上の月が12カ月以上あること
支給額	・休業開始時賃金日額×30日（原則）×67%（休業開始から180日まで） ・休業開始時賃金日額×30日（原則）×50%（休業開始から181日目以降） ※休業期間中の賃金支払いが休業開始時賃金の80%以上ある場合は支給されない

☐ 新たに産後パパ育休制度が創設され、出生後8週間以内の子を養育するために、通算4週間の育児休業を取得できるようになった。また育児休業取得の分割取得もできるようになった。

教育訓練給付

☐ 厚生労働大臣の指定を受けた教育訓練を修了した場合に、費用の一部が支給される。対象となる教育訓練は3種類あり、給付率等が異なる。

	一般教育訓練給付	特定一般教育訓練給付	専門実践教育訓練給付
目的	雇用の安定・就職の促進	再就職及び早期のキャリア形成	中長期的キャリア形成
支給要件	雇用保険の被保険者期間が3年以上（初めて受給する場合は原則1年以上）	雇用保険の被保険者期間が3年以上（初めて受給する場合は原則1年以上）	雇用保険の被保険者期間が3年以上（初めて受給する場合は原則2年以上）
支給額	受講費用の20%（上限10万円）	受講費用の40%（上限20万円）	最大で受講費用の70%（年間上限56万円、最長4年）

明日もファイトー！

本番問題に チャレンジ

過去問題を解いて、理解を確かなものにしよう。

問1 恭平さんは、2024年3月に3週間ほど入院をして治療を受けた。恭平さんの2024年3月の保険診療に係る総医療費が80万円であった場合、高額療養費制度により払い戻しを受けることができる金額として、正しいものはどれか。なお、恭平さんは全国健康保険協会管掌健康保険（協会けんぽ）の被保険者で、標準報酬月額は「38万円」である。また、恭平さんは限度額適用認定証を病院に提出していないものとする。（2023年5月FP協会 資産 改題）

＜70歳未満の者：医療費の自己負担限度額（1カ月当たり）＞

標準報酬月額	医療費の自己負担限度額
83万円以上	252,600円＋（総医療費－842,000円）×1％
53万円~79万円	167,400円＋（総医療費－558,000円）×1％
28万円～50万円	80,100円＋（総医療費－267,000円）×1％
26万円以下	57,600円
市町村民税非課税者等	35,400円

1）85,430円　2）154,570円　3）714,570円　　　　[　　]

問2 雇用保険の育児休業給付金の額は、育児休業を開始した日から育児休業給付金の支給に係る休業日数が通算して180日に達するまでの間は、1支給単位期間当たり、原則として休業開始時賃金日額に支給日数を乗じて得た額の（　　）相当額となる。（2018年9月）

1）33％　　　2）67％　　　3）75％　　　　　　　[　　]

問3 介護休業給付金は、雇用保険の一般被保険者または高年齢被保険者が対象家族の介護をするために休業をした場合に支給される。支給日数1日当たりの支給額は、休業中に賃金が支払われない場合、休業開始時賃金日額の（①）％相当額で、同一の対象家族について通算（②）日（③）回まで分割可能）を限度に支給される。（2023年1月FP協会 資産 改題）

1) ①67 ②90 ③2　　2) ①68 ②90 ③3
3) ①67 ②93 ③3

［　　］

リボンを
チェック！

Chapter 1-23　本番問題にチャレンジ

解説1

恭平さんの医療費の自己負担限度額は、

80,100円＋（800,000万円－267,000円）×1％＝85,430円

恭平さんの実際に支払った医療費の額（自己負担額）は、

800,000円×30％＝240,000円

高額療養費として払い戻される金額は、

240,000円－85,430円＝154,570円（答：2）

高額療養費に関する計算問題はよく出ます。問題文で何を問われて
いるのか（自己負担限度額なのか、高額療養費として払い戻される
金額なのか）、を正しく把握して、得点につなげましょう！

解説2

育児休業給付金は原則、満1歳未満の子を養育するために育児休業を取得
した場合に、「休業開始時賃金日額×支給日数の67％」（育児休業開始から
180日経過後は50％）が支給される。（答：2）

解説3

介護休業給付金は、一定の要介護状態にある家族の介護のために介護休
業を取得した場合に、休業開始時賃金日額の67％に相当する金額が支給さ
れる。同一の対象家族に対して93日までが限度で、通算3回まで。分割取得
が可能。（答：3）

雇用保険からは、基本手当（受給要件、基本手当の日数、待期期間）
についてよく問われます。育児休業給付金と介護休業給付金は、金
額（〇％か）を必ず覚えましょう。

がんばった！

公的年金制度

公的年金制度のあらましと国民年金について整理する。

公的年金制度の概要

☐ 日本の年金制度は、公的年金（国民年金、厚生年金）と私的年金から成る。

☐ 公的年金は2階建て構造となっており、1階部分として基礎年金である「国民年金」、その上の2階部分に会社員や公務員等が加入する厚生年金保険（被用者年金）がある。

☐ 私的年金は任意加入の年金で、企業が従業員のために加入する企業年金と、個人が加入する個人年金に大別される。2階建て構造の公的年金に上乗せする年金制度なので、3階部分といわれる。

年金制度の仕組み

	個人型年金（iDeco）			
3階	国民年金基金	企業年金		
		企業型 DC	DB	厚生年金 基金
2階		厚生年金保険		
1階	国民年金（基礎年金）			
	第1号被保険者 自営業者など	**第2号被保険者** 会社員・公務員など	**第3号被保険者** 専業主婦など	

企業年金の「年金等退職給付」は企業年金欄の右端に配置。

便利な図だね！ 年金制度で分からなくなったらこの図を見よう！

○×問題にチャレンジ

1 国民年金の第1号被保険者の収入により生計を維持する配偶者で、20歳以上60歳未満の者は、国民年金の第3号被保険者となることができる。（2021年5月）　　[　　]

公的年金の給付の種類

☐ 公的年金の給付には、原則65歳以降に支給される老齢給付、病気やけがを負って一定の障害が残ったときに支給される障害給付、一家の働き手である被保険者が亡くなったときに遺族に支給される遺族給付の3種類がある。

国民年金（基礎年金）

☐ 国民年金は国民皆年金制度となっており、日本に住む20歳以上60歳未満の全ての人が（外国人も）加入しなければならない（強制加入）。

国民年金の被保険者

☐ 働き方等により、第1号から第3号まで3つに分けられる。

国民年金の被保険者の種類

	第1号被保険者	第2号被保険者	第3号被保険者
対象者	日本国内に住む20歳以上60歳未満の人（自営業者やその配偶者、学生等）	65歳未満の会社員、国・地方公共団体の公務員、私立学校の教職員	第2号被保険者に扶養されている配偶者※（日本国内に住所があること）で、20歳以上60歳未満の人
加入年金	国民年金	厚生年金	国民年金
保険料	定額（2024年度は月額16,980円）	• 定率（保険料率18.3%で固定） • 労使折半で負担	保険料の負担なし（第2号被保険者全体の収める保険料に含まれる）
諸手続き	市区町村	勤務先	配偶者の勤務先

※被扶養者の要件は、年収130万円未満かつ被保険者の年収の2分の1未満であること。事実上の婚姻関係にある人も含まれる。

任意加入制度

☐ 60歳以上65歳未満の人（受給資格期間を満たしていない人は70歳まで）、日本国籍があるが日本に住所のない20歳以上65歳未満の人は、申出により国民年金に任意加入することができる（任意加入制度）。

☐ 任意加入被保険者は、第1号被保険者と同額の保険料を支払い、受給資格期間（10年）を満たしたり、年金額を増やしたりすることができる。

息抜きも大事だよ！

解説

1. 第3号被保険者となるのは、第2号被保険者に扶養されている配偶者。第1号被保険者に扶養される配偶者は自身も第1号被保険者となる。（答：×）

国民年金保険料

国民年金保険料の納付には様々な制度とルールがある。

保険料納付のルール

☐ 第1号被保険者（および任意加入被保険者）の保険料は、定額（2024年度は月額16,980円）。翌月末までに納付する。

☐ 納付方法は納付書での支払いのほか、口座振替、電子納付、クレジットカード払い等が可能。前納（最大2年分まで前払いできる）や口座振替の早割を利用すると、保険料が割引となる。

☐ 保険料の納付が遅れた場合、過去2年分までは後から納めることが可能。2年を超えると時効となり、納付できない（未納のままとなる）。

保険料の免除制度

☐ 経済的に保険料の納付が難しい場合は、保険料を免除する制度がある。

☐ 免除には法定免除と申請免除の2種類がある。

法定免除	障害年金の受給者や生活保護受給者等。全額免除される
申請免除	申請により、所得水準に応じ保険料が免除される。全額免除、4分の3免除、半額免除、4分の1免除の4つがある

☐ 保険料を免除されると、その期間は受給資格期間に含まれるが、保険料を納めない分、年金額は少なくなる（免除期間中は国庫負担分の保険料のみを納めていることになり、その分が年金額に反映される。国庫負担は、2009年3月以前は3分の1、2009年4月以降は2分の1となっている）。

☐ 免除された保険料は、10年前までさかのぼって追納することができる。

万が一の時は免除の手続きを忘れないようにしよう。

○×問題にチャレンジ

1 国民年金の学生納付特例制度により保険料の納付が猶予された期間は、その期間に係る保険料の追納がない場合、老齢基礎年金の受給資格期間には算入されるが、老齢基礎年金の額には反映されない。（2017年1月）　[　　]

保険料の猶予制度

☐ 20歳以上の学生または50歳未満の第1号被保険者で、前年所得等が一定額以下である場合は、申請により、保険料の納付が猶予される。

学生納付特例制度	20歳以上の学生（第1号被保険者）で、本人の前年所得が一定額以下の者は、申請により保険料の納付が猶予される。
保険料納付猶予制度	学生を除く50歳未満の第1号被保険者で、本人と配偶者の前年所得が一定額以下の者は、申請により保険料の納付が猶予される。

☐ 保険料の納付を猶予された期間は、受給資格期間に反映されるが、追納しなければ年金額へは反映されない。

☐ 猶予された保険料は、10年前までさかのぼって追納することができ、追納することで年金額を増やすことが可能。

国民年金保険料の免除と猶予

	全額免除	一部免除	学生納付特例制度	保険料納付猶予制度
要件	本人等の前年所得が一定以下	本人等の前年所得が一定以下	20歳以上の学生（前年所得が一定以下）	50歳未満（学生以外）で本人、配偶者の前年所得が一定以下
受給資格期間への反映	○	△	○	○
年金額への反映	○	△	追納しなければ×	追納しなければ×
追納期間	10年	10年	10年	10年

産前産後期間の保険料免除制度

☐ 第1号被保険者が出産する場合、出産予定日の前月から4か月間、保険料が免除される。免除されている期間は保険料を納めた（保険料納付済期間）とみなされ、年金額も減額されない。

明日もファイトー！

解説

1. 本人の所得が一定以下の学生は、申請により在学中の保険料納付が猶予される（学生追納特例制度）。納付猶予期間は、老齢基礎年金の受給資格期間に反映されるが年金額には反映されない。承認を受けた日から数えて10年以内に保険料を追納すれば、年金額を増やすことが可能。（答：○）

26

厚生年金保険

厚生年金保険について確認しよう。

厚生年金保険の被保険者

☐ 厚生年金保険は、適用事業所で働いている**70歳未満**の会社員や公務員等が被保険者となる。正社員や役員等が加入するほか、パートタイマーやアルバイトでも、労働時間・労働日数が常時雇用者（正社員）の4分の3以上あれば厚生年金保険の被保険者となる。

☐ 労働時間等が正社員の4分の3未満であっても、①週の所定労働時間が20時間以上、②2カ月を超える雇用期間がある、③賃金月額が8.8万円以上、④学生でない、⑤従業員数100人超※、である場合には厚生年金保険に加入する（社会保険の適用拡大）。

※2024年10月から50人超に変更予定。

65歳以降に適用事業所で働く人は、厚生年金保険の被保険者ですが、国民年金の第2号被保険者には該当しません。押さえておきましょう。

○×問題にチャレンジ（2級をちょっと先取り）

1 厚生年金保険の適用事業所に常時雇用されている者であっても、原則として、70歳以上の者は厚生年金保険の被保険者とならない。（2級2019年5月 改題） [　]

2 産前産後休業期間中の厚生年金の被保険者に係る厚生年金保険料は、所定の手続きにより被保険者負担分は免除されるが、事業主負担分は免除されない。（2級2019年5月 改題） [　]

厚生年金保険料

☐ 厚生年金の保険料は定率で18.3％。保険料は被保険者と事業主が折半で負担する（被保険者と事業主で9.15％ずつ）。

☐ 厚生年金保険料＝標準報酬月額×9.15％＋標準賞与額※×9.15％
※標準賞与額は1回あたり150万円が上限

☐ 厚生年金保険料には第2号被保険者としての国民年金保険料も含まれているので、別途国民年金保険料を納める必要はない。

産休中、育休中の保険料の免除制度

☐ 産休中、育児休業中の厚生年金保険料や健康保険料は、申請により本人分と事業主分も免除される（男女は問わない）。免除された期間は保険料を納付したとみなされる。

いとこが出産したとき準備とか入院とかで忙しそうだったな。私がもし出産するときは申請を忘れないようにしないと！

がんばった！

解説

1. 厚生年金保険の被保険者は、適用事業者で働いている70歳未満の従業員等である。記述は正しい。（答：○）

2. 産前産後休業期間中や育児休業期間中の厚生年金保険料は、事業主が手続きをすれば、事業主負担分、被保険者負担分のどちらも免除される。（答：×）

老齢基礎年金

老齢基礎年金の受給要件を確認しよう。年金額を求める問題は2級で頻出。

☐ 老齢基礎年金は、受給資格期間（老齢基礎年金を受け取るために満たさなければならない期間）が原則10年以上ある人が65歳になると支給される終身型の年金である。

Check!

老齢基礎年金の受給条件

☐ 65歳以上
☐ 受給資格期間が10年以上ある
☐ 受給資格期間＝保険料納付済期間＋保険料免除期間
　　　　　　　　＋合算対象期間≧10年

保険料納付済期間：第1号〜第3号被保険者として保険料を納付した期間
保険料免除期間：法定免除または申請免除された期間
合算対象期間（カラ期間）：年金額には反映されないが受給資格期間として計算される期間

老齢基礎年金の年金額

☐ 保険料納付済月数が480カ月（40年）ある場合は、満額が支給される。
☐ 2024年度の年金額（満額）は816,000円※（67歳以下の新規裁定者）。
　　※68歳以上の既裁定者の年金額は813,700円

| 新規裁定者（67歳以下：1956年4月2日以後生まれ） | 816,000円 |
| 既裁定者（68歳以上：1956年4月1日以前生まれ） | 813,700円 |

年金額の改定は、現役世代に近い年代の受給者（67歳以下）は賃金変動率を、現役世代から少し離れた年代の受給者（68歳以上）は物価変動率をもとに決定されます。計算の基礎となる数値が異なるので、年金額が異なる年があります。

保険料納付済月数が480カ月に満たない場合、年金額は保険料を納付した期間に比例した金額となる。保険料の免除期間がある場合は、2009年3月以前（国庫負担割合が1/3の時期）と2009年4月以降（国庫負担割合が1/2の時期）に分けて計算し、合算する。

Check!

老齢基礎年金の計算式

○ 免除期間等がない場合：$816,000円 \times \dfrac{保険料納付済月数}{480カ月}$

○ 免除期間が2009年4月以後（国庫負担割合1/2）：

$816,000円 \times \dfrac{保険料納付済月数＋A \times 1/2＋B \times 5/8＋C \times 3/4＋D \times 7/8}{480カ月}$

○ 免除期間が2009年3月以前（国庫負担割合1/3）：

$816,000円 \times \dfrac{保険料納付済月数＋A \times 1/3＋B \times 1/2＋C \times 2/3＋D \times 5/6}{480カ月}$

A：全額免除期間　B：3/4免除期間　C：1/2免除期間　D：1/4免除期間

老齢基礎年金の計算例

1. Aさんは国民年金の免除期間等が全くなく、60歳までの保険料納付済期間が480カ月になる見込み。この場合、Aさんが原則65歳から受給できる老齢基礎年金額は、

$816,000円 \times \dfrac{480カ月}{480カ月} = 816,000円$

2. Bさんは、1997年7月〜2000年6月まで（36カ月）、保険料を全額免除されていた。60歳までの保険料納付済期間が444カ月であるとき、65歳から受給できる老齢基礎年金額は、

$816,000円 \times \dfrac{444カ月＋36カ月 \times 1/3}{480カ月} = 816,000円 \times \dfrac{456カ月}{480カ月}$

$= 775,200円$

学生時代に免除の申請をしたっけ。
追納をしないと2つ目以降の計算
式で算出するのね……！

息抜きも大事だよ！

老齢基礎年金の繰上げ・繰下げと付加年金

老齢基礎年金は、原則65歳から受け取ることができるが、受け取る時期は自分で決めることができる。

☐ 65歳より早く（60歳〜64歳までに）年金の受け取りを開始することを繰上げ受給という。繰上げた月数×0.4%が年金額から減額される。

☐ 65歳より遅く（66歳〜75歳までに）受け取りを開始することを繰下げ受給という。繰下げた月数×0.7%が年金額に増額される。

老齢基礎年金の繰上げ受給と繰下げ受給

60歳		65歳		75歳
受給率 **76%**	← 1カ月ごとに0.4%減額 0.4%×12カ月×5年=24%	受給率 **100%**	1カ月ごとに0.7%増額 → 0.7%×12カ月×10年=84%	受給率 **184%**

Check!

繰上げ受給、繰下げ受給のポイント

☐ 繰上げ受給をすると減額された老齢基礎年金を一生涯受け取ることになり、繰下げ受給をすると増額された老齢基礎年金を一生涯受け取ることになる。

☐ 一度繰上げ、繰下げの選択をすると、取り消しや変更はできない。

☐ 付加年金がある場合は、付加年金も繰上げまたは繰下げとなる。

☐ 繰上げの場合は、老齢基礎年金と老齢厚生年金を同時に繰上げなければならない。繰下げの場合は、同時でも、どちらか一方のみの繰下げでもよい。

過去問題・○×問題にチャレンジ

1 65歳到達時に老齢基礎年金の受給資格期間を満たしている者が、67歳6カ月で老齢基礎年金の繰下げ支給の申出をし、30カ月支給を繰下げた場合、老齢基礎年金の増額率は、（　　）となる。（2023年1月） [　　]
   1) 12%　　2) 15%　　3) 21%

2 国民年金の付加保険料納付済期間を有する者が、老齢基礎年金の繰下げ支給の申出をした場合、付加年金は、老齢基礎年金と同様の増額率によって増額される。（2022年1月） [　　]

受取のタイミングは自分で選べるけれど、一旦決めると年金額は固定なんだね。

付加年金

○ 付加年金は、第1号被保険者と任意加入被保険者が加入できる第1号被保険者独自の年金制度。毎月の保険料に400円の付加保険料を上乗せして納付すると、老齢基礎年金の受給時に付加年金が上乗せされる。

○ 付加年金の額（年額）＝200円×付加年金保険料納付月数

付加年金の計算例

○ 付加年金に20年加入した場合、65歳から受給できる付加年金額は200円×（12カ月×20）＝48,000円

 老齢基礎年金の繰上げ受給・繰下げ受給を行うと、付加年金も同時に繰上げ・繰下げとなります。受給金額も同じ割合で増減します。

Check!

付加年金の注意点

○ 国民年金保険料を納めていない月（免除を含む）は、付加保険料を納付できない。

○ さかのぼって加入できない。

○ 国民年金基金との重複加入ができない。

明日もファイトー！

解説

1. 年金の繰下げ受給をした場合は、1カ月毎に0.7％年金額が増額される。本問では67歳6カ月まで30カ月繰下げたので、「0.7％×30カ月＝21％」 年金額が増額される。（答：3）

2. 付加年金は、毎月400円の付加年金保険料を上乗せして納付することにより、将来受給する年金額を増額する制度で、第1号被保険者（と任意加入者）だけが加入できる。「200円×付加保険料納付月数」の付加年金額が上乗せされる。（答：○）

老齢厚生年金

老齢厚生年金のポイントを整理しよう。

○ 老齢厚生年金は、老齢基礎年金に上乗せして原則65歳以降支給される年金である。一定以上の年齢の受給要件を満たす人は、60歳から64歳までの所定の期間に「特別支給の老齢厚生年金」が支給される。

老齢厚生年金の概要

60歳		65歳	死亡
特別支給の老齢厚生年金		**老齢厚生年金**	
報酬比例部分		老齢厚生年金	
定額部分		経過的加算	
		老齢基礎年金	
加給年金			

受給開始年齢	60歳～65歳未満	65歳以上
受給資格	老齢基礎年金の受給資格期間（10年以上）を満たしている	
	厚生年金加入期間が1年以上	厚生年金加入期間が1カ月以上

特別支給の老齢厚生年金

○ 「特別支給の老齢厚生年金」は、特別に（65歳より前倒しして）支給される老齢厚生年金。報酬比例部分と定額部分から成る。

○ かつて厚生年金の支給開始年齢は60歳だったが、法改正により65歳に引き上げられた。受給開始時期を一気に先送りにすると影響が大きいため、「特別支給の老齢厚生年金」として65歳より前倒しで年金を支給する制度を設け、現在も段階的に支給開始年齢を引き上げる手続きの途中である。最終的にはこの特別支給の老齢年金はなくなり、65歳からの老齢厚生年金のみとなる。

> ということは、私が年金を受け取る頃には「特別支給の老齢厚生年金」は無くて、65歳からの老齢厚生年金だけになるのね。

○×問題にチャレンジ

1 老齢厚生年金の支給要件は、厚生年金保険の被保険者期間を1年以上有する者が65歳以上であること、老齢基礎年金の受給資格期間を満たしていることである。（2014年1月）　　[　　]

Check!

特別支給の老齢厚生年金のポイント

- ☐ 1941年4月2日以後に生まれた人は、定額部分の受給開始が2年毎に1歳ずつ65歳まで引き上げられる。1953年4月2日以後に生まれた人は、報酬比例部分の受給開始が2年毎に1歳ずつ65歳まで引き上げられる。
- ☐ 1961年4月2日以後に生まれた男性は、特別支給の老齢厚生年金がない。
- ☐ 1966年4月2日以後に生まれた女性も、特別支給の老齢厚生年金がない。

特別支給の老齢厚生年金の支給開始年齢の引上げ（参考）

報酬比例部分の男性の受給開始年齢
（女性は5年遅れ）

生年月日	報酬比例部分の受給開始年齢
1953年4月1日以前	60歳
1953年4月2日〜1955年4月1日	61歳
1955年4月2日〜1957年4月1日	62歳
1957年4月2日〜1959年4月1日	63歳
1959年4月2日〜1961年4月1日	64歳
1961年4月2日以後	65歳

※男性は1961年4月2日以後生まれ、女性は1966年4月2日以後生まれからは、報酬比例部分がなくなり、特別支給の老齢厚生年金はすべてなくなる

定額部分の男性の受給開始年齢
（女性は5年遅れ）

生年月日	定額部分の受給開始年齢
1941年4月1日以前	60歳
1941年4月2日〜1943年4月1日	61歳
1943年4月2日〜1945年4月1日	62歳
1945年4月2日〜1947年4月1日	63歳
1947年4月2日〜1949年4月1日	64歳
1949年4月2日以後	65歳

※男性は1949年4月2日以後生まれ、女性は1954年4月2日以後生まれからは、定額部分がなくなり、報酬比例部分のみとなる

 受給開始年齢が男女で5歳違うのは、昔の定年年齢が男性60歳、女性55歳と差があったところから来ているのよ。

がんばった！

解説

1. 老齢厚生年金の支給要件は、①65歳以上であること、②厚生年金の被保険者期間が1カ月以上、③老齢基礎年金の受給資格期間が10年以上である。（答：×）

老齢厚生年金の年金額と加給年金

老齢厚生年金額と加給年金について確認しよう。

特別支給の老齢厚生年金（65歳未満）の年金額

☐ 特別支給の老齢厚生年金の年金額は、報酬比例部分と定額部分を合算した金額となる。また要件を満たす者には加給年金も併せて支給される。

年金額＝報酬比例部分＋定額部分（＋加給年金（要件を満たした場合））

特別支給の老齢厚生年金額

報酬比例部分	ア	平均標準報酬月額 × $\frac{7.125}{1,000}$ × 2003年3月までの保険料納付済月数
	イ	平均標準報酬月額 × $\frac{5.481}{1,000}$ × 2003年4月以後の保険料納付済月数
定額部分		1,701円[※1]×（生年月日に応じた率）× 被保険者期間の月数[※2]
加給年金		

※1 既裁定者の場合は1,696円
※2 上限480カ月

計算式を覚える必要はありません。計算の仕方をざっくり理解すればOKです。

年金額を構成するものを式の赤字部分から一つひとつ覚えておこうっと。

老齢厚生年金（65歳以上）の年金額

☐ 65歳以降は、特別支給の老齢厚生年金の報酬比例部分が老齢厚生年金に、定額部分が老齢基礎年金に切り替わる。老齢基礎年金額が定額部分より低額になってしまう場合は、差額分を「経過的加算」として支給される。

年金額＝老齢厚生年金＋老齢基礎年金＋（経過的加算）＋（加給年金）
※要件を満たした場合、加給年金が支給される。

- [ ] 老齢厚生年金の計算式は、特別支給の老齢厚生年金の報酬比例部分と同様。

加給年金

- [ ] 加給年金は、厚生年金の加入期間（被保険者期間）が20年以上で、扶養する65歳未満の配偶者等がいる場合には、老齢厚生年金に加給年金が付く。

 年金の扶養手当のようなものと考えてください。

加給年金の概要

対象者	厚生年金の加入期間が20年以上の者
受給要件	・扶養する65歳未満の配偶者（事実婚含む）、または子（18歳の年度末までの子、または障害等級1級・2級の20歳未満の子）がいる
受給金額（2024年度）	配偶者：234,800円＋配偶者特別加算※ ※1943年4月2日以降生まれの場合、特別加算額は173,300円 子（2人目まで）：各234,800円　　子（3人目以降）：各78,300円

加給年金と振替加算のイメージ

```
          63歳▼    65歳▼         68歳▼
本人  ┌──────┬──────────────────┐
      │      │     老齢厚生年金       │
      └──────┼──────────────────┤
        報酬比例部分 │     老齢基礎年金       │
             ├──────────────────┤
             │      加給年金         │
             └──────────────────┘
                              65歳▼
                         ┌──────────┐
                         │   振替加算   │
             62歳▼        ├──────────┤
配偶者 ┌──────┬──────────┤   老齢厚生年金  │
      │      │          └──────────┤
      └──────┼─────────── 老齢基礎年金  │
        報酬比例部分 └──────────────┘
```

※加給年金は配偶者が65歳になるまで本人に給付→以後は配偶者に振替加算が付く

息抜きも大事だよ！

振替加算と老齢厚生年金の繰上げ・繰下げ

老齢厚生年金の繰上げ・繰下げのルールを整理しよう。

振替加算

☐ 配偶者が65歳になって老齢基礎年金を受給するようになると、加給年金は終了し、代わりに配偶者の生年月日に応じて、振替加算が付く。

☐ 振替加算は、1966年4月2日以降生まれの配偶者には支給されない。

加給年金と振替加算のイメージ（再掲）

※加給年金は配偶者が65歳になるまで本人に給付→以後は配偶者に振替加算が付く。

○×問題・過去問題にチャレンジ

1 老齢厚生年金に加給年金額が加算されるためには、老齢厚生年金の受給権者本人が有する厚生年金保険の被保険者期間が原則として25年以上なければならない。（2019年1月） [   ]

2 厚生年金保険の被保険者期間が（ ① ）以上ある者が、老齢厚生年金の受給権を取得した当時、一定の要件を満たす（ ② ）未満の配偶者を有する場合、当該受給権者が受給する老齢厚生年金に加給年金額が加算される。（2024年1月） [   ]
1) ①10年 ②65歳　　2) ①20年 ②65歳　　3) ①20年 ②70歳

3 老齢厚生年金の繰下げ支給の申出は、老齢基礎年金の繰下げ支給の申出と同時に行わなければならない。（2022年5月） [   ]

老齢厚生年金の繰上げと繰下げ

- 老齢厚生年金も老齢基礎年金同様、繰上げ受給・繰下げ受給が可能。

老齢厚生年金の繰上げ受給、繰下げ受給のポイント

- 老齢厚生年金を繰上げる場合は、繰上げた月数×0.4％が老齢厚生年金額から減額される。

- 老齢厚生年金を繰下げる場合は、繰下げた月数×0.7％が老齢厚生年金額に増額される。

繰上げ支給	老齢基礎年金と老齢厚生年金は同時に行わなければならない
繰下げ支給	老齢基礎年金と老齢厚生年金は別々に行うことができる。（同時に行ってもよい）

- 老齢厚生年金を繰上げた場合、加給年金は繰上げできず、本来の受給時期（65歳）からの受給となる。老齢厚生年金を繰下げた場合は加給年金も繰下げられるが、加給年金額は増額されない。

老齢基礎年金だけを繰下げ受給した場合、加給年金は受給可能です。

解説

1. 加給年金は、厚生年金保険の加入期間が20年以上で、その人に生計を維持されている65歳未満の配偶者や18歳未満の子（または20歳未満の障害のある子）がいる場合に支給される。よって本問の記述は誤り。（答：×）

2. 加給年金の説明は、1の通り。（答：2）

3. 繰上げ受給と繰下げ受給では上記の表のとおり違いがある。よって、本問の記述は誤り。（答：×）

明日もファイトー！

在職老齢年金や その他の制度

在職老齢年金と離婚時の年金分割制度について確認する。

在職老齢年金

☐ 60歳以降も厚生年金の適用事業所で勤務する場合に、働きながら受給する老齢厚生年金を在職老齢年金という。老齢厚生年金の額と給与や賞与の額（総報酬月額相当額）に応じて、年金の一部または全額が支給停止となる場合がある。

☐ 支給停止になるのは老齢厚生年金のみ（在職老齢年金制度は厚生年金保険の加入者が対象）で、老齢基礎年金は減額されない。

 定年後も働くかもしれないから、この制度は助かるかな。

○×問題・過去問題にチャレンジ

1 特別支給の老齢厚生年金の受給要件は、老齢基礎年金の受給資格期間を満たしていること、厚生年金保険の被保険者期間が1年以上あること、支給開始年齢に達していることである。（2011年5月）　　[　　]

2 特別支給の老齢厚生年金（報酬比例部分）は、原則として、1960年（昭和35年）4月2日以後に生まれた男性および1965年（昭和40年）4月2日以後に生まれた女性には支給されない。（2020年1月）　　[　　]

3 60歳以上65歳未満の厚生年金保険の被保険者に支給される老齢厚生年金は、その者の総報酬月額相当額と基本月額の合計額が50万円を超える場合、年金額の一部または全部が支給停止となる。（2019年5月 改題）　　[　　]

4 夫が受給している老齢厚生年金の加給年金対象者である妻が（①）歳になり、老齢基礎年金の受給権を取得し、当該妻に支給される老齢基礎年金に振替加算の額が加算される場合、その振替加算の額は、（②）の生年月日に応じた額となる。（2019年5月）
1) ①60 ②妻　　2) ①65 ②妻　　3) ①65 ②夫　　[　　]

| 基本月額（年金） + 総報酬月額相当額（給与・賞与） | → | 合計が 50万円以下 | ■ Yes → | 全額支給 |
| | | | ■ No → | 一部または全額支給停止 |

離婚時の年金分割制度

☐ 離婚した場合に、婚姻期間中の厚生年金の保険料納付記録（標準報酬の合計）を当事者間で**分割**することができる。分割方法は次の２つの方法がある。

| 合意分割 | 双方の合意（又は裁判手続き）により分割する。割合は２分の１まで。 |
| 3号分割 | 国民年金第３号被保険者であった方からの請求により、相手方の保険料納付記録を２分の１ずつ分割する。双方の合意は不要。 |

☐ 請求には期限があり、離婚した日の翌日から起算して２年以内に請求しなければならない。

解説

がんばった！

1. 特別支給の老齢厚生年金は、老齢厚生年金の支給年齢が60歳から65歳に引き上げられたときに移行措置として設けられた制度で、生年月日に応じて60歳から65歳の間に特別に支給される。65歳以降は老齢基礎年金に振り替わる定額部分と、老齢厚生年金に振り替わる報酬比例部分から成る。受給要件は、老齢基礎年金の受給資格期間を満たしていることと、厚生年金保険の加入期間が１年以上あることである。（答：〇）

2. 特別支給の老齢厚生年金の受給開始年齢は、定額部分、報酬比例部分ともに段階的に引き上げられているが、1961年４月２日以後に生まれた男性、1966年４月以後に生まれた女性は特別支給の老齢厚生年金は受給できない。本問は年齢が１歳ずつずれているので誤り。（答：×）

3. 60歳以上も厚生年金に加入して働く場合、在職老齢年金制度により、総報酬月額相当額と基本月額の合計額が50万円を超えると、年金額の一部または全部が支給停止となる。（答：〇）

4. 振替加算は、配偶者が65歳になって加給年金の支給が終了するにあたり、加給年金の代わりに配偶者の老齢基礎年金に上乗せされる。金額は配偶者の生年月日に応じて変わり、1966年４月２日以降生まれの人には加算はつかない。（答：2）

33

障害年金

障害年金は、病気やけが等で一定の障害状態になったときに支給される。障害基礎年金と障害厚生年金があり、年金額は障害の程度により決まる。

障害基礎年金

☐ 国民年金の加入者が一定の障害状態となった場合に支給される。

受給要件	• 障害認定日に障害等級1級または2級に該当する • 初診日に国民年金の被保険者である。または60歳以上65歳未満で日本国内に住んでいる間に初診日がある • 初診日の前々月までの期間のうち3分の2以上保険料を納付している。または初診日の前々月までの過去1年間に保険料の未納がない
年金額 （新規裁定者）	• 1級：816,000円×1.25倍＋子の加算額 • 2級：816,000円＋子の加算額 ※子の加算額　（2人目まで）各234,800円　（3人目以降）各78,300円
その他	• 初診日に20歳未満であった人が20歳に達した日に1級または2級の障害の状態にある場合等は、原則、20歳から障害基礎年金が支給される（所得制限あり） • 障害認定日が20歳以後の場合は、認定日以後から支給される

※69歳以上の既裁定者の年金額は813,700円（1級の場合は×1.25倍）になる

障害年金は「基礎」と「厚生」の2階建てなんだね。受給条件が異なることは押さえなくちゃ！

〇×問題・過去問題にチャレンジ

1 障害基礎年金の受給権者が、生計維持関係にある65歳未満の配偶者を有する場合、その受給権者に支給される障害基礎年金には、配偶者に係る加算額が加算される。（2023年5月）　[　　]

2 子のいない障害等級1級に該当する者に支給される障害基礎年金の額は、子のいない障害等級2級に該当する者に支給される障害基礎年金の額の（　　　）に相当する額である。（2022年5月）
1）0.75倍　　　2）1.25倍　　　3）1.75倍　　　[　　]

障害厚生年金

☐ 厚生年金の加入者が一定の障害状態になったときに支給される。障害基礎年金より障害状態が軽くても受給できる場合がある。

受給要件	・障害認定日に障害等級1級、2級、3級のいずれかに該当する ・初診日に厚生年金の被保険者である ・障害基礎年金の受給要件を満たしている
年金額 （新規裁定者）	・1級：報酬比例部分の金額×1.25倍＋配偶者の加給年金額 ・2級：報酬比例部分の金額＋配偶者の加給年金額 ・3級：報酬比例部分の金額 ※配偶者の加給年金額　234,800円
その他	・障害の状態が3級よりも軽い場合、障害手当金として報酬比例部分の金額×2倍（一時金）の金額を支給する ・20歳未満で障害等級に該当した場合、厚生年金に加入していれば障害厚生年金が支給される ・障害厚生年金を計算する際、被保険者期間が300月に満たない場合には300月と見なして計算する ・障害認定日が20歳以後の場合は、認定日以後から支給される

障害認定日

☐ 障害の原因となった傷病の初診日から1年6カ月が経過した日、または初診日から1年6カ月が経過する前に治った場合は治った日（症状が固定した日）のいずれかを障害認定日という。

 初診日は、障害年金の受給要件に関わるためとても重要です。

息抜きも大事だよ！

解説

1. 障害基礎年金には、「子」の加算額はあるが、「配偶者」の加算額はない（配偶者の加算があるのは障害厚生年金）。（答：×）

2. 障害基礎年金の額は、老齢基礎年金の満額と同じ金額で、2024年度の新規裁定者は816,000円である。障害等級1級に該当する場合は、2級の金額の1.25倍が支給される。（答：2）

遺族年金

遺族年金は、国民年金や厚生年金の被保険者が亡くなったときに
遺族に支給される年金で、遺族基礎年金と遺族厚生年金がある。

☐ 遺族年金の受給資格期間は25年以上である。

遺族基礎年金

☐ 遺族基礎年金は、国民年金の被保険者が死亡したときに、子のいる配偶者または子に対して支給される。

受給要件	• 国民年金の被保険者、または老齢基礎年金の受給権者（受給資格期間が25年以上ある者）が死亡したとき • 死亡した者の保険料納付済期間（保険料免除期間含む）が加入期間の3分の2以上ある、または死亡した月の前々月までの1年間に保険料の未納がない
受給対象者 （遺族）	• 生計を維持されていた子のある配偶者 • 子（18歳になった年の3月31日までの未婚の者、障害1級・2級の状態にある20歳未満の者）
年金額 （新規裁定者）	816,000円＋子の加算額　※既裁定者　813,700円 ※子の加算：（第2子まで）各234,800円、（第3子以降）各78,300円
その他	• 遺族年金は「子のない配偶者」（または条件を満たさない子）には支給されない。 • 所得制限がある（年収850万円以上、または所得655.5万円以上の者は受給できない） • 条件を満たす妻や子が結婚したり子が養子になったりした場合、受給資格を喪失する

寡婦年金と死亡一時金

☐ 遺族に対する国民年金独自の制度として寡婦年金と死亡一時金がある。遺族年金が受給できない場合に、どちらか一方のみ受給できる。

寡婦年金	• 第1号被保険者としての保険料納付済期間が（免除期間と合わせて）10年以上ある夫が死亡したときに、夫によって生計を維持され、かつ婚姻関係が10年以上継続している妻に、60歳から65歳になるまでの間支給される • 年金額は夫の老齢基礎年金額の4分の3
死亡一時金	• 老齢基礎年金、障害基礎年金をいずれも受給しないまま死亡し、遺族が遺族基礎年金を受給できない場合に支給される • 第1号被保険者としての保険料納付済期間の月数等が36か月以上の人が対象

寡婦年金は、夫を亡くした妻が対象の年金です。男性は受け取れません。

遺族厚生年金

☐ 遺族厚生年金は、厚生年金の被保険者が死亡したときに、遺族に対して支給される。

受給要件	・厚生年金の被保険者（加入者）、または老齢厚生年金の受給権者（受給資格期間が25年以上ある者）が死亡したとき ・被保険者期間中に初診のある傷病によって初診日から5年以内に死亡したとき ・障害厚生年金（1級または2級）の受給権者が死亡したとき ・遺族基礎年金の受給要件を満たす
受給対象者 （遺族）	・生計を維持されていた次の人のうち、優先順位のいちばん高い人が受給する。 ①配偶者（夫の場合は55歳以上）、子（18歳になった年の3月31日まで、または20歳未満の障害者）、②父母（55歳以上）、③孫（18歳になった年の3月31日まで、20歳未満の障害者）、④祖父母（55歳以上）※夫・父母・祖父母の支給は60歳から
年金額	報酬比例部分の金額の4分の3 ※被保険者期間の月数が300月に満たない場合は300月として計算する
その他	・30歳未満の子のない妻に対しては5年間の有期給付となる ・所得制限がある（年収850万円以上、または所得655.5万円以上の者は受給できない）

中高齢寡婦加算と経過的寡婦加算

☐ 夫の死亡時に子がいない妻は遺族基礎年金が支給されない。遺族基礎年金に代わるものとして、一定条件を満たす40歳以上65歳未満の妻には遺族厚生年金に中高齢寡婦加算が支給される。

受給要件	・夫の厚生年金の被保険者期間が20年以上ある ・夫の死亡時に40歳以上65歳未満の、子のいない妻（夫の死亡後に40歳以上になった妻も含む） ・子が18歳になった年の3月31日を経過し、遺族基礎年金を受給できなくなった40歳以上65歳未満の妻
受給期間	妻が40歳から65歳になるまで
金額	612,000円（2024年度）

明日もファイトー！

☐ 妻が65歳になると自身の老齢基礎年金を受給できるため、中高齢寡婦加算が打ち切られる。打ち切りに伴う年金額減少を補うため、65歳以降は経過的寡婦加算が支給される（1956年4月1日以前生まれの妻）。

中高齢寡婦加算のイメージ図
（夫死亡時に11歳の子がいる妻（40歳）のケース）

妻40歳	妻47歳	妻65歳	
	遺族厚生年金		
遺族基礎年金	中高齢寡婦加算	老齢基礎年金	
		経過的寡婦加算	
子11歳	子18歳		

年金の請求手続きと税金

年金の請求手続きと、年金にかかわる税金について押さえよう。

年金の請求手続き

☐ 公的年金は、請求してはじめて受給できる。受給要件を満たしているかを確認し、支払いの請求をすることを裁定請求という。

☐ 請求し忘れた年金は、原則として裁定請求により5年前までさかのぼって受給できる（5年を過ぎると時効により消滅）。

☐ 裁定請求しないまま受給権者が死亡した場合は、遺族（3親等以内の親族）が請求して受け取ることができる。

☐ 年金は原則として、受給要件を満たした月の翌月から、毎年偶数月（2、4、6、8、10、12月）の15日に前月までの2カ月分を受け取る。

会社の給料と違って、隔月受取なんだね。

○×問題・過去問題にチャレンジ

1 遺族基礎年金を受給することができる遺族は、国民年金の被保険者等の死亡の当時、その者によって生計を維持され、かつ、所定の要件を満たす「子のある配偶者」または「子」である。（2024年1月） 　［　　］

2 遺族厚生年金を受けることができる遺族の範囲は、死亡した被保険者等によって生計を維持していた配偶者、子、父母、兄弟姉妹である。（2012年9月） 　［　　］

3 遺族厚生年金の中高齢寡婦加算の支給に係る妻の年齢要件は、夫の死亡の当時、子のない妻の場合、（　　　）である。（2018年9月）
1）40歳以上65歳未満　　2）40歳以上70歳未満
3）45歳以上65歳未満 　［　　］

公的年金の税金

☐ 年金保険料の支払い、年金受け取りに関する税制は次の通り。

支払い	年金保険料	全額が社会保険料控除の対象
給付	老齢年金	雑所得として課税対象。だが、公的年金等控除の適用がある
	障害年金	非課税
	遺族年金	

☐ 公的年金等控除額は、年齢や所得により異なる。

年齢	公的年金等の額	公的年金等控除額
65歳未満	130万円未満	60万円
65歳以上	130万円以上330万円未満	110万円

※公的年金等以外の所得金額でも変わってくる

老齢年金は雑所得として課税対象になりますが、公的年金等控除額があるため、一定金額までの年金収入（65歳未満は60万円以下、65歳以上は110万円以下）なら非課税となります。

がんばった！

解説

1. 本文の通り。「子」とは年金法上の子のことで、18歳になった年の3月31日を迎えていない未婚の者、または障害1級・2級の状態にある20歳未満の者をいう。（答：○）

2. 遺族厚生年金の遺族の範囲は、配偶者、子、父母、孫、祖父母で、兄弟姉妹は対象外。夫、父母、祖父母は55歳以上であることが要件となっている。（答：×）

3. 中高齢寡婦加算は、夫の死亡時に子（1の解説参照）のない40歳以上65歳未満の妻に対し、遺族厚生年金に加算される。（答：1）

私的年金制度

私的年金制度について整理する。

企業年金

☐ 企業年金は、企業が従業員の公的年金の補完として退職後に支給する私的年金である。年金の給付額が確定している確定給付型と、拠出額（掛金額）が確定している確定拠出型の2種類がある。

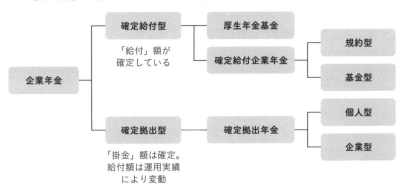

確定給付型企業年金

☐ 確定給付型企業年金には、厚生年金基金と確定給付企業年金があり、確定給付企業年金はさらに、規約型と基金型に分かれる。

確定拠出年金

☐ 確定拠出年金は、拠出される掛金が決まっており、運用結果によって将来の給付額が決定する年金制度である。企業型DC（企業型確定拠出年金）と個人型DC（個人型確定拠出年金：iDeCo）がある。

	企業型確定拠出年金	個人型確定拠出年金（iDeCo）
加入者	70歳未満の厚生年金被保険者 ※加入資格は規約で定められる	65歳未満の国民年金被保険者 ※国民年金保険料を納付していることが条件
運営主体	事業主（企業）	国民年金基金連合会
掛金の拠出	• 事業主負担 ※規約に定めれば加入者個人が追加拠出することも可（マッチング拠出）	• 原則、加入者本人が個人負担 • 掛金は月額5,000円以上1,000円単位 ※企業型確定拠出年金のない中小事業主が掛金を追加拠出することも可（iDeCoプラス）

掛金の拠出 限度額	・確定給付型企業年金がある場合 　年額33万円（月額27,500円） ・確定給付型企業年金がない場合 　年額66万円（月額55,000円）	・国民年金第1号被保険者 　年額81.6万円（月額6.8万円） 　※付加保険料、国民年金基金の掛金と合算 ・国民年金第2号被保険者 　。企業型DCのみの加入者　年額24万円 　。企業年金未加入者　　　年額27万6千円 　。公務員・私学教職員　　年額14万4千円 ・国民年金第3号被保険者 　年額27万6,000円（月額2万3,000円）
税制	・掛金は全額必要経費として損金 算入可	・掛金は全額小規模企業共済等掛金控除の対象

確定拠出年金の特徴

□ 企業型確定拠出年金、個人型確定拠出年金の特徴は次の通り。

運用指図	加入者本人が運用指図を行い、運用リスクも負う
運用商品	運営管理機関が選定した金融商品（預貯金、保険商品、投資信託等）から加入者が選択
受給開始時期	60歳から75歳の間で選択可能
給付	・老齢給付 　年金受取→雑所得、一時金受取→退職所得 ・障害給付→非課税 ・死亡一時金（加入者が亡くなった場合遺族に支給）→相続税の対象 ・脱退一時金（要件に該当すれば、60歳前に退職、転職した時に受け取れる）→一時所得
税制優遇	・掛金：個人が拠出した掛金は、全額所得控除（小規模企業共済等掛金控除）の対象。 　企業が拠出した掛金は、全額必要経費 ・運用益：運用期間中に生じた収益は非課税 ・給付時：年金として受け取る場合は公的年金等控除の対象となる 　一時金として受け取る場合は、退職金と合算して退職所得控除が受けられる
ポータビリティ	転職や退職の際、それまでに積み立てた年金資産を転職先の年金制度やiDeCoに移管することが可能

 確定拠出年金は、拠出（出す）お金が確定している年金。運用、商品選びも自分で行うのでリスクを取る必要がありますが、様々な税制優遇があります。

息抜きも大事だよ！

自営業者等の年金等

第1号被保険者（自営業者等）の公的年金は国民年金（基礎年金）のみであるため、国民年金に上乗せできる年金制度として、付加年金、国民年金基金、小規模企業共済等がある。

国民年金基金

☐ 第1号被保険者のための、老齢基礎年金の上乗せを目的とした、加入が任意の年金制度。

加入対象者	国民年金第1号被保険者 ※年金保険料を納付していることが条件
加入方法	• 口数制で、1口目は終身年金を選択する 　2口目からは終身年金と確定年金から組み合わせて選択する
掛金	• 給付の型、加入口数、加入時年齢、性別等により掛金が決まる • 月額68,000円が上限（iDeCoにも加入している場合は合算して68,000円まで）
掛金負担	加入者本人
税制	• 掛金は、全額が社会保険料控除として所得控除の対象 • 給付金は、老齢年金として受け取る場合は公的年金等控除の対象
その他	• 国民年金基金に加入すると、付加年金には加入できない（国民年金基金の保険料には付加年金分が含まれている） • 自己都合の任意脱退はできない

過去問題・○×問題にチャレンジ

1 確定拠出年金の企業型年金では、掛金の運用指図は（ ① ）が行い、その運用に係るリスクは（ ② ）が負う。（2011年1月）
　1）①事業主（企業）　②事業主（企業）
　2）①事業主（企業）　②加入者（従業員）
　3）①加入者（従業員）　②加入者（従業員）　　　　　　　[　　]

2 確定拠出年金の個人型年金の掛金を支払った場合、その支払った金額は、（　　）として所得税における所得控除の対象となる。（2017年9月）
　1）生命保険料控除　2）社会保険料控除
　3）小規模企業共済等掛金控除　　　　　　　　　　　　　　[　　]

3 国民年金基金の掛金は、その全額が社会保険料控除として所得控除の対象となる。（2015年5月）　　　　　　　　　　　　　　　　[　　]

小規模企業共済

☐ 小規模企業の事業主や会社役員の退職金、事業再建を目的とした共済制度。国民年金基金と同時に加入できる。従業員は加入できない。

加入対象者	従業員20名以下の小規模企業の個人事業主や役員。従業員は加入不可
掛金	• 月額1,000円〜7万円までで、500円刻みで選択可能 • 加入後に掛金の増額、減額、前払い等が可能
掛金負担	加入者本人
共済金の受取	• 一括受け取り（一時金）、分割受け取り（年金）、一括受け取りと分割受け取りの併用、の3つの方法がある
税制	• 掛金は全額が小規模企業共済等掛金控除として所得控除の対象 • 給付金は、 　分割受け取り（年金）の場合→雑所得となり公的年金等控除の対象 　一括受け取り（一時金）の場合→退職所得となり退職所得控除の対象

3級の試験でよく出るのは国民年金基金です。

明日もファイトー！

解説

1. 確定拠出年金は、加入者が自らの責任で運用指図を行い、掛金と運用益の合計額を基に給付を受け取る年金制度である。投資リスクは加入者が負い、運用次第では年金額が減る可能性もある。（答：3）

2. 確定拠出年金には、拠出時、運用時、受取時に税制面で優遇措置がある。拠出時は、掛金の全額が小規模企業共済等掛金控除として所得控除の対象となる。また運用収益は全額非課税である。老齢給付金の受取方法は一時金と年金形式が選択でき、一時金受け取りの場合は退職所得控除が、年金形式の場合は公的年金等控除が適用される。（答：3）

3. 国民年金基金は、自営業等国民年金の第1号被保険者のための、老齢基礎年金に上乗せした年金を受け取るための公的な年金制度である。加入は任意で、月々の掛金は、個人型確定拠出年金の掛金との合算で月額68,000円が上限。税制面で優遇があり、掛金は全額社会保険料控除の対象となる。老齢年金の受取時は、公的年金等控除の対象となる。（答：○）

本番問題にチャレンジ

過去問題を解いて、理解を確かなものにしよう。

☐ **問1** 2009年4月以後の国民年金の保険料全額免除期間（学生納付特例制度等の適用を受けた期間を除く）は、その（　　）に相当する月数が老齢基礎年金の年金額に反映される。（2021年9月）

1）2分の1　　2）3分の1　　3）4分の1　　　　　　［　　］

☐ **問2** 遺族厚生年金の額（中高齢寡婦加算額および経過的寡婦加算額を除く）は、原則として、死亡した者の厚生年金保険の被保険者記録を基礎として計算した老齢厚生年金の報酬比例部分の額の（　　）に相当する額である。（2022年1月）

1）2分の1　　2）3分の2　　3）4分の3　　　　　　［　　］

☐ **問3** 確定拠出年金の個人型年金の老齢給付金を60歳から受給するためには、60歳到達時の通算加入者等期間が（　　）以上なければならない。（2022年9月）

1）10年　　2）15年　　3）20年　　　　　　　　　　［　　］

☐ **問4** Aさん（48歳）は、小売店を営む個人事業主である。老後の年金収入を増やすことができる各種制度について、Aさんに対する説明として、次のうち最も不適切なものはどれか。（2023年1月金財 個人 改題）

1.「国民年金の付加年金は、月額200円の付加保険料を納付することにより、老齢基礎年金と併せて受給することができる年金です」

2.「確定拠出年金の個人型年金は、加入者自身が掛金の運用方法を選択し、資産を形成する年金制度です。将来受け取ることができる年金額は、運用実績により増減します」

3.「小規模企業共済制度は、個人事業主が廃業等した場合に必要となる資金を準備しておくための制度です。毎月の掛金は、1,000円から70,000円の範囲内（500円単位）で選択することができます」　　　　　　［　　］

解説1

国民年金保険料を全額または一部免除された期間は、受給資格期間に含まれるが、保険料を納めない分年金額は少なくなる。保険料免除の期間中の国庫負担分は年金額に反映され、年金額はその分だけ増える形となる。国庫負担率は、2009年3月以前は3分の1であったが、2009年4月以後は2分の1に引き上げられた。よって2009年4月以降の全額免除期間は、2分の1に相当する月数が年金額に反映される。（答：1）

解説2

遺族厚生年金は、厚生年金の被保険者が死亡した時に、遺族に対して支給される年金。遺族の範囲は、妻、子、夫、父母、孫、祖父母で、子・孫は年金法上の子であること（18歳の3月31日まで、または20歳未満の障害1級、2級の障害者）、夫、父母、祖父母は55歳以上であることが要件。遺族厚生年金の額は、死亡した者の老齢厚生年金（報酬比例部分）の4分の3相当額である。（答：3）

解説3

個人型確定拠出年金（iDeCo）は、60歳以降75歳までの間の任意の時期に、年金形式または一時金で受け取ることができる。60歳から受け取るためには、60歳になるまでにiDeCoに加入していた期間（通算加入者等期間）が10年以上必要。通算加入者等期間が10年に満たない場合は、受給可能年齢が繰り下げられる。（答：1）

解説4

1. 付加年金は第1号被保険者（任意加入被保険者）が加入できる。毎月の保険料に400円の付加保険料を上乗せして納付すると、老齢基礎年金の受給時に「200円×付加保険料納付月数」の付加年金が上乗せされる。本問の記述は不適切。

2. 個人型確定拠出年金（iDeCo）は、加入者自らが運用指図を行い、運用リスクも負う。本問の記述は適切。

3. 小規模企業共済制度は、小規模企業の事業主（個人事業主を含む）や会社役員の退職金、事業再建を目的とした共済制度。掛金は毎月1,000円～70,000円の範囲内（500円単位）で選択できる。本問の記述は適切。（答：1）

がんばった！

制度は変わる

この本では、多くの制度や法律について学んでいきます。ここで学ぶ知識は即、今の生活に役立ちますので、ぜひ頑張って学んでいきましょう。

さて、タイトルにもあるように、制度というものはどんどん変わります。変わること自体が悪いわけではありませんが、税制や社会保障制度が変わると、結果として増税や社会保険料の引き上げ等に繋がる場合があります。私たちにとってみれば、手取り収入の減少をもたらし、家計に大きな影響を与えることになります。制度が変わることによりどのような結果が私たちにもたらされ、生活に影響するのか、ということは意識したいものです。

制度改正にはサイクルがあります。例えば税制は毎年変わります。医療保険の制度改正は2年おき、介護保険の制度改正は3年おきに行われます。様々な制度が、次の改正に向けてどのように議論されているのか、改正により目指すものは何か、などを意識しながらニュースを聞いてみてください。世の中の動きが、これまでとは違った角度から見えるようになるかもしれません。

Chapter 2

リスク管理

Chapter 2 では、保険に関する基礎知識（考え方やルール）とともに、様々な保険のしくみや内容について学ぶ。

生命保険、損害保険、その他の保険（医療保険、がん保険）の商品説明が数多く出てくるが、初めにそれぞれの保険の目的と保障内容を確認してから細かい商品性について見るようにしよう。

最終的には、「自分が加入している保険の中身について概ね理解できる」ことを目指そう。

アクセスキー | **r**（小文字のアール）

バタ子さん、保険について考える

バタ子さん、なにやらパンフレットらしきものを手にお悩み中のようです。

 バタ子ちゃん、こんにちは。どうしたの、難しい顔して？

 あ、マサエさん、アキコさん、こんにちは。
最近やたらと勤め先に保険の営業さんが来られるんです。保険って、入った方が良いものなのでしょうか？ そもそも健康保険と何が違うんでしょう？

 バタ子ちゃん、保険というのは、私たちの身の回りにある色々なリスクが起こってしまった時のために、心配な人があらかじめ保険料を払って資金を集めておいて、いざという時にはその資金の中から保険金という形で金銭的な保障をする制度のことよ。「一人はみんなのために。みんなは一人のために。」っていう言葉があるけれど、みんなで助け合おうという「相互扶助」の考え方が基本にあるの。

 そして保険は「誰と助け合うか」によって公的な保険と私的な保険に分かれるのよ。公的な保険は、健康保険や介護保険、年金保険をはじめとする社会保険制度のこと。国民皆が保険料を出し合って、困った人がお金を受け取れる保険制度よ。そして、公的な保険だけでは心配な人が、私的に、つまり個人的に加入していざという時に備えるのが民間保険会社の保険なの。

 保険には公的な保険と私的な保険があるんですね。健康保険は公的な保険の一つってことか。

 そう。そして保険会社の営業さんにお勧めされる保険は、いわゆる私的保険ね。マサエさんが言った通り、「私的保険は公的保険（社会保険）を補うもの」と考えれば、まずは、いざというときに社会保険でどのようなお金が受け取れるのかを確認したいわね。

そのうえで、それでも足りない金額を補うために、私的保険への加入を考えれば保険のかけすぎは避けられるわね。

 「保険貧乏」って言葉を聞いたことがあるのですが、保険貧乏っていうのは、保険のかけすぎで保険料支払の負担が多くなった状態をいうんですよね？

 世の中には心配事がたくさんあって、その心配事を解決する手立てとして様々な保険が生まれているけれど、「心配だから」と必要以上に多くの保険に入ってしまうと、当然保険料負担も大きくなるわ。家計にゆとりがないと将来の資金計画に大きく影響することがあるので注意が必要ね。

 リスクをカバーするために保険に入るわけだけれど、保険金は、リスクが起こったとき、または保険会社と約束した状況になったときにしか受け取ることはできないわ。保険料の支払を考える時にはそのこともしっかり理解しておきたいわね。

 保険もお買い物。値段と品物を吟味することは大切よ。支払う保険料の総額を考えると、保険は高額なお買い物に当たります。支払保険料の総額と、いざという時に受け取れる保障（保険金額）のバランスを見て、保険加入を検討してほしいな。

 なるほど。保険貧乏にならないよう、バランスを考えて加入を検討します！

保険の基礎知識

まずは保険の「基本のキ」について学ぼう。

リスクと保険

☐ 日常生活には様々なリスクがあり、リスクに備えるのが保険の役割である。

日常生活のリスク

人的リスク	病気やケガ、死亡、長生き
物的リスク	住まい、家財、自動車
損害賠償リスク	賠償責任（他人のケガや死亡、他人の物に対する）

保険制度のあらまし

☐ 保険には、国が運営する公的保険と保険会社等が運営する私的保険がある。

☐ 私的保険はさらに、生命保険（第一分野）と損害保険（第二分野）、どちらにも属さない第三分野の保険に分類される。

私的保険の分類

	第一分野	第二分野	第三分野
取り扱い	生命保険会社	損害保険会社	生命保険会社・損害保険会社
保険事故	人の生存・死亡	偶然の事故	傷害・疾病等
保険種類	定期保険、終身保険、養老保険、個人年金保険等	自動車保険、火災保険等	医療保険、傷害保険等
保険金支払い	定額払	実損払	定額払／実損払

保険の考え方（貯蓄は三角、保険は四角）

☐ 貯蓄は十分な金額に達するまで相応の時間が必要だが、保険は契約が発効すれば必要な保障金額を確保することができる。

必要な保障の時期や金額から、貯蓄と保険のどちらで備えるかを考えよう。

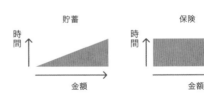

リスクに対する保障の考え方

◯ リスクは、まず公的保障と組織保障でどこまでカバーできるかを確認し、カバーできない部分を私的保障で補完すると、保障の重複等を回避できる。

◯ 公的保障：社会保険制度等。保障の土台部分。

◯ 組織保障：会社等、所属する組織の制度として保障が上乗せされる場合がある。

◯ 私的保障：公的保障、組織保障で不足する部分を私的に補完する保障。貯蓄や保険等。

保険の基本用語

契約者	保険会社と契約を結び、保険料を払い込む者
保険者	保険金の支払い義務を負う者。保険会社
被保険者	保険の対象となる者。保険契約を結ぶ際には被保険者の同意が必要
受取人	保険金、給付金、年金等を受け取る権利を持つ者。複数人でも法人でも可
保険料	契約者が保険会社に支払うお金
保険金	保険契約に基づき、保険会社から支払われるお金
主契約	生命保険契約の土台となる主たる部分
特約	主契約の保障内容を充実させるために主契約に付加する契約。主契約が解約などにより消滅すると、特約も消滅する
解約返戻金	保険を中途解約したときに払い戻されるお金
告知	現在の健康状態、過去の傷病歴、職業等を、告知書や生命保険会社の指定した医師等の質問に、事実をありのまま告げること

表に掲載されている用語は、次ページ以降で出てきます。適宜参照してください。

明日もファイトー！

2

契約者の保護

保険契約者は、次に解説するような枠組みや法律に守られている。

保険契約者保護機構

☐ 生命保険契約を保護する生命保険契約者保護機構と、損害保険契約を保護する損害保険契約者保護機構がある。

☐ 国内で営業する生命保険会社、損害保険会社は、それぞれ生命保険契約者保護機構、損害保険契約者保護機構への加入が義務付けられている。

☐ 保険会社が破綻した際は、破綻保険会社の契約を引き継ぐ「救済保険会社」に資金援助を行う。救済保険会社がない場合には、保険契約者保護機構自らが「承継保険会社」を設立して保険を引き受けることもある。

☐ 共済や少額短期保険業者は対象外。

生命保険契約者保護機構

（国内で営業する生命保険会社が対象）

補償の対象	補償割合
全ての生命保険契約	原則、責任準備金の90%（高予定利率の保険契約を除く）

※責任準備金：保険会社が保険金支払のために積み立てている資金のこと

損害保険契約者保護機構

（国内で営業する損害保険会社が対象）

補償の対象	補償割合
自賠責保険 地震保険	☐ 保険金の100%補償
自動車保険 火災保険 等	☐ 保険会社の破綻後3か月以内の保険事故→保険金の100%補償 ☐ 保険会社の破綻後3か月経過後の保険事故→保険金の80%補償
その他の疾病・ 傷害保険 等	☐ 保険金、解約返戻金とも→90%を補償（高予定利率の契約を除く）

○×問題にチャレンジ

1 国内で事業を行う生命保険会社が破綻した場合、生命保険契約者保護機構による補償の対象となる保険契約については、高予定利率契約を除き、既払込保険料相当額の90%まで補償される。（2023年9月） [　　]

ソルベンシー・マージン比率

- [ ] ソルベンシー・マージン比率は、保険会社の支払い余力を見る指標（solvency＝支払い能力、margin＝余力）。200％以上であることが健全性維持の目安となっている。
- [ ] ソルベンシー・マージン比率が200％を下回った場合、監督官庁である金融庁は業務改善命令などを発動できる。

クーリング・オフ制度

- [ ] 保険契約者は、締結した保険契約を撤回したい場合、一方的な意思表示で契約の撤回・解除を行うことができる。これをクーリング・オフという。

> よく聞く制度。「cooling-off」は頭を冷やす意味だね！

- [ ] 「クーリング・オフに関する書面を受け取った日」または「申込日」のいずれか遅い日から、その日を含めて8日以内に、書面（はがき等）や電磁的記録（保険会社のホームページやEメール等）による方法で保険会社に申し出る必要がある。

> **Check!**
>
> **撤回・解除ができない場合**
>
> - [ ] 医師の診査が終了している場合
> - [ ] 申込者、契約者が法人の場合
> - [ ] 保険期間が1年以内の短期契約の場合
> - [ ] 加入が義務付けられている保険（自賠責保険等）の場合

> 2022年6月から電磁的方法によるクーリング・オフが可能になりました。

がんばった！

解説

1. 生命保険契約者保護機構に補償されるのは、既払込保険料相当額ではなく責任準備金等の90％である。（答：×）

3

保険料のしくみ

保険料の決まり方から剰余金が配当されるまでを確認しよう。

生命保険料算定の原則

☐ 生命保険の保険料は、大数の法則と収支相等の原則に基づいて定められる。

大数の法則	少数については予測できない事柄も、同じことが何回も起こりサンプル数が増えれば、発生確率は一定に収束するという考え方を大数の法則という。人の死についてもこの大数の法則が適用でき、保険会社は膨大な死亡データを基に死亡率等を予測し、保険料を算出する
収支相等の原則	保険会社の収入(集めた保険料の総額・運用収益)と支出(支払った保険金の総額・経費等)が等しくなるように保険料を算出しなければならないというルール

保険料のしくみ

☐ 保険料(営業保険料)は、保険金支払いの財源となる純保険料と経費等の財源となる付加保険料に分けられる。純保険料はさらに、死亡保険金の財源となる死亡保険料と満期保険金の財源となる生存保険料に分けられる。

過去問題にチャレンジ

1 生命保険の保険料は、大数の法則および(①)に基づき、予定死亡率、予定利率、(②)の3つの予定基礎率を用いて計算される。(2023年9月)

1) ①適合性の原則　　②予定事業費率
2) ①適合性の原則　　②予定損害率
3) ①収支相当の原則　②予定事業費率　　　　　　　　　　[　　]

2 生命保険の保険料は、純保険料および付加保険料で構成されているが、このうち付加保険料は、(　　)に基づいて計算される。(2021年9月)

1) 予定死亡率　　2) 予定利率　　3) 予定事業費率　　　　[　　]

保険料の概要

営業保険料	純保険料 — 死亡保険料	死亡保険金の支払いに充当	予定死亡率
	生存保険料	満期保険金の支払いに充当	予定利率
	付加保険料	保険会社の維持・運営のための費用	予定事業費率

予定基礎率

☐ 保険料は、次の3つの予定基礎率に基づいて算出される。

予定死亡率	☐ 統計（生命表）に基づいて算出した性別・年齢毎の死亡率 ☐ 予定死亡率が高くなると保険料が上がる
予定利率	☐ 保険料を運用するときに保険会社が見込む運用利回り ☐ 予定利率が高くなると保険料が下がる
予定事業費率	☐ 保険会社が事業を行う上で見積もる経費の割合 ☐ 経費率が高くなると保険料が上がる

預かった保険料の使い道によって、計算の基礎として使う予定率が
違ってくるんだね！

息抜きも大事だよ！

解説

1. 生命保険の保険料は、大数の法則と収支相当の原則に基づく。3つの予定基礎率
は、予定死亡率、予定利率、予定事業費率である。（答：3）

2. 生命保険の純保険料は保険金支払いに充当し、付加保険料は保険会社の維持・
運営に充てられるお金（事業費）である。付加保険料は予定事業費率に基づき計算
される。（答：3）

4

剰余金と配当金

剰余金が生じ配当金支払いに至る流れを理解しよう。

⬜ 保険料は予定基礎率に基づいて計算されるものの、死亡者数や運用利率、事業費は、なかなか予定通りにはならない。予定と実際の差が出れば（プラスの場合）、それは剰余金となり、契約者に配当として分配される。

剰余金

⬜ 保険料収入が実際の支出より多いと利益が生じる。これを剰余金という。剰余金は発生理由により、死差益、利差益、費差益の3つに分けられる。

剰余金の内訳

死差益	⬜ 予定より死亡率が低く、死亡者数が少なかった場合に発生 ⬜ 予定した死亡者数＞実際の死亡者数
利差益	⬜ 予定した利率より高い利率で運用でき、収益が出た場合に発生 ⬜ 予定利率＜実際の運用利率
費差益	⬜ 予定より経費を少なく抑えられた場合に発生 ⬜ 予定した事業費＞実際かかった事業費

過去問題・〇×問題にチャレンジ

1 生命保険会社が（　　）を引き上げた場合、通常、その後の終身保険の新規契約の保険料は安くなる。（2023年5月）
1）予定利率　2）予定死亡率　3）予定事業費率　　　　　　　[　　]

2 生命保険の3利源のうち、実際の事業費が予定事業費率によって見込まれた事業費を下回った場合に生じる利益を利差益という。（2016年5月）　　　　　　　　　　　　　　　　　　　　　　　　　　　[　　]

3 生命保険の保険料の計算において、一般に、予定利率を低く見積もるほど、保険料が低くなる。（2016年9月）　　　　　　　　　　　[　　]

配当金

◯ 保険会社は、剰余金を財源として契約者に配当金を支払う。

◯ 配当金支払いのある保険を有配当保険、配当金支払いのない保険を無
配当保険という。有配当保険のうち、利差益のみから配当される保険を
利差配当付保険（準有配当保険）という。

有配当保険	死差益、利差益、費差益（3利源）を配当金として分配する保険
利差配当付保険（準有配当保険）	利差益のみを配当金として分配する保険
無配当保険	剰余金を配当金として分配しない保険

◯ 一般的に、有配当の保険の方が無配当の保険より保険料は高くなる。

◯ 配当は約束されてはおらず、例えば金融市場環境のため予定より運用収
益が上がらない場合には、配当金が出ないこともある。

経費のかかる保険や、配当など支払う金額の多い保険の保険料は高
くなるんだね。

明日もファイトー！

解説

1. 終身保険の保険料は、予定死亡率が上がると支払保険料は高くなる。予定利率
が高くなると、支払保険料は安くなる。そして、予定事業費率が上がると支払保険
料は高くなる。（答：1）

2. 生命保険の3利源は、生命保険の保険料から生じる「死差益」「利差益」「費差
益」を指す。本問の「実際の事業費が予定事業費率によって見込まれた事業費を下
回った場合」に生じるのは「費差益」である。（答：×）

3. 保険料の計算では、一般的に予定利率を低く見積もると、保険料は高くなる。
（答：×）

5

生命保険契約の手続き

保険会社は、生命保険契約を締結する際、契約者の意向を十分に把握するとともに、「契約約款」「注意喚起情報」「契約のしおり」等を契約者に手交しなければならない。

責任開始日

☐ 責任開始日とは、保険会社が契約上の責任を負う日、つまり保険金等の支払義務が生じる日をいう。

☐ 保険会社が契約を承諾（保険契約の引き受けを認めること）した上で、「申込書の提出」「告知または診査」「第1回保険料の払込」の3つが完了した日が責任開始日となる。

告知義務

☐ 保険契約者や被保険者は、健康状態や職業等についての重要な事実をありのままに告げなければならない。これを告知義務という。

☐ 告知は、保険会社から質問されたことだけに答えればよく（質疑応答義務）、求められたこと以外の重要な事実を自ら進んで伝える義務（自発的申告義務）はない。

☐ 告知義務違反があった場合、保険会社は契約を解除することができるが、以下の場合は解除できない。

Check!

保険会社が契約を解除できない場合

☐ 保険会社が解除の原因があったことを知った時から1か月以内に解除しなかった場合

☐ 契約から5年を経過した場合

☐ 生命保険募集人が、告知義務違反を勧める行為を行っていた場合

☐ 保険会社が契約締結時に告知義務違反を知っていた場合

保険料の払込

- 保険料の払込方法には、月払、半年払、年払、前納払、一時払等がある。
- 保険料の払込方法には次のような方法がある。

保険料の払込方法

分割払	保険料払込期間に応じその都度支払う方法（月払、半年払、年払等）
一時払	全保険期間の保険料を契約時に一時に払い込む方法

前納払 と 一時払

- 保険料を分割払している場合は、前納払の方法を取ることもできる。前納払と一時払の違いは次の通り。

	方法	中途解約時	生命保険料控除
前納払	払込期日が来ていない保険料の一部または全部をあらかじめまとめて払い込む方法	払込の時期が来ていない保険料は返還される	毎年受けられる
一時払	保険期間の全保険料を契約時に1回で払い込む方法	未経過分の保険料は返還されない	保険料を支払った年度のみ（1回だけ）受けられる

前納払では、生命保険会社が保険料を預かり、払込期日（応当日）に保険料に充当する形になっています。毎年保険料支払いが行われるので、生命保険料控除も毎年受けられます。

保険料もまとめて払うと安くなるから、前納払や一時払の払い込み方法があるんだね。でも、税制面や解約時の返金の有無で、前納払と一時払がこんなに違うとは！

がんばった！

生命保険の失効と復活

保険契約の失効や復活のルールを確認しよう。

☐ 保険契約を有効に継続するためには、保険料を期日までに払い込まなければならない。払込には猶予期間が設けられているが、猶予期間を経過しても払込がない場合はそのまま失効することになる。

保険料の払込猶予期間

☐ 払込猶予期間中に保険事故が発生した場合は、未払保険料が差し引かれた上で保険金や給付金が支払われる。

払込方法	猶予期間
月払	払込日の翌月初日～翌月末日 例：払込期日が9/15→払込猶予期間は10/1～10/31
半年払・年払	払込日の翌月初日～翌々月の応当日※（契約日にあたる日付） 例：払込期日が9/15→払込猶予期間は10/1～11/15

※応当日：保険期間中に迎える、毎月または毎年の契約日に対応する日

契約の失効と復活

☐ 保険料の払込がないまま払込猶予期間が経過すると、保険契約は失効する。

☐ 契約失効後、所定の期間内に手続きを行うことで、保険契約を基に戻す（復活）ことができる場合がある。

過去問題にチャレンジ

1 生命保険契約の契約者は、契約者貸付制度を利用することにより、契約している生命保険の（　　）の一定の範囲内で保険会社から貸付を受けることができる。（2023年1月）
1）既払込保険料総額　　2）解約返戻金額　　3）死亡保険金額　　[　　]

Check!

契約復活のポイント

☐ 未払保険料等（契約失効中の保険料と利息）を一括して払い
込むことで復活できる

☐ 告知または医師の診査が必要

☐ 復活した場合の保険料率は失効前と同じ

☐ 保険契約を解約した場合は復活できない

契約者貸付制度

☐ 保険料の払込が滞ったり、一時的に資金が必要になったりした場合に
は、次の貸付制度を利用することができる。

自動振替貸付制度	• 保険料の払込猶予期間までに保険料の払込がなかった場合に、保険会社が解約返戻金の範囲内で、自動的に保険料を立替払いする制度 • 立替えられた保険料には所定の利息が付く。いつでも返済可能で、返済する場合は未払保険料と利息を払い込む • 自動振替貸付により支払われた保険料は、生命保険料控除の対象となる
契約者貸付制度	• 解約返戻金の一定範囲内で契約者が受けられる貸付制度。貸付には所定の利息が付く • 契約者貸付を受けている間も保障は変わらず継続し、配当金を受け取る権利も継続する • 貸付金を完済しないまま満期を迎えたり、被保険者が死亡した場合は、満期保険金や死亡保険金から元金と利息が差し引かれて精算される

万が一払込ができないときは、すぐに契約が失効するのではなくて、
貸付制度が助けてくれるんだね。

息抜きも大事だよ！

解説

1. 契約者は、契約者貸付制度により解約返戻金額の一定範囲内で貸付が受けられ
る。貸付には所定の利息が付く。（答：2）

7

必要保障額の考え方と生命保険の見直し

必要保障額の考え方と保険の見直しの手法を整理する。

必要保障額の考え方

☐ 必要保障額は、被保険者の死亡以降必要な生活費の合計から、その後の遺族の収入を差し引いて求める。

☐ 必要保障額の求め方

必要保障額 （死亡保障）	=	今後の 生活費（支出）合計	−	今後の 生活資金（収入）合計

☐ 必要保障額はライフステージや子どもの数等により変わる。一般的に、末子誕生時に必要保障額が一番大きくなり、子の成長とともに減額していく。

保険の見直し

☐ ライフステージの変化や家計状況により生命保険の見直しが必要となった場合には、目的に応じた方法を検討する。

保険の見直しの方法とポイント

保障の増額	☐ 保険金額の増額、追加契約（新たに保険に入る）、特約の中途付加等 ☐ 特約の中途付加の際は告知または診査が必要。特約保険料も中途付加するときの年齢や保険料率で計算される
保障の減額	☐ 保険金額の減額、特約の解約 ☐ 減額すると解約返戻金が受け取れる場合がある ☐ 減額により特約の保険金や給付金が減ることがある

○×問題にチャレンジ

1 払済保険とは、一般に、現在加入している生命保険の保険料の払込みを中止し、その時点での解約返戻金を基に、元契約の保険金額を変えずに一時払いの定期保険に変更する制度である。（2022年5月） [　　]

2 契約転換制度により、現在加入している生命保険契約を新たな契約に転換する場合、転換後契約の保険料は、転換前契約の加入時の年齢に応じた保険料率により算出される。（2022年1月） [　　]

契約転換制度

- [ ] 契約転換とは、現在契約している生命保険の積立部分や配当金を転換価格として下取りし、新たに契約する生命保険の一部（もしくは支払保険料の一部）に充当することをいう。元の保険は消滅する。全く新しい保険に加入するより保険料負担が軽くなる。
- [ ] 転換する際には告知や医師の診査が必要。また保険料は転換時の年齢や保険料率で計算される。

保険料の払込が困難な場合

- [ ] 保険料の払込が難しくなった場合には、「払済保険」や「延長保険」にして保険料の払込を中止し、契約を継続する方法がある。

払済保険	☐ 保険料の払込を中止し、解約返戻金で保険期間の同じ生命保険に加入する ☐ 保険金額が下がる
延長保険	☐ 保険料の払込を中止し、解約返戻金で保険金額の同じ生命保険に加入する ☐ 保険期間が短くなる

払済保険

変更前の保障額	→ 減額
	変更後の保障額

▲契約　▲払済保険に変更　　　　　▲満期

延長保険

| 変更前の保障額 | 変更後の保障額 | ← 期間短縮 |

▲契約　▲延長保険に変更　　　　　▲満期

 「払済保険」と「延長保険」は、いくらの保障がいつまで必要なのか？を考えて選ぶ必要があります。

 明日もファイトー！

解説

1. 払済保険は、元契約の保険期間を変えず、保険金額を減額して一時払の定期保険に切り替える方法である。（答：×）

2. 契約転換は、現在契約している保険を下取りに出して新たな保険契約に切り替えること。新規契約に必要な告知または診査が必要で、保険料も転換時の年齢に応じた保険料率で計算される。（答：×）

本番問題に チャレンジ

過去問題を解いて、理解を確かなものにしよう。

⬜ **問1** 以下の問について、最も適切な解答を選びなさい。

1. 生命保険契約を申し込んだ者がその撤回を希望する場合、保険業法上、原則として、契約の申込日または契約の申込みの撤回等に関する事項を記載した書面の交付日のいずれか遅い日を含めて（ ① ）以内であれば、（ ② ）により申込みの撤回ができる。（2019年1月 改題）

1) ①8日　②書面または電磁的記録　　2) ①14日　②書面
3) ①14日　②書面または口頭　　　　　　　　　　　　[　]

2. ソルベンシー・マージン比率は、保険会社が、通常の予測を超えて発生するリスクに対し、保険金等の支払余力をどの程度有するかを示す指標であり、この値が（ 　 ）を下回ると、監督当局による早期是正措置の対象となる。（2021年5月）

1) 200%　　2) 250%　　3) 300%　　　　　　　　　[　]

3. 保険法の規定によれば、保険契約者や被保険者に告知義務違反があった場合、保険者の保険契約の解除権は、保険者が解除の原因があることを知った時から（ ① ）行使しないとき、または保険契約締結の時から（ ② ）を経過したときに消滅する。（2020年1月）

1) ①1カ月間　②5年　　2) ①2カ月間　②10年
3) ①3カ月間　②15年　　　　　　　　　　　　　　　[　]

⬜ **問2** ○×問題

1. 保険業法上の保険募集において、保険募集人が保険解約の締結の媒介を行う場合、保険募集人が保険契約の申込みに対して承諾した時点で当該保険解約は有効に成立する。（2021年5月）[　]

2. 生命保険募集人が、保険契約者等に対して不利益となるべき事実を告げずに生命保険契約の乗換募集を行うことは、保険業法により禁じられている。（2013年1月）[　]

3. 国内銀行の支店において加入した一時払終身保険は、生命保険契約者保護機構による補償の対象である。（2020年9月）[　]

解説1

1. クーリング・オフ（保険契約の撤回）は、保険契約の申込日またはクーリング・オフに関する書面を交付された日のどちらか遅い方の日から8日以内に、書面またはEメール等の電磁的記録で行うことができる。（答：1）

2. ソルベンシー・マージン比率は保険会社の支払余力を見る指標で、目安は200％である。（答：1）

3. 保険契約者または被保険者に告知義務違反があった場合、保険会社は一定期間内であれば契約を解除できる。しかし、その事実を知ってから1カ月以内に解除しない場合や保険を契約してから5年を経過している場合は解除できない。（答：1）

解説2

1. 代理は、保険募集人が保険会社に代わって保険契約の締結まで行うことができる。よって保険募集人が保険契約の申込を承諾した時点で保険契約が成立する。他方媒介は、保険募集人は契約者と保険会社の仲立ちを行うだけで、保険契約締結の権限はない。保険会社が承諾してはじめて契約が成立する。よって本文の記載は誤り。（答：×）

2. 本文記載の通り。（答：〇）

3. 本文記載の通り。銀行は保険代理店。銀行窓販（窓口販売）で扱っている保険商品は国内保険会社が引受を行っており、保険契約者保護機構の対象である。（答：〇）

保険法は保険契約に関するルール、保険業法は保険業を行う会社等を監督するためのルールなんだね。

がんばった！

生命保険の特徴と保障重視の保険（定期保険）

生命保険の基本形と保障重視の保険を確認しよう。

生命保険の特徴

☐ 生命保険は、複雑に見えるものでも主契約（主となる契約）と特約（オプション）の組み合わせにより成り立っている。

生命保険 ＝ 主契約 ＋ 特約

☐ 生命保険は、支払い事由により「死亡保険」「生存保険」「生死混合保険」の3種類に分けられる。

種類	保険金の支払い事由	代表的な保険
死亡保険	被保険者が病気や事故などで死亡した場合に支払われる	定期保険 終身保険
生存保険	被保険者がある一定期間生存していた場合に支払われる	個人年金保険
生死混合保険	ある一定期間中に被保険者が死亡した場合には死亡保険金が、被保険者が生存していた場合には満期保険金が支払われる	養老保険

☐ 生命保険の中でも、「定期保険」「終身保険」「養老保険」の3保険は「生命保険の基本形」といわれている。

定期保険

☐ 定期保険は、保険期間が一定で、保険期間中に被保険者が死亡した場合に保険金が支払われる保険である。

☐ 保険料は基本的に掛け捨てで満期保険金がないため、終身保険等の保険料に比べて安い。

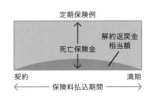

定期保険例

死亡保険金

解約返戻金相当額

契約　　　　　　　　　満期

← 保険料払込期間 →

定期保険の種類

長期平準定期保険	保険料と保険金額が一定で、保険期間が非常に長い定期保険
逓増定期保険	保険料は一定で、保険期間の経過とともに保険金額が一定の割合で増加する定期保険
逓減定期保険	保険料は一定で、保険期間の経過とともに保険金額が一定の割合で減少する定期保険

収入（生活）保障保険

- 保険金が年金形式（月額払形式）で支払われる定期保険。
- 年金の支払い方法には、契約時に定めた受取年数分を支払う確定型と、契約時の保険期間の満了時まで支払う歳満了型の2つのタイプがある。
- 保険金は年金形式でなく一括して一時金で受け取ることもできるが、一括で受け取る金額は年金形式の受取総額より少なくなる。
- 保険期間の経過に応じて保険金の受取総額が減っていくため、死亡保障額が一定の定期保険より保険料は割安。

収入保障保険は遺族の収入を保障する死亡保険です。所得補償とは違うことに注意！

定期保険、終身保険、養老保険は、保険の「3つの基本形」って言われているんだって！

息抜きも大事だよ！

終身保険とその仲間

終身保険とその仲間の保険について整理する。

終身保険

- ☐ 被保険者が死亡または高度障害になった場合に、死亡保険金等が支払われる保険。保障は終身（一生涯）続く。

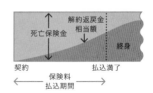

- ☐ 満期保険金はないが、期間の経過とともに解約返戻金が増える。解約すれば解約返戻金が戻ってくるので貯蓄性がある（その分保険料は高め）。

- ☐ 低解約返戻金型終身保険は一般的に保険料が割安であるが、保険料払込期間中の解約返戻金額が抑えられているため、中途解約の際に損失が出る場合が多い。

定期保険特約付終身保険

- ☐ 定期保険特約付終身保険は、主契約の終身保険に特約として定期保険を付けることで、一定期間の死亡保障を手厚くした保険である。

- ☐ 定期保険特約の保険料の払込方法には、保険期間が主契約の保険料払込期間と同一の全期型と、主契約の保険料払込期間より短い期間（5年、10年、15年等）で契約し、期間満了毎に自動更新していく更新型がある。

○×問題にチャレンジ

1 定期保険特約付終身保険（更新型）は、定期保険特約を同額の保険金額で更新する場合、更新にあたって被保険者の健康状態についての告知や医師の診査は必要ない。（2023年9月）　[　　]

2 収入保障保険の死亡保険金を一時金で受け取る場合の受取額は、一般に、年金形式で受け取る場合の受取総額よりも少なくなる。（2023年5月）　[　　]

3 逓増定期保険は、保険期間の経過に伴い死亡保険金額が所定の割合で増加するが、保険料は保険期間を通じて一定である。（2021年9月）　[　　]

定期保険特約の全期型と更新型

全期型	☐ 定期保険特約の保険期間が主契約の保険料払込期間と同じ ☐ 保険料は全期間一定 ☐ 主契約の保険料払込期間満了後は更新できない	保険料は一定額 ／ 保障額 契約 ─────── 満了
更新型	☐ 定期保険特約の保険期間が主契約の保険料払込期間より短い ☐ 特約の保険期間が満了になるたび更新されるが、同条件で自動更新すると保険料は更新前より高くなる	保険料は更新のたびに再計算される ／ 保障額 契約 更新 更新 更新 満了

利率変動型積立終身保険（アカウント型保険・自由設計型保険）

☐ 積立部分（アカウント部分ともいう）と保障部分から構成される保険で、主契約の積立部分に希望する保障を特約として組み合わせていく保険である。

☐ 契約後、積立部分の金額変更や保障内容変更が自由に行えることから自由設計型保険ともいわれる。

☐ 積立部分に適用される予定利率には最低保証利率がある。

☐ 死亡した場合は、積立金相当額が死亡給付金として支払われる。

☐ 保険料の払込満了後は、積立部分を終身保険や年金受け取りに変更できる。

明日もファイトー！

解説

1. 定期保険特約終身保険は、主契約の終身保険に、特約として定期保険を更新型で付けた保険である。一般的に特約満了（10年や15年等）毎に自動更新される。更新に際しては、告知不要で健康状態に関係なく更新できるが、保険料は更新の度に上がる。（答：○）

2. 記載の通り。年金形式ならば保険会社は運用しながら保険金を支払うことができるが、一時金で受け取ると、運用されない分減額となる。（答：○）

3. 記載の通り。逓増定期保険とは反対に、逓減定期保険は、期間の経過とともに保険金額がだんだん減っていく保険で、保険料は契約期間中一定である。（答：○）

保障機能と貯蓄機能の ある保険、その他の保険

養老保険やこども保険について見ていこう。

◯ 保障機能と貯蓄機能の両方を併せ持つ保険には、養老保険とこども保険（学資保険）がある。

養老保険

◯ 保険期間中に被保険者が死亡した場合には死亡保険金が支払われ、満期まで生存していた場合には満期保険金が支払われる。

養老保険のイメージ

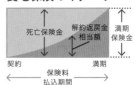

◯ 死亡保険金と満期保険金は同額。

◯ 亡くなっても、生きていても受け取れる生死混合保険で、貯蓄性が高い（その分保険料も高め）。

こども保険（学資保険）

◯ 子どもの学費準備等を目的とした保険で、原則子どもが被保険者、親（祖父母）が契約者となる。

◯ 契約者（親）が死亡しても死亡保険金は支払われないが、以降の保険料払込が免除され、満期保険金や祝い金等は当初契約通りに支払われる。

◯ 被保険者（子）が死亡した場合、死亡保険金が支払われ、契約は終了する。

◯ 特約が付加されて育英年金が受け取れる場合もある。

過去問題・◯×問題にチャレンジ

1 養老保険では、被保険者が保険期間満了まで生存した場合に支払われる満期保険金の金額は、（　　　）である。（2018年5月）
1）死亡保険金よりも少ない金額　　2）死亡保険金より多い額
3）死亡保険金と同額　　　　　　　　　　　　　　　　　　　[　　　]

2 有期型の変額保険では、契約時に定めた死亡・高度障害保険金額は最低保証されていないが、解約返戻金は最低保証されている。（2009年1月）　　　　　　　　　　　　　　　　　　　　　[　　　]

変額保険

- ○ 変額保険とは、保険金額が運用実績により増減する保険をいう（これに対して保険金額が契約時のまま変わらない保険を定額保険という）。
- ○ 定額保険の資産が一般勘定で運用されるのに対し、変額保険の資産は、特別勘定（運用対象は株式や債券等）で運用・管理される。
- ○ 一生涯保障の続く終身型と、保険期間が一定の有期型がある。
- ○ 死亡保険金・高度障害保険金には一定の金額が保証される（最低保証がある）が、満期返戻金や解約返戻金には最低保証がない。

かんぽ生命の保険

- ○ かんぽ生命（株式会社かんぽ生命保険）は、2007年に国営事業の簡易保険事業を承継し、全国の郵便局などを通じて、終身保険や養老保険等の簡易で小口の商品を販売している。
- ○ 加入限度額は原則1,000万円（加入後4年経過した20歳以上55歳未満の者は2,000万円）。
- ○ 医師の診査が不要で、職業による加入制限もない。

 ここまでいろんな保険が出てきて何が何やら……。

 丸暗記するものでもないので、連想して覚えるといいんじゃないかな。
例えば、定期保険は期間が定まっている保険、終身保険は終身（一生涯）続く保険、……という感じに。

がんばった！

解説

1. 養老保険は、死亡保険金（高度障害保険金）と満期保険金が同額の生死混合保険である。（答：3）

2. 有期型の変額保険では、死亡保険金・高度障害保険金は最低保証されているが、満期返戻金や解約返戻金には最低保証がない。（答：×）

12

個人年金保険

個人年金保険について整理しよう。

☐ 個人年金保険は、払込保険料から資金を積み立てて運用し、契約時に定めた年齢から年金が支払われる保険。年金額が定額のものと、変動するもの等がある。

定額個人年金保険

☐ 年金の支払い方法により、終身年金、確定年金、有期年金等の種類がある。

定額個人年金保険の種類

終身年金	☐ 被保険者が生きている限り年金が支払われる ☐ 保険料は一般的に男性より女性の方が高い ☐ 確定年金や有期年金より保険料は高くなる
保障期間付終身年金 保障期間 死亡給付金 終身 年金 契約　年金受取開始 ←保険料払込期間→←年金受取期間---→	☐ 被保険者が生きている限り年金が支払われる。被保険者が年金受取期間中に死亡した場合、保障期間であれば、保障期間の残りの期間は遺族に年金（または死亡一時金）が支払われる ☐ 保障期間中の年金を一時金として受け取り、保障期間終了後も生きている場合には、年金が支払われる
確定年金 死亡給付金 年金 契約　　年金受取開始 ←保険料払込期間→←年金受取期間→	☐ 被保険者の生死に関係なく、契約時に定めた一定期間（5年、10年、15年等）年金が支払われることが確定している年金 ☐ 年金受取期間中に被保険者が亡くなった場合でも、年金（または一時金）が遺族に支払われる

○×問題にチャレンジ

1 変額個人年金保険は、特別勘定の運用実績によって、将来受け取る年金額や死亡給付金額は変動するが、解約返戻金額は変動しない。（2023年9月）　［　　］

2 個人年金保険において、確定年金は、年金支払期間中に被保険者が生存している場合に限り、契約で定めた一定期間、年金が支払われる。（2021年5月）　［　　］

有期年金	
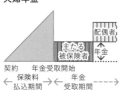	☐ 契約時に定めた年金支払期間、被保険者の生存を条件に年金が支払われる
	☐ 年金受取期間中に被保険者が亡くなった場合、期間が残っていても以後の年金は支払われず、契約は終了する
	☐ 同条件の場合、保険料は確定年金より安くなる

夫婦年金	
	☐ 夫婦を被保険者とする連生型終身年金で、夫婦のどちらかが生きている限り年金が支払われる
	☐ 「保障期間付夫婦年金」もあり、保障期間中に夫婦が両方死亡すると、残りの保障期間の年金等は相続人に支払われる
	☐ 夫婦それぞれが個人年金保険に加入するよりも保険料が割安になる

リボンを
チェック！

変額個人年金保険

☐ 運用実績により年金額等が変動する個人年金保険。

☐ 資産を特別勘定で運用し、運用実績によって年金額が変動する。

☐ 一般的に、死亡給付金には最低保証がある（一時払保険料相当額）が、解約返戻金には最低保証はない。

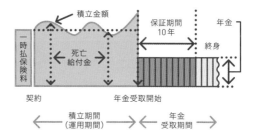

定額と変額、それぞれメリットとデメリットがありそう。私に合ったものを選ばなきゃ！

息抜きも大事だよ！

解説

1. 変額個人年金保険は、特別勘定の運用実績により、将来受け取る年金額や解約返戻金額が変動する。死亡給付金額には原則最低保証がある。「死亡給付金額は変動するが、解約返戻金額は変動しない」は誤り。（答：×）

2. 個人年金保険における確定年金は、被保険者の生死に関わらず、契約で定めた一定期間、年金が支払われる。「年金支払期間中に被保険者が生存している場合に限り」は有期年金についての説明である。（答：×）

本番問題に チャレンジ

過去問題を解いて、理解を確かなものにしよう。

☐ **問1** 以下の問について、最も適切な解答を選びなさい。

1. 変額個人年金保険は、（ ① ）の運用実績に基づいて将来受け取る年金額等が変動するが、一般に、（ ② ）については最低保証がある。（2022年1月）
   1) ①特別勘定　②死亡給付金額
   2) ①特別勘定　②解約返戻金額
   3) ①一般勘定　②解約返戻金額　　　　　　　　　　　　　　[　　]

2. 生命保険の保険料は、将来の保険金・給付金等の支払の財源となる（ ① ）と、保険会社が保険契約を維持・管理していくために必要な経費等の財源となる（ ② ）で構成されている。（2021年1月）
   1) ①終身保険料　②定期保険料
   2) ①純保険料　②付加保険料
   3) ①定額保険料　②変額保険料　　　　　　　　　　　　　　[　　]

3. 契約転換制度により、現在加入している生命保険契約を新たな契約に転換する場合、転換後契約の保険料は、（ ① ）の年齢に応じた保険料率により算出され、転換時において告知等をする必要が（ ② ）。（2022年5月）
   1) ①転換前契約の加入時　②ない
   2) ①転換時　②ない
   3) ①転換時　②ある　　　　　　　　　　　　　　　　　　　[　　]

☐ **問2** ○×問題

1. こども保険（学資保険）において、保険期間中に契約者（＝保険料負担者）である親が死亡した場合、一般に、既払込保険料相当額の死亡保険金が支払われて契約は消滅する。（2021年5月）　[　　]

2. 一時払終身保険は、早期に解約した場合であっても、解約返戻金額が一時払保険料相当額を下回ることはない。（2021年1月）　[　　]

3. 定期保険特約付終身保険の保険料の払込を中止して、払済終身保険に変更した場合、元契約に付加していた入院特約等の各種特約はそのまま継続する。（2018年9月）　　　　　　[　　]

解説1

1. 変額保険は、保険金額が資産の運用実績により変動する保険である。資金は特別勘定で運用・管理される。一般に、死亡保険金には最低保証があるが、満期保険金や解約返戻金には最低保証がない。（答：1）

2. 生命保険の保険料は、保険金支払いの財源となる純保険料と、保険を維持・管理するための経費の財源となる付加保険料からなる。（答：2）

3. 契約転換は、既保険契約の責任準備金や積立配当金を転換価格として下取りに出し、新たな保険に加入することである。新たな保険に加入するので、保険料は転換時の年齢に応じた保険料率に基づき、また告知も必要である。（答：3）

解説2

1. こども保険（学資保険）の契約者が契約期間中に死亡した場合、以後の保険料払込は免除となるが契約は消滅せず、契約年齢になると保険金が支払われる。（答：×）

2. 一時払終身保険は、早期に解約した場合、解約返戻金が一時払込保険料相当額を下回る場合がある。（答：×）

3. 払済保険とは、既存の保険の保険料払込を以後中止し、その時点の解約返戻金原資として、保障期間を変えずに一時払いの保険に切り替えることをいう。元契約の特約は全て消滅する。（答：×）

明日もファイトー！

生命保険料控除

生命保険料控除について押さえよう。

生命保険料控除とは

☐ 生命保険、介護・医療保険、個人年金保険の保険料を支払うと、所得から一定金額を控除することができ、所得税や住民税負担を軽減できる。これを生命保険料控除という。

☐ 1年間（1月1日〜12月31日）に支払った保険料が控除対象となる。

☐ 給与所得者は年末調整で控除の適用が受けられる（確定申告不要）。

生命保険料控除の概要

☐ 2011年（平成23）年12月31日以前に締結した保険契約（旧契約）と、2012（平成24）年1月1日以後に締結した保険契約（新契約）では扱いが異なる。

☐ 旧契約は、一般生命保険料控除と個人年金保険料控除の2つの区分があり、各区分の限度額が5万円、限度額合計は10万円。

☐ 新契約は、一般生命保険料控除と介護医療保険料、個人年金保険料控除の3つの区分で、各区分の限度額が4万円、限度額合計は12万円である。

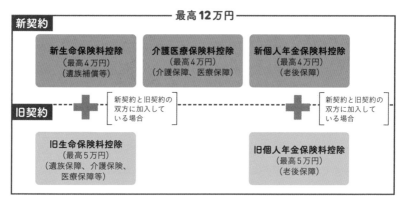

 年末調整で保険料控除申告書を出すのは控除のためなんだね。

生命保険料控除　各区分のポイント

リボンを
チェック！

	対象となる保険等	ポイント
一般の生命保険料控除	**＜生存・死亡保険＞** • 終身保険、定期保険、一定の外貨建て生命保険 • 共済（生命共済） • 変額個人年金保険 • 特定（三大）疾病保障保険等	☐ 保険金受取人が契約者・配偶者または民法上の親族（6親等内の血族および3親等内の姻族）であることが要件 ☐ 一時払保険料は支払った年度のみ控除対象。前納払いの場合は、毎年控除できる ☐ 自動振替貸付制度により支払った場合も控除できる ☐ 少額短期保険は対象外
介護医療保険料控除	**＜介護・医療に係る保険＞** • 2012年1月1日以後に新たに契約、更新した医療保険、介護保険、所得補償保険 • 先進医療特約、総合医療特約等の特約保険料	☐ 2011年12月31日以前に契約しても、2012年1月1日以降に契約更新または特約を追加した契約は、新契約での控除が適用される
個人年金保険料控除	**＜個人年金保険＞** • 次の4つの要件を全て満たす必要あり ☐ 個人年金保険料税制適格特約が付加されている ☐ 保険料の払込期間が10年以上 ☐ 年金受取人が契約者または配偶者で、被保険者と同一人である ☐ 終身年金、または受取開始時の年齢が60歳以上、受取期間が10年以上の確定年金・有期年金である	☐ 左記の個人年金保険の要件を満たさない個人年金保険（例：変額個人年金保険）の保険料は、一般の生命保険料控除の対象となる

新契約では、身体の傷害のみを対象に保険金が支払われる傷害特約
や災害割増特約は生命保険料控除の対象外です。

生命保険料控除額（最高額）

がんばった！

控除区分		生命保険料控除（一般）	介護医療保険料控除	個人年金保険料控除	合計
2011年12月31日以前の契約（旧契約）	所得税	5万円	―	5万円	10万円
	住民税	3万5千円	―	3万5千円	7万円
2012年1月1日以後の契約（新契約）	所得税	4万円	4万円	4万円	12万円
	住民税	2万8千円	2万8千円	2万8千円	7万円

新契約は、所得税で上限4万円×3区分、12万円まで控除できるん
だね！住民税の合計額にも注意しよう！

生命保険金受取時の税金

保険金を受け取った時の税制を確認する。

死亡保険金の課税関係

☐ 死亡保険金を受け取った場合の課税関係は、契約者（保険料負担者）、被保険者、保険金受取人の関係により異なり、相続税、所得税、贈与税のいずれかが課税される。

契約者	被保険者	受取人	ケース	課税関係
A	A	B	契約者＝被保険者（死亡）で、受取人がそれ以外※である場合	相続税
A	B	A	契約者＝受取人で、被保険者が異なる場合	所得税（一時所得）
A	B	C	契約者、被保険者、受取人が全て異なる場合	贈与税

※受取人が法定相続人（配偶者や子）の場合は、死亡保険金のうち「500万円×法定相続人の数」で計算した金額が非課税となる（死亡保険金の非課税限度額）。保険金受取人が法定相続人以外の場合は非課税の適用はない

死亡保険金の非課税限度額＝500万円×法定相続人の数

死亡保険金の課税関係は学科試験でよく出るみたい！

満期保険金の課税関係

☐ 契約者＝受取人の場合、受け取った満期保険金（または解約返戻金）と払込保険料総額との差益が所得税（一時所得）の対象となり、契約者と受取人が異なる場合は贈与税の対象となる。

契約者	被保険者	受取人	ケース	課税関係
A	誰でも	A	契約者＝受取人である場合	所得税（一時所得）
A	誰でも	A以外	契約者＝受取人でない場合	贈与税

一時払養老保険等の満期保険金

☐ 契約者＝受取人で、保険期間が5年以下の一時払養老保険等の満期保険金（または保険期間が5年超の一時払養老保険等を5年以内に解約した場合の解約返戻金）は、金融類似商品とみなされて20.315%（所得税15.315%、住民税5%）の源泉分離課税となる。

非課税となる保険金・給付金

☐ 身体障害や病気を原因として支払われた給付金や保険金は、非課税となる。

非課税となる給付金・保険金の例

入院給付金、手術給付金、通院給付金、介護給付金・保険金、特定疾病（三大疾病）保険金、リビング・ニーズ特約保険金、高度障害保険金等

解約返戻金、受取配当金の課税

☐ 解約返戻金を受け取った場合、払込保険料との差益が所得税（一時所得）の対象となる（解約返戻金額＜払込保険料総額の場合は課税されない）。

☐ 保険料支払期間中の契約者配当金は、非課税。配当金を保険金と一緒に受け取る場合は所得税（一時所得）の対象となる。

個人年金保険の課税

☐ 契約者＝受取人である個人年金保険において、契約者が受け取る年金は、所得税（雑所得）の対象となる。

☐ 年金形式でなく一時金で受け取る場合は、所得税（一時所得）の対象となる。

息抜きも大事だよ！

法人契約の保険

法人契約の保険について理解する。

◻ 法人契約の保険は、法人が契約者、従業員や役員が被保険者となる保険である。従業員・役員の退職金の準備や死亡時の遺族への保障、また経営者に万が一のことがあった場合の事業保障資金の確保などを目的として契約する。

事業保障資金

◻ 中小企業等の場合、経営者が死亡すると事業の継続が困難になる場合がある。これを防ぐために、「事業保障資金」として当面必要な資金を準備する必要がある。

> 事業保障資金＝短期債務額（短期借入金＋買掛金＋支払手形）＋
> 　　　　　　　全従業員の1年分の給与

保険料の経理処理の考え方

◻ 法人が支払う生命保険料は、保険の種類と契約形態により経理処理が異なる。一般的に、定期保険等の保険料が掛け捨てで貯蓄性のない保険は損金として費用計上（損金算入）し、終身保険・養老保険等の貯蓄性のある保険は資産計上する。

定期保険等の経理処理

◻ 「契約者＝法人、被保険者＝従業員・役員、保険金受取人＝法人または従業員・役員の遺族」である定期保険等で、最高解約返戻率※が50％超である（＝貯蓄性がある）保険は、支払った保険料を全額損金算入することはできない。

◻ 最高解約返戻率に応じ、保険料の一定割合を資産計上する。

※最高解約返戻率：保険期間中に、解約返戻率（保険契約時に示された解約返戻金相当額÷払込保険料の合計額）が最も高くなる割合。保険の経理処理では、最高解約返戻率を「50％超70％以下」「70％超85％以下」「85％超」の3つに分けて処理する

ハーフタックスプラン（$\frac{1}{2}$養老保険）の経理処理

☐ 養老保険は、満期時・死亡時の保険金受取人が法人の場合、支払った保険料は全額資産計上となる。逆に、満期時・死亡時の保険金受取人が役員・従業員やその遺族の場合は、給与として損金算入する。

☐ 「契約者＝法人、被保険者＝役員・従業員」である養老保険で、「満期保険金の受取人＝法人、死亡保険金の受取人＝役員・従業員の遺族」とした場合は、支払った保険料の$\frac{1}{2}$を資産計上、$\frac{1}{2}$を福利厚生費として損金算入することができる。このような養老保険を**ハーフタックスプラン**（$\frac{1}{2}$養老保険）という。

☐ ハーフタックスプランは、原則、役員・従業員全員が被保険者として加入しなければならない。

契約者	被保険者	満期保険金の受取人	死亡保険金の受取人	経理処理
法人	役員・従業員全員	法人	役員・従業員の遺族	☐ $\frac{1}{2}$資産計上（保険料積立金） ☐ $\frac{1}{2}$損金算入（福利厚生費）

保険料の半分（$\frac{1}{2}$）を費用として損金算入できるプランなので「ハーフタックス」と覚えましょう。

明日もファイトー！

本番問題に チャレンジ

過去問題を解いて、理解を確かなものにしよう。

⬜ **問1** 以下の問について、最も適切な解答を選びなさい。

1. 所得税において、個人が2024年中に締結した生命保険契約に基づく支払
保険料のうち、（　　）に係る保険料は、介護医療保険料控除の対象とな
る。（2023年1月 改題）

　1）傷害特約　　2）定期保険特約　　3）先進医療特約　　　　[　　]

2. 生命保険契約において、契約者（＝保険料負担者）および死亡
保険金受取人がAさん、被保険者がAさんの父親である場合、被
保険者の死亡によりAさんが受け取る死亡保険金は、（　　）の
課税対象となる。（2022年1月）

　1）贈与税　　2）相続税　　3）所得税　　　　　　　　　　[　　]

3. 2024年5月に加入した契約者（＝保険料負担者）および被保険
者を夫、死亡保険金受取人を妻とする終身保険の保険料を、
2024年中に12万円支払った場合、夫に係る所得税の生命保険
料控除の控除額は（　　）となる。（2022年1月 改題）

　1）4万円　　2）5万円　　3）12万円　　　　　　　　　　[　　]

⬜ **問2** ○×問題

1. 生命保険契約において、契約者（＝保険料負担者）が夫、被保
険者が妻、死亡保険金受取人が子である場合、被保険者の死亡
により死亡保険金受取人が受け取る死亡保険金は、相続税の課
税対象となる。（2022年5月）　　　　　　　　　　　　　　[　　]

2. 所得税において、医療保険の被保険者が病気で入院したことに
より受け取った入院給付金は、非課税である。（2022年1月）　[　　]

3. 個人が一時払養老保険（10年満期）の満期保険金を受け取った
場合、金融類似商品として、満期保険金と正味払込保険料との
差益が源泉分離課税の対象となる。（2013年1月）　　　　　　[　　]

解説1

1. 介護医療保険料控除の対象となるのは、2012年1月1日以後に新たに契約した医療保険、介護保険、所得補償保険等である。先進医療特約も対象。傷害特約保険料は保険料控除の適用対象外。定期保険特約は一般の保険料控除の対象である。（答：3）

2. 保険契約者＝保険金受取人で、被保険者が異なる場合に受け取った死亡保険金は、一時所得として所得税の対象となる。（答：3）

3. 2024年5月に加入した保険は新生命保険料控除の対象となる。終身保険は生命保険料控除額（一般）の対象、年間払込保険料が8万円以上であるので控除額は上限の4万円となる。（答：1）

解説2

1. 保険契約者、被保険者、保険金受取人がそれぞれ異なる場合、死亡保険金は贈与税の対象となる。（答：×）

2. 記載の通り。（答：○）

3. 一時払養老保険が金融類似商品として源泉分離課税の対象となるのは、契約者＝保険金受取人で、保険期間が5年以下の場合。本問では保険期間が10年（5年超）であるため、満期保険金と正味払込保険料との差益は一時所得として総合課税の対象となる。（答：×）

がんばった！

損害保険の基本

損害保険の基本事項を押さえよう。

損害保険は、偶然の事故によって生じた損害に対し、実際の損害額を塡補するための保険をいう。

生命保険と損害保険の違い

生命保険	保障	定額払い	あらかじめ約定した金額を支払う
損害保険	補償	実損払い	実際に被った損害額を支払う

 生命保険と損害保険の基本的な違いを押さえましょう。

損害保険の基本用語

被保険者	保険事故の発生によって経済的損失を被る可能性のある者（保険事故による損害が発生した場合に保険金を受け取る権利がある）
保険価額	保険事故が発生した場合に被保険者が被るおそれのある損害の最大見積額（保険契約はこの金額を限度に契約する）
保険の対象	保険契約の対象（保険を掛ける対象）
保険事故	保険金支払いの対象となる事故
再調達価額	保険の対象となる物と同等（同一）のものを現時点で（再築または再購入して）取得するために必要な金額
時価額	再調達価額から経年・使用等により消耗した分を差し引いた金額
明記物件	保険証券に明記しないと保険の対象にできない物
保険金額	保険契約で設定する契約金額
	全部保険	保険金額が保険価額と同等の保険
	超過保険	保険金額が保険価額を超える保険
	一部保険	保険金額が保険価額より小さい保険

〇×問題にチャレンジ

1 損害保険の保険料は純保険料と付加保険料で構成されており、このうち純保険料は、保険会社が支払う保険金の原資となる。（2018年5月）[ ]

実損てん補	実際の損害額が支払われること
比例てん補	（一部保険の場合）保険価額に対する保険金額の割合により支払われる保険金額が減額されること

損害保険の基本原則

☐ 損害保険は、生命保険同様、大数の法則と収支相当の原則に基づき保険料が計算されるが、さらに次の2つの原則がある。

給付・反対給付均等の原則 （公平の原則）	保険料は、リスクの高さに応じて負担しなければならないという原則
利得禁止の原則	保険給付によって利得を得てはならないという原則

損害賠償責任と失火責任法

☐ 一般的に、他人に損害を与えた場合には損害賠償責任を負うが、軽過失による失火で隣家を延焼させた場合は「失火の責任に関する法律（以下、失火責任法）」により、損害賠償責任を免れる。

Check!

失火責任法のポイント

☐ 軽過失による失火で隣家を延焼させた場合、損害賠償責任は負わない。ただし、故意や重過失による失火、または爆発事故による場合は損害賠償責任を負う。

☐ 借家人が失火により借家を焼失させた場合は、（原状回復義務が履行されなかったことに対する）債務不履行により、家主に対して損害賠償責任を負う。

日本には「失火責任法」があるため、もらい火による火事の火元のお宅には損害賠償請求ができません。自分の家を守るためには火災保険への加入が必須です。

息抜きも大事だよ！

解説

1. 損害保険の保険料は、原則生命保険と同じ。本文記載の通り。（答：○）

火災保険

火災保険について整理しよう。

火災保険とは

☐ 火災保険は、火災等による建物や家財等に生じた損害を補償する保険である。火災以外に、落雷や破裂・爆発、風災等の災害による損害も補償する。

☐ 地震、噴火、津波を原因とする火災は補償されない。

Check!

火災保険のポイント

☐ 建物と家財は別々に契約する。

☐ 地震・噴火・津波を原因とする火災は補償の対象外（地震保険の対象）。

☐ 保険料は建物の所在地や構造（M構造、T構造、H構造の3種類）等により異なる。

☐ 1個または1組の価額が30万円を超える貴金属や宝石、骨董などは明記物件となり、申告していなければ補償されない。また自宅に保管していた現金が消失した場合もその現金は補償されない。

☐ 自宅車庫の火災は補償されるが、車庫内の自動車は補償の対象外（自動車保険（車両）の対象）。

火災保険の種類と補償の範囲

保険の種類	住宅火災保険	住宅総合保険	団地保険
対象	居住用建物と家財	居住用建物と家財	居住用建物と家財
火災、落雷、破裂、爆発	○	○	○
風災（突風・竜巻）、ひょう災、雪災	○	○	○
消防活動による水濡れ	○	○	○
水災（洪水や床上浸水）	×	○	○
外部からの飛来、落下、衝突	×	○	○
給排水設備事故による水漏れ	×	○	○
持ち出し家財の損害（紛失・盗難等）	×	○	○
地震、噴火、津波	×	×	×

- ☐ 居住用建物と家財を対象とする火災保険には、住宅火災保険と住宅総合保険がある※。
  ※店舗や倉庫等、住居以外の物件は普通火災保険を契約する。

- ☐ 住宅火災保険は最も一般的な火災保険で火災・落雷・風災等の損害を補償するが、水災は補償されない。

- ☐ 住宅総合保険は住宅火災保険の補償範囲を広げた保険で、住宅火災保険の補償内容に加え水災や盗難なども補償する。

- ☐ 団地やマンションとその家財を対象とする火災保険には団地保険がある。住宅総合保険の補償内容に加え、団地内の傷害事故や賠償事故まで補償するものがある。

火災保険の支払保険金額

- ☐ 実際に支払われる保険金額は、契約時の保険価額に対する保険金額の割合で異なる。

- ☐ 全部保険（保険価額＝保険金額）の場合、保険金額を限度に実際の損害額が支払われる（実損てん補）。

- ☐ 超過保険（保険価額＜保険金額）の場合、保険金は実際の損害額が支払われるが、保険価額を超えた部分については支払われない。

- ☐ 一部保険（保険価額＞保険金額）の場合、保険金額が保険価額（時価）の80％以上であるか否かにより算出方法が異なる（比例てん補）。

Check!

一部保険の保険金額の算定方法

$$損害保険金＝損害額×\frac{保険金額}{保険価額×80\%}$$

明日もファイトー！

一部保険、全部保険、超過保険の違い

一部保険	全部保険	超過保険
保険価額＞保険金額	保険価額＝保険金額	保険価額＜保険金額 ↕ 支払われない
比例てん補 （保険価額と保険金額の割合に応じ減額）	実損てん補 （損害額全額）	実損てん補 （保険価額を超えない範囲で損害額全額）

地震保険

地震保険について整理しよう。

☐ 火災保険で免責となる「地震・噴火・津波」による損害を補償するのが地震保険である。住居（店舗併用住宅含む）とその家財が対象で、事業用物件は対象外。

☐ 地震保険は、火災保険と一緒に加入しなければならない（単独加入はできない）。

地震保険の概要とポイント

対象	☐ 居住用建物（店舗併用住宅含む）とその家財（現金・有価証券、1個または1組の価額が30万円超の貴金属・宝石等、自動車は補償の対象外）
対象となる事故	☐ 地震、噴火またはこれらによる津波を原因とする火災、建物の損壊、埋没、流失による被害等
契約方法	☐ 火災保険に付帯して契約する（単独で契約することができない。火災保険に後から付帯することは可能）
保険金額	☐ 建物、家財ごとに、火災保険の保険金額の30〜50%の範囲内で設定する ☐ 限度額があり、建物5,000万円、家財1,000万円が限度
保険期間	☐ 原則1年。火災保険（主契約）が5年超の場合は、1年ごとの更新または5年ごとの更新を選択できる
保険料	☐ 建物の所在地（都道府県別）と建物の構造（2区分）により決まる ☐ 建物の所在地、構造、補償内容が同一であれば、保険会社が違っても保険料は同一になる ☐ 築年数や免震・耐震性能に応じて、「建築年割引」「耐震等級割引」「免震建築物割引」「耐震診断割引」の4種類の割引制度がある（最大50%割引）が、複数の割引制度を重複して適用することはできない

○×問題にチャレンジ

1 地震保険は単独で加入することができず、火災保険等に付帯して加入する。（2014年9月） 　　　　　　[　]

2 地震保険では、保険の対象である居住用建物または生活用動産（家財）の損害の程度が「全損」「大半損」「小半損」「一部損」のいずれかに該当した場合に、保険金が支払われる。（2023年9月） 　[　]

地震保険の損害認定と保険金の支払

地震保険の保険金は、一定の損害の程度を超えた場合に、その程度に応じて保険金額の一定割合が支払われる。

損害の程度と支払保険金額

損害の程度	支払保険金額
全損	保険金額の100%
大半損	保険金額の60%
小半損	保険金額の30%
一部損	保険金額の5%

損害保険金を支払う際には査定が行われ、保険金額が決まりますが、支払いまでに相当な時間がかかります。地震は広範囲に影響を及ぼし、被災者の数も大変なものとなります。地震保険は多くの被災者の生活再建のために迅速に保険金支払いが行われる必要があるため、損害の認定基準と保険金の支払ルールがあらかじめ決められているのです。

がんばった！

解説

1. 記載の通り。（答：○）

2. 地震保険では、認定された損害区分（全損、大半損、小半損、一部損）に応じて、保険金額の一定割合が支払われる。（答：○）

自動車保険

自動車保険について理解する。

自賠責保険（自動車損害賠償責任保険）

☐ 自動車損害賠償責任保険（自賠責保険）は、自動車事故の被害者救済と加害者の賠償能力確保を目的として、全ての自動車の所有者・運転者に加入が義務付けられている（強制加入）。

自賠責保険のポイント

補償の対象	☐ 対人賠償事故のみ ※対物賠償や本人のケガ、自損事故は対象外
保険金額（支払限度額）	☐ 死亡事故：被害者1人あたり3,000万円 ☐ 障害事故：被害者1人あたり120万円 ※後遺障害による損害：75万円〜4,000万円（障害の程度による）

任意加入の自動車保険

☐ 任意加入の自動車保険は、強制加入の自賠責保険では補償が不足（他人の物への損害や自損事故等はカバーされない）する分を補うために加入する。

☐ 「事故の相手方への賠償責任保険」「運転者・同乗者のための傷害保険」「車の損害に対する車両保険」に大別できる。

☐ 対人賠償責任保険と対物賠償責任保険には必ず加入し、適宜その他の保障を組み合わせるスタイルが一般的。

○×問題にチャレンジ

1 自動車損害賠償責任保険（自賠責保険）では、被保険者自身が単独事故でケガをした場合、その損害は補償の対象とならない。（2022年9月）　　　　　　　　[　　]

任意加入の自動車保険の種類とポイント

対人賠償責任保険	☐ 自動車事故で他人を死傷させ、法律上の損害賠償責任を負った場合に、自賠責保険の補償額を超える部分に対して支払われる（自賠責保険を補完する）。被害者救済の観点から、無免許運転、酒気帯び運転等による事故も補償される ☐ 運転者や家族は対象外（助手席や後部座席に乗った友人知人は対象）
対物賠償責任保険	☐ 自動車事故で他人の財物に損害を与え、法律上の損害賠償責任を負った場合に支払われる。対人賠償責任保険と同様、無免許運転、酒気帯び運転等による事故も補償される ☐ 運転者や家族は対象外
搭乗者傷害保険	☐ 契約車の搭乗者が自動車事故で死傷した場合に、死傷した人全員に対して定額で支払われる保険 ※搭乗者とは、運転者、助手席、後部座席等に同乗している人等、搭乗者全て
自損事故保険	☐ 自損事故（単独事故）で死亡、後遺障害、ケガなどを負った場合に支払われる保険
無保険車傷害保険	☐ 事故の相手方の賠償能力が十分でない（対人賠償責任保険に入っていない、入っていても金額が不十分等）場合に、相手が負担すべき損害賠償額のうち自賠責保険を超える部分について支払われる
車両保険	☐ 契約車が交通事故やその他の偶然の事故（衝突、接触、墜落、物の飛来や落下、火災、爆発、盗難、台風、洪水、高潮等）によって損害を受けた場合に支払われる
人身傷害補償保険	☐ 自動車事故で、本人または家族、契約車に搭乗している人が死傷した場合に、実際の損害額に対して保険金額の範囲内で支払われる保険 ☐ 契約者とその家族は、契約者以外の車に搭乗しているときや歩行中も補償される ☐ 保険金は、事故の過失割合に関わらず保険金額の範囲内で支払われる

自動車保険って一括りに考えていたけれど、任意加入の自動車保険には色々あるんだね。自分に合った保険を選びたいな。

息抜きも大事だよ！

解説

1. 自動車損害賠償責任保険（自賠責保険）は、事故の相手方（被害者）を救済するための保険で、補償するのは対人賠償事故である。運転者は補償しない。

（答：○）

賠償責任保険

賠償保険について整理する。

個人賠償責任保険

- ◯ 国内外を問わず、日常生活に起こった事故で他人の財産や身体に損害を与えた場合の「法律上の損害賠償責任」を補償する。
- ◯ 生計を一にする家族全員（別居の未婚の子も含む）が対象。
- ◯ 火災保険や傷害保険、自動車保険等に特約として契約することが多い。

補償対象となるケース

- ◯ 自転車に乗っているときに他人にケガをさせた。
- ◯ 飼い犬がかみつき他人にケガをさせた。
- ◯ 子どもがマンションのベランダから物を落とし、通行人がケガをした。

補償対象外のケース

- ◯ 業務上の事故。
- ◯ 自動車事故。
- ◯ 預かっている（借りている）物を壊した。
- ◯ 同居家族の物を壊した。

お仕事の時間外で家族以外の人に損害を与えたときに助けてくれる保険ってことだね。

◯×問題にチャレンジ

1 個人賠償責任保険（特約）では、被保険者が自転車で通学中、駐車していた自動車に誤って傷を付けてしまったことにより、法律上の損害賠償責任を負うことによって被る損害は、補償の対象となる。（2023年1月） [　]

2 スーパーマーケットを経営する企業が、店舗内に積み上げられていた商品が倒れ、顧客の頭にぶつかってケガをさせ、顧客に対して法律上の損害賠償責任を負うことによって被る損害は、施設所有（管理）者賠償責任保険の補償の対象となる。（2022年9月） [　]

企業向けの保険

生産物賠償責任保険 （PL保険）	☐ 製品もしくは販売商品の欠陥や業務の結果により、他人の生命・身体・財物に損害を与えた場合、業者（製造業者・販売業者・輸入業者等）の損害賠償責任等を補償する ☐ 補償例：ホテルの食事で食中毒が発生した 　製造・販売した弁当で食中毒が発生した ☐ 補償対象外：リコールに伴う費用、欠陥品の修理費用
施設所有（管理）者賠償責任保険	☐ 施設の所有者・管理者等が、管理不備や業務活動中の事故により生じる損害賠償責任を補償する ☐ 補償例：映画館で床が濡れていたため来館客がケガをした ☐ 自動車で配達中に運転を誤り、人にケガをさせた
労働災害総合保険	☐ 国の「労働者災害補償保険」（政府労災）の上乗せ補償が目的で、企業が従業員に対して支払う補償金や賠償金を補償する
企業費用・利益総合保険	☐ 企業の施設・設備等に損害が生じ、事業が中断された場合の、休業に伴う損害（営業収益の損失等）を補償する
受託者賠償責任保険	☐ 企業が顧客等から預かった物を紛失したり壊したりして生じた、法律上の損害賠償責任を補償する

保険は、本当に種類が多いですね！ 企業の賠償責任保険も多すぎて……。

企業の賠償責任保険は、「名前を見たらどんな保険か大体わかる」くらいの理解で大丈夫よ。保険の名前は長いけれど、漢字から何となくイメージできますよ。

明日もファイトー！

解説

1. 記載の通り。本問のケースでは自動車事故ではない（自転車に乗っていて他人の自動車に傷をつけてしまった）。個人賠償責任保険の対象となる。（答：○）

2. 記載の通り。本件はスーパーマーケットという施設の所有者（経営企業）が賠償責任を負ったケース。施設所有（管理）者賠償責任保険の補償の対象である。（答：○）

損害保険と税金

地震保険料控除と保険金等を受け取ったときの税金について見ていこう。

地震保険料控除

☐ 1年間（1月1日〜12月31日）に支払った地震保険料は、地震保険料控除（所得控除）が適用され、その年の所得から引くことができる。

地震保険料の控除額

所得税	払込保険料の全額（最高5万円）
住民税	払込保険料×1/2の金額（最高2万5千円）

> 最近地震が多いから、控除があるなら積極的に加入したいな。

○×問題・過去問題にチャレンジ

1 個人の住宅が全焼したことにより被保険者（＝契約者・保険料負担者）が受け取る火災保険からの保険金は、非課税である。（2010年1月）　[　　]

2 （　　）内にあてはまる最も適切なものを選びなさい。所得税において、個人が支払う地震保険の保険料に係る地震保険料控除は、原則として、（　①　）を限度として年間支払い保険料の（　②　）が控除額となる。（2022年5月 改題）

1) ①5万円　　②全額
2) ①5万円　　②2分の1相当額
3) ①10万円　　②2分の1相当額　[　　]

3 （　　）内にあてはまる最も適切なものを選びなさい。歩行中に交通事故でケガをし、加害車両の運転者が加入していた自動車保険の対人賠償保険から受け取った保険金は、所得税において、（　　）とされる。（2022年9月 改題）

1) 一時所得　　2) 雑所得　　3) 非課税所得　[　　]

損害保険金を受け取ったときの課税関係

- ☐ 個人が受けた損害保険金や損害賠償金は、損失補てんが目的（実損払）なので、原則非課税である（保険を掛けていた方が建物の焼失や身体の傷害・疾病を原因として受け取る保険金には、原則として課税されない）。

- ☐ 死亡保険金を受け取った場合の課税関係は、生命保険と同様、契約者（保険料負担者）、被保険者、保険金受取人の関係により異なり、相続税、所得税、贈与税のいずれかが課税される。

> リボンを
> チェック！

解説

1. 被保険者が受け取る火災保険は、住宅全焼に伴う損害を補てんするものであるので非課税。（答：○）

2. 地震保険の保険料は、所得税では保険料の全額（上限5万円）、住民税では保険料の1/2の額（上限2万5,000円）を控除することができる（地震保険料控除）。（答：1）

3. 自動車保険の対人賠償保険金は、事故被害者の損失を補てんするものであるので非課税。（答：3）

> がんばった！

本番問題に チャレンジ

過去問題を解いて、理解を確かなものにしよう。

問1 （　　）内にあてはまる最も適切なものを選びなさい。

民法および失火の責任に関する法律（失火責任法）において、借家人が軽過失によって火事を起こし、借家と隣家を焼失させた場合、借家の家主に対して損害賠償責任を（①）。また、隣家の所有者に対して損害賠償責任を（②）。（2022年1月）

1) ①負う　②負わない　　2) ①負う　②負う

3) ①負わない　②負う　　　　　　　　　　　　　　　[　　]

問2 地震保険の保険金額は、火災保険の保険金額の一定範囲内で設定するが、居住用建物については（①）、生活用動産については（②）が上限となる。（2023年5月）

1) ①1,000万円　②500万円　　2) ①3,000万円　②1,000万円

3) ①5,000万円　②1,000万円　　　　　　　　　　　[　　]

問3 自動車を運行中にハンドル操作を誤ってガードレールに衝突し、被保険者である運転者がケガをした場合、（　　）による補償の対象となる。（2023年1月）

1) 対人賠償保険　　2) 人身傷害補償保険

3) 自動車損害賠償責任保険　　　　　　　　　　　　[　　]

問4 普通傷害保険（特約付帯なし）において、一般に、（　　）は補償の対象となる。（2022年9月）

1) 国内旅行中の飲食による細菌性食中毒

2) 海外旅行中に階段を踏み外して転倒したことによる骨折

3) 脳梗塞により意識を失って転倒したことによる骨折　　[　　]

問5 損害保険の保険種類と事故の内容について記述した下表1〜3のうち、対応する保険で補償の対象とならないものはどれか。なお、記載のない事項については一切考慮しないこととする。（2023年1月 FP協会 資産）

	保険種類	事故の内容
1	個人賠償責任保険（特約）	被保険者が仕事で自転車を使用中に、誤って歩行者と接触し、ケガをさせた場合の損害賠償責任の補償
2	住宅火災保険 [補償内容] ・火災、落雷、破裂、爆発 ・風災、ひょう災、雪災	保険の対象である自宅建物の隣家から火災が発生し、延焼により自宅建物が全焼した場合の建物の損害の補償
3	普通傷害保険	草野球チームの試合中にバットが足に直撃し、被保険者が骨折した場合のケガの補償

[　]

解説1

失火責任法により、軽過失による失火であれば、失火者は隣家に対して損害賠償責任を免れる。従って隣家の所有者に対しては損害賠償責任を負わない。しかし、家主に対しては原状復帰義務があり、失火により現状復帰義務を果たすことができないことから、家主に対しては損害賠償責任を負う。（答：1）

解説2

地震保険の保険金額は、火災保険の保険金額の30%〜50%で設定されるが、上限は居住用建物が5,000万円、生活用動産が1,000万円である。（答：3）

解説3

本問のケースは、被保険者の自損事故にあたる。自損事故を補償するのは人身傷害補償保険である。（答：2）

解説4

普通傷害保険は、国内外を問わず、「急激かつ偶然の外来の事故」により被った傷害を補償する保険である。本問の①細菌性食中毒は補償の対象外である。また脳梗塞は病気である。（答：2）

解説5

(1) 個人賠償責任保険は、国内外を問わず、日常生活に起こった事故で他人の財産や身体に損害を与えた場合の「法律上の損害賠償責任」を負う。本問のように、仕事中に起こった事故は補償の対象外である。

(2) 隣家から火災が発生し、延焼により自宅建物が全焼した場合の損害は、火災保険で補償される。

(3) 普通傷害保険は、国内外、業務中、業務外を問わず、日常生活に起こる急激かつ偶然な外来の事故により被った傷害を補償する。設問の「試合中にバットが直撃して骨折した」ケースはまさに、「日常生活に起こる急激かつ偶然な外来の事故」に該当し、補償される。（答：1）

息抜きも大事だよ！

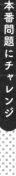

第三分野の保険

第三分野の保険は、第一分野（生命保険）と第二分野（損害保険）のどちらにも該当しない保険である。

医療保険

- ◻ 医療保険は、病気やケガによる入院や手術に対して給付金（入院給付金、手術給付金）が支払われる保険で、終身型と更新型がある。主契約で契約するほか、特約として付加することもできる。
- ◻ 入院給付金は、1回の入院あたりの支払限度日数と通算支払限度日数が定められている。（例：1入院30日、通算1,000日）
- ◻ 退院の翌日から180日以内に同じ病気で再入院した場合は、前回の入院とあわせて1回の入院とみなされる。

がん保険

- ◻ 保障の対象をがん（白血病を含む）に限定した保険で、終身型と更新型がある。主契約または特約として契約する。
- ◻ がん診断給付金、がん入院給付金、がん手術給付金等が給付される。
- ◻ 入院給付金の支払日数は無制限で、手術給付金も何度でも給付される。
- ◻ 一般的に、3カ月間（90日間）程度の免責期間を設けており、免責期間中にがんと診断された場合給付金は支払われない。

所得補償保険

- ◻ 国内外、業務上・業務外を問わず、被保険者が病気やケガで就業不能となった場合に喪失する所得を補償する保険。
- ◻ 精神疾患の補償は保険会社により対応が異なる。

傷害保険

- ◻ 傷害保険は、「急激かつ偶然な外来の事故」により被った傷害に対して支払われる保険である。
- ◻ 保険料は職業により異なり、性別や年齢による違いはない。

傷害保険の種類とポイント

普通傷害保険	☐ 国内外を問わず、日常生活上の傷害（仕事中、旅行を含む）を補償 ☐ 病気や地震、噴火、津波は対象外 ☐ 補償対象外：細菌性食中毒・ウイルス性食中毒、靴擦れ、熱中症
家族傷害保険	☐ 普通傷害保険の被保険者を家族※に広げた保険 ☐ 補償内容は普通傷害保険と同じ ※家族は、本人、配偶者、生計を一にする同居親族と別居の未婚の子
交通事故傷害保険	☐ 国内外を問わず、道路通行中または乗り物※乗用中の事故や火災による傷害を補償する ※乗り物の例：電車、自動車、飛行機、船舶、ベビーカー、エレベーター等
国内旅行傷害保険	☐ 国内旅行中（家を出てから帰宅するまで）に被った傷害等を補償 ☐ 細菌性食中毒・ウイルス性食中毒は特約なしで補償する ☐ 補償対象外：地震・噴火・津波
海外旅行傷害保険	☐ 海外旅行中（家を出てから帰宅するまで）に被った傷害や病気の治療費を補償 ☐ 細菌性食中毒・ウイルス性食中毒、地震・噴火・津波も特約なしで補償 ☐ 治療費は実費が支払われる

傷害保険は、普通傷害保険、国内旅行傷害保険、海外旅行傷害保険それぞれがカバーする、しないポイントを押さえて覚えるといいですよ。

いろんな目的の保険がこんなにあるんだね。学びながら、自分に必要な保険を見極めていきたいな。

明日もファイトー！

生前給付型保険と特約

生前給付型の保険と特約について確認する。

生前給付型保険

☐ 生前給付型保険は、生きている間に保険金を受け取ることのできる保険である。「特定（三大）疾病保障保険」「介護保険」等があり、特約として付加する場合もある。

特定（三大）疾病保障保険（特約）

☐ がん・急性心筋梗塞・脳卒中により所定の状態になった場合に、死亡保険金と同額の特定（三大）疾病保険金が支給される。保険金が支払われると保険契約は終了となる。

☐ 特定疾病保険金を受け取ることなく死亡した場合は、死亡保険金が支払われる。

介護保険（特約）

☐ 介護保険は、所定の要介護状態となり、その状態が一定期間継続した場合に、介護保険金や介護年金が支払われる。

☐ 死亡すると死亡保険金が支払われるが、一般的に金額は少額（商品により介護保障と同額の死亡保障が付く保険もある）。

☐ 支払要件の「所定の介護が必要な状態」は保険会社により異なるが、公的介護保険の要介護認定に連動するものが一般的である。

過去問題にチャレンジ

1 特定疾病（三大）保障保険は、特定疾病により所定の状態に該当したときに保険金が支払われるが、この場合の特定疾病とは、一般に（　　）をいう。（2008年9月）

1) がん、肝硬変、高血圧性疾患　　2) がん、脳梗塞、糖尿病
3) がん、脳卒中、急性心筋梗塞　　　　　　　　　　［　　］

特約

☐ 特約は主契約にオプションとして付加する契約で、単独で契約すること
はできない。主契約を解約すると特約も解約となる。

主な特約とポイント

傷害特約	☐ 災害や事故により180日以内に死亡または所定の身体障害状態になったときに保険金・給付金が支払われる特約
災害割増特約	☐ 災害や事故により180日以内に死亡または所定の高度障害状態になった場合に保険金・給付金が支払われる特約
災害入院特約	☐ 災害や事故で180日以内に入院したとき、入院日数に応じ給付金が支払われる特約
疾病入院特約	☐ 病気で入院したときに入院給付金が支払われる特約
先進医療特約	☐ 厚生労働大臣が定める先進医療による治療を受けたとき、その技術料相当額の給付金が支払われる特約 ☐ （保険契約時に対象外であっても）治療時点で先進医療と認可されていれば対象となる
女性疾病入院特約	☐ 女性特有の病気や甲状腺疾患・がんなど所定の病気で入院したとき、給付金が支払われる特約
リビングニーズ特約	☐ 余命6カ月以内と診断されたとき、死亡保険金の一部もしくは全部が支払われる（上限3,000万円）特約 ☐ 保険金は非課税で、特約保険料は不要

災害割増特約、災害入院特約の「災害」は、「日常生活における不慮
の事故」のこと。地震や台風などをイメージしますが、交通事故も
「災害」に該当します。

がんばった！

解説

1. 特定疾病（三大疾病）とは、がん、急性心筋梗塞、脳卒中を指す。〔答：3〕

本番問題にチャレンジ

過去問題を解いて、理解を確かなものにしよう。

☐ **問1** 以下の問について、最も適切な解答を選びなさい。

1. がん保険において、がんの治療を目的とする入院により被保険者が受け取る入院給付金は、一般に、1回の入院での支払い日数（　　　）。（2024年1月）

1）に制限はない

2）は90日が限度となる

3）は180日が限度となる　　　　　　　　　　　　　[　　　]

2. 自動車損害賠償責任保険（自賠責保険）において、被害者1人当たりの保険金の支払限度額は、加害車両が1台の場合、死亡による損害については（　①　）、傷害による損害については（　②　）である。（2023年9月）

1）①3,000万円　②120万円　　2）①3,000万円　②150万円

3）①4,000万円　②150万円　　　　　　　　　　　[　　　]

3. 医療保険等に付加される先進医療特約では、（　　　）時点において厚生労働大臣により定められている先進医療が給付の対象となる。（2023年9月）

1）申込日　　2）責任開始日　　3）療養を受けた日　　[　　　]

4. 個人賠償責任保険（特約）では、被保険者が、（　　　）、法律上の損害賠償責任を負うことによって被る損害は、補償の対象とならない。（2022年5月）

1）自宅のベランダから誤って植木鉢を落として駐車中の自動車を傷付けてしまい

2）買い物中に誤って商品を落として破損させてしまい

3）業務中に自転車で歩行者に衝突してケガをさせてしまい　[　　　]

☐ **問2** ＜資料＞に基づく次の記述のうち、この契約で補償の対象とならないものはどれか。なお、いずれも保険期間中に発生したものであり、被保険自動車の運転者は道弘さんである。また、記載のない事項については一切考慮しないものとする。（2022年9月 FP協会 資産 改題）

＜資料＞

自動車保険証券

保険契約者	
氏名 浅田 道弘 様	記名被保険者 （表示のない場合は契約者に同じ）

保険期間	1年間		合計保険料	△△,△△△△円

補償種目		保険金額
車両保険（一般条件）		80万円
対人賠償	1名	無制限
対物賠償	1事故	無制限
人身傷害（搭乗中のみ担保）	1名	5,000万円

1. 被保険自動車を運転中に、誤ってブロック塀に接触し、被保険自動車が破損した場合の修理費用
2. 被保険自動車に追突した相手車が逃走し、相手から補償が受けられない場合の道弘さんの治療費用
3. 被保険自動車を駐車場に駐車する際に、誘導中の妻に誤って車が接触しケガをさせた場合の治療費用　　　　　[　　　]

解説1

1. がん保険は、がんの治療を目的とする入院、手術であれば、給付金支払いに制限はない。（答：1）
2. 自賠責保険の限度額は、死亡の場合3,000万円、傷害においては120万円（後遺障害がある場合の限度額は4,000万円）である。（答：1）
3. 先進医療特約は、厚生労働大臣が定める先進医療による治療をうけたとき、その技術料相当額の給付金が支払われる特約である。治療時点で認可されていれば対象となる。（答：3）
4. 個人賠償責任保険は、日常生活における偶然かつ外来の事故で他人の身体や財物を傷付けた場合の法律賠償責任を補償する。仕事上の賠償事故は対象外。（答：3）

解説2

息抜きも大事だよ！

1. 被保険者が自損事故で車も破損した場合の修理費用は、車両保険（一般条件）で補償される。
2. 相手車の逃走により補償が受けられない場合の治療費用は、人身傷害賠償保険で補償される。
3. 本問のケースでは、運転中人にケガをさせた場合の保険として対人賠償保険と人身傷害保険が考えられるが、被害者が妻であるため、対人賠償保険（自身や家族は対象外）では補償されない。人身傷害保険も「搭乗中のみ担保」のため補償しない。（答：3）

保険証券の見方（実技試験対策）

保険証券の読み解き問題は、**FP協会**の実技試験では定番。具体的な契約内容、保障内容を理解し、保険金、給付金額を算出できるようになろう。

○ 例題

飯田雅彦さんが加入している定期保険特約付終身保険（下記＜資料＞参照）の保障内容に関する次の記述の空欄（ア）にあてはまる金額として、正しいものはどれか。なお、保険契約は有効に継続しており、特約は自動更新されているものとする。また、雅彦さんはこれまでに＜資料＞の保険から保険金および給付金を一度も受け取っていないものとする。（2023年9月FP協会 資産 改題）

＜資料＞

定期保険特約付終身保険			保険証券記号番号○○△△××□□
保険契約者	飯田　雅彦　様	保険契約者印	◇契約日（保険期間の始期） 　２００６年１０月１日
被保険者	飯田　雅彦　様　契約年齢３０歳 １９７６年８月１０日生まれ　男性	（飯田）	◇主約の保険期間 　終身
受取人	（死亡保険金） 飯田　光子　様（妻）　｜受取割合 　　　　　　　　　　　１０割		◇主約の保険料払込期間 　６０歳払込満了

◆ご契約内容

終身保険金額（主契約保険金額）	５００万円
定期保険特約保険金額	３，０００万円
特定疾病保障定期保険特約保険金額	４００万円
傷害特約保険金額	３００万円
災害入院特約［本人・妻型］入院５日目から　日額５，０００円	
疾病入院特約［本人・妻型］入院５日目から　日額５，０００円	

※不慮の事故や疾病により所定の手術を受けた場合、手術の種類に応じて手術給付金（入院給付金日額の１０倍・２０倍・４０倍）を支払います。
※妻の場合は、本人の給付金の６割の日額となります。
リビング・ニーズ特約

◆お払い込みいただく合計保険料

毎回	××，×××円

［保険料払込方法（回数）］
　団体月払い

◇社員配当金支払方法
　利息をつけて積立て

◇特約の払込期間および保険期間
　１５年

飯田雅彦さんが、2024年中に交通事故により死亡（入院・手術なし）した場合に支払われる死亡保険金は、合計（　ア　）である。

1. 3,500万円　　2. 3,900万円　　3. 4,200万円

解説

問題リード文の「なお、保険契約は有効に継続しており、特約は自動更新されているものとする。また、雅彦さんはこれまでに＜資料＞の保険から保険金および給付金を一度も受け取っていないものとする」という記述より、次の2点が確認できる。

- 定期保険特約保険金額が支払われる（特約は自動更新されている）
- 特定疾病保障定期保険特約保険金額が支払われる（生前に受け取っていない場合は死亡保険金として受け取れる）

また、死亡理由が「交通事故」なので傷害特約保険金が支払われる。

以上より、受け取れる保険金額は次の通り。

終身保険金額（主契約）	500万円
定期保険特約保険金額	3,000万円
特定疾病保障定期保険特約保険金額	400万円
傷害特約保険金額	300万円
計	4,200万円

（答：3）

交通事故は不慮の事故＝災害なので、災害割増特約、傷害特約等が適用されます。

明日もファイトー！

ほっと一息

シングルの方の保険の考え方

シングルの方は、保険についてどのように考えたらよいでしょうか。

生命保険は、遺族に対する保障が必要かどうかで必要保障額が変わってきます。扶養すべき家族がいないシングルの方の場合、一般的には死亡保障は必要ありません。ただ個人の事情により、保障があった方が安心な場合もあります。例えばあなたが亡くなった後に、最後の諸手続き（葬儀の執り行いや未払い費用の清算、家の処分など）をしてくれる親戚の方などはいらっしゃいますか？ もしそのような状況でしたら、その方を受取人にした生命保険が必要になるかもしれません。

医療保険の場合は、加入を検討する前に、まずは公的保障の状況（健康保険等）を確認してみましょう。公的保障や組織保障（企業の保障）が充実している会社員の方は、医療保険がそれほど必要でない場合もあります。

保険は、いざという時の備えです。必要な保障を適正な金額（保険料）で買えるようにしていきたいですね。

Chapter 3

金融資産運用

Chapter3では、資産運用のために必要な経済・金融の基礎知識や、様々な金融商品（預金、債券、株式、投資信託、外貨建て商品等）について学ぶ。また、投資家を守るしくみや分散投資の考え方の基本を学習する。

商品ごとに「投資したらどんな収益が得られるのか」「どのようなリスクがあるのか」、メリット・デメリットを整理しながら読み進めよう。

計算問題は、計算式の意味を理解すると覚えやすい。繰り返し練習してマスターしよう。

アクセスキー **8**（数字のはち）

バタ子さん、NISAを始める

バタ子さん、向こうにアキコさんとマサエさんの姿を見つけました。
何か聞きたいことがある様子です。

アキコさん、マサエさん、こんにちは。良いところにお会いできた！
今知りたいことがあって。ちょっと教えてください。

バタ子ちゃん、知りたいことって、何かしら？

新NISAです。1月から制度が変わって新しくなったそうですが、何
をどう買うものかもわからなくて。新NISAってどうやって買うんで
しょう？

バタ子ちゃん、「新NISA」は商品じゃなくて、ルールに従って投資
をした人には税金がかかりませんよ、という制度、枠組みなのよ。正
式な名前は「少額投資非課税制度」というのだけれど、漢字だらけ
で難しい名前だからニックネームの「NISA」という名前で呼ばれて
いるのよ。

漢字を見たら、意味は想像できるかも。「小さな金額を投資した場合
に非課税になる」んですね？

そうよ。これまでのNISAでは、非課税になる期間が最大20年の期
間限定だったのだけれど、それが撤廃されて、無期限になったの。

それから、去年までのNISAは2種類あって、どちらかしか使えなか
ったのだけれど、両方を一緒に使えるようになったり、1年間に投資
できる金額が大きくなったり、と、より使いやすい制度になったと
言えるわ。

銘柄がたくさんあるから、買い方とか使い方とか、どうすればいいの？って感じです。

 新NISA制度には、NISA口座の中に「成長投資枠」と「つみたて投資枠」という2つの枠があるの。その2つの枠は、両方同時に使って商品を購入していいんだけれど、購入できる商品のラインナップや買い方に違いがあるの。

 「つみたて投資枠」は、去年までの「つみたてNISA」を引き継ぐ枠組みで、手数料の安い投資信託等を購入することが出来るわ。但し「つみたて」の名前にあるように、毎月一定額を積立て購入することが基本ルールよ。
購入できる投資信託は、金融庁が定めた一定の条件を満たしたものに限定されているの。いわば金融庁のお墨付きをもらった商品ってことね。初心者には、この金融庁セレクションの投資信託から選ぶようにすると始めやすいんじゃないかな。

 もう一つの「成長投資枠」は、購入できる商品の範囲が広がると同時に買い方も自由になっている枠組みよ。去年までの「一般NISA」という枠組みを引き継いだ枠。上場株式等にも投資できて、購入可能な商品がとても多くなっているわ。

 新NISAの改善点は他にもあるわ。また、投資信託や株式なんて言葉も出てきたけれど、ぜひ資産運用の基本的な事柄が学べるChapter3でお勉強してみてね。

 はい、「金融資産運用」、読んでみます！

経済、金融の基礎知識（経済指標①）

金融資産を運用するためには、基本的な経済知識やマーケット環境の理解は欠かせない。経済指標は試験でも頻出ポイント。しっかり押さえよう。

国内総生産（**GDP：Gross Domestic Product**）

☐ 国内総生産（GDP）とは、一定の期間内に国内で生産された物やサービスの付加価値の合計をいう。国の経済規模や景気動向を反映する目安となる。

☐ GDPは、生産、分配、支出のどの面からみても等しくなる。これを「三面等価の原則」という。

Check!

GDPのポイント

☐ 内閣府が四半期ごと（年4回）に発表する。
☐ GDPの中では民間最終消費支出が最も大きく、全体の50%超を占める。

経済成長率

☐ 経済成長率とは、国の経済規模がどれだけ成長したかを表す割合のことをいう。GDPの変動率（伸び率）。

☐ 経済成長率には、名目GDPの伸び率である名目経済成長率と、実質GDPの伸び率である実質経済成長率がある。

Check!

「名目」○○と「実質」○○

☐ 名目GDPや名目賃金等の用語で使われる「名目」は、実際の市場で取引されている価格を反映して算出した値（名目値）をいう。これに対して「実質」は、実際の取引価格から物価上昇（下落）の影響を取り除いた値（実質値）をいう。

- 名目値には物価変動の影響が多分に含まれるため、経済成長の伸び率を比較する場合などは、実質値を使うことが多い。

景気動向指数

- 景気動向指数は、景気全体の動向を把握するために、重要な経済指標を統合して作成した景気指標をいう。
- 景気動向指数はCI（コンポジット・インデックス：Composite Index）とDI（ディフュージョン・インデックス：Diffusion Index）の2種類があるが、現在はCIを中心とした公表形態となっている。

CI と DI

CI	☐ 景気変動の大きさや量感（景気の山の高さや谷の深さ、景気拡張や後退の勢い）を表す 景気の拡大局面→CIが上昇 景気の後退局面→CIが下落
DI	☐ 景気の各経済部門への波及度合や景気の転換点を表す 景気の拡大局面→一致指数が50％を上回る 景気の後退局面→一致指数が50％を下回る

- CIとDIは共通の経済指標を採用しており、先行指数、一致指数、遅行指数あわせて30系列ある。

景気動向指数の採用指数

先行指数	☐ 景気に先行して動く 新規求人数（除学卒）、実質機械受注（製造業）、新設住宅着工床面積、消費者態度指数、東証株価指数等
一致指数	☐ 景気にほぼ一致して動く 鉱工業生産指数、有効求人倍率等
遅行指数	☐ 景気に遅れて動く 家計消費支出、完全失業率、消費者物価指数

経済指標は「どこが（発表機関）」「いつ」発表するのかも押さえましょう。

明日もファイトー！

経済、景気の代表的な指標（経済指標②）

日銀短観、マネーストック、物価指数はしっかり押さえる。

日銀短観（全国企業短期経済観測調査）

☐ 日銀短観は、全国の約1万社の企業を対象に、企業の業況や経済環境等について行うアンケート調査である。日本銀行が、**四半期**ごと（3、6、9、12月）に実施している。

☐ 調査項目の中でも注目されるのが「**業況判断DI**」である。

日銀短観はニュースでも見ているから知ってる！ 1万社もアンケートを取るなんて気の遠くなる数字だわ！

Check!

業況判断 DI

業況判断DI＝業況が「良い（良いであろう）」と答えた企業の割合
　　　　　　－業況が「悪い（悪いであろう）」と答えた企業の割合
※業況判断DIは現状と3カ月後の見通しについて調査している

○×問題にチャレンジ

1 国内総生産（GDP）は、一定期間内に生産された付加価値の総額を示すものであり、日本企業が外国で生産した付加価値も含まれる。（2019年1月）　[　　]

2 全国企業短期経済観測調査（日銀短観）は、企業間で取引される財に関する価格の変動を測定した統計である。（2023年5月）　[　　]

3 景気動向指数において、コンポジット・インデックス（CI）は、景気拡張の動きの各経済部門への波及度合いを測定することを主な目的とした指標である。（2023年9月）　[　　]

4 マネーストック統計は、一般法人、個人、地方公共団体などの通貨保有主体が保有する通貨量の残高を集計したものである。（2021年9月）　[　　]

マネーストック統計

☐ マネーストック統計とは、一般法人、個人、地方公共団体などの通貨保有主体が保有する現金や預金等の通貨残高をいう。国や、金融機関の保有残高は含まれない。

☐ 日銀が毎月発表している。

物価指数

☐ 物価指数は、財やサービスの価格水準を表す指標。消費者物価指数と企業物価指数があり、基準時点の価格を100とし、それに対して指数化している。

消費者物価指数と企業物価指数

消費者物価指数 （CPI）	☐ 消費者（家計）が日常生活で購入する商品（財やサービス）の価格変動を表す指数（消費税を含む価格で集計） ☐ 総務省が毎月発表
企業物価指数 （CGPI）	☐ 企業間で取引される商品の価格変動を表す指数（サービスは含まれない） ☐ 日本銀行が毎月発表 ☐ 原材料費や為替相場の変動の影響を直接受けるため、消費者物価指数より変動が激しい

その他の調査など（参考）

☐ 過去に試験に出題された次の調査についてもざっくり押さえておこう。

家計調査	国民生活における家計収支の実態を把握し、個人消費の動向等、国の経済政策・社会政策立案のための基礎資料の提供を目的として、総務省が毎月実施している。調査対象は学生単身世帯を除く全国の世帯。
景気ウォッチャー調査	地域ごとの景気動向を的確かつ迅速に把握し、景気動向判断の基礎資料とすることを目的として、内閣府が毎月実施している。

がんばった！

解説

1. 外国（国外）で生産された付加価値はGDPには含まれない。（答：×）

2. 記載は「企業物価指数」の説明である。日銀短観は、全国約1万社の企業を対象に業況や景況感等をアンケート調査したもの。（答：×）

3. 記載はディフュージョン・インデックス（DI）の説明である。コンポジット・インデックス（CI）は景気変動の大きさやテンポを表す指数。（答：×）

4. 記載の通り。マネーストック統計の通貨保有主体には、金融機関や国は含まれない。（答：○）

金融市場と日銀の金融政策

日銀の金融政策について理解しよう。

金融市場

◯ 金融とは「お金を融通する（貸し借りする）」ことをいい、金融市場はお金（資金）を融通し合う市場のことである。

◯ 金融市場は、取引期間により「短期金融市場」（取引期間1年未満）と「長期金融市場」（取引期間1年以上）に大別される。

◯ 短期金融市場はさらに、銀行・保険会社・証券会社等の金融機関だけが参加できるインターバンク市場（銀行間取引市場）と、一般企業等も参加できるオープン市場に分けられる。

金融市場の概要

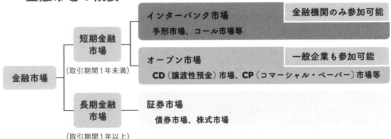

コール市場と政策金利

◯ 短期金融市場の1つであるコール市場は、金融機関の間で短期資金を貸借する市場である。

◯ コール市場で主に取引される「無担保コールオーバーナイト物」（無担保で借りて、翌営業日に返済する取引）の金利を「無担保コールレート（オーバーナイト物）」といい、日本銀行（日銀）の政策金利となっている。

日銀の金融政策

◯ 金融政策は、日銀が中央銀行として、物価の安定を目的に、公開市場操作等を通して金融市場の金利に影響を与え、通貨や金融の調節を行う政策のことである。

リボンを
チェック！

◯ 金融政策決定会合で金融政策の方針が決まると、それに基づいて公開市場操作等を用いて資金を供給したり吸収したりする「金融調節」を行う。

公開市場操作

◯ 公開市場操作（オペレーション）は、日銀が金融市場等で手形や国債の売買を行い、民間金融機関の保有資金量を増減させて金融市場の資金量を調節する金融政策である。金利等に影響を及ぼす。

◯ 公開市場操作には、金融緩和策の「買いオペ（買いオペレーション）」と金融引締め策の「売りオペ（売りオペレーション）」がある。

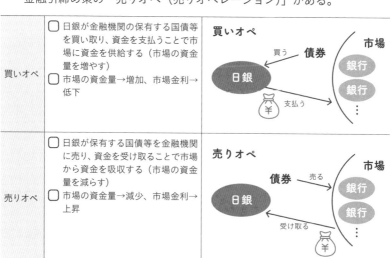

買いオペ	◯ 日銀が金融機関の保有する国債等を買い取り、資金を支払うことで市場に資金を供給する（市場の資金量を増やす） ◯ 市場の資金量→増加、市場金利→低下	
売りオペ	◯ 日銀が保有する国債等を金融機関に売り、資金を受け取ることで市場から資金を吸収する（市場の資金量を減らす） ◯ 市場の資金量→減少、市場金利→上昇	

預金準備率操作

◯ 日銀に当座預金口座を保有する金融機関は、「預金準備金」として一定割合（預金準備率）の預金量を維持する義務がある。

◯ 日銀は預金準備率の操作（上げ下げ）により、金融市場の資金調節を行う。

預金準備率の引き上げ	日銀に預けるお金が増える→市場に出回る資金量が減る→市場金利が上昇
預金準備率の引き下げ	日銀に預けるお金が減る→市場に出回る資金量が増える→市場金利が低下

息抜きも大事だよ！

マーケットの変動とその要因

マーケット（金融市場）は、景気や物価、為替の影響を受けて変動する。基本知識として押さえよう。

景気と金利

☐ 景気が良くなると（景気拡大）、企業の設備投資やモノを購入するためにお金を借りる人が増える（資金需要が増える）ため、金利は上昇する。一方、景気が悪くなると（景気後退）、資金需要が減るため、金利は下落する。

景気拡大→金利上昇、景気後退→金利下落

物価と金利

☐ 物価が上がると、モノを買うためにより多くのお金が必要になる（資金需要が増える）ため、金利が上昇する。反対に、物価が下がると、資金需要が減るため金利は下落する。

物価上昇→金利上昇、物価下落→金利下落

☐ **インフレ（インフレーション）**：物価が継続的に上昇し、貨幣価値が下がる状態

☐ **デフレ（デフレーション）**：物価が継続的に下落し、貨幣価値が上がる状態

○×問題にチャレンジ

1 日本銀行の金融政策の1つである公開市場操作において、日本銀行が金融機関の保有する有価証券等の買入を行えば、市中に出回る資金量は増加する。（2017年9月）　[　　]

2 米国の市場金利が上昇し、日本と米国の金利差が拡大することは、一般に、米ドルと円の為替相場において米ドル安、円高の要因となる。（2023年1月）　[　　]

3 物価が継続的な下落傾向（デフレーション）にある場合、名目金利のほうが実質金利よりも高くなる。（2016年9月）　[　　]

為替と金利

○ 円高になると輸入価格が下がる（物価が下がる）ため、金利は下落する。逆に円安になると輸入価格が上がる（物価が上がる）ため、金利は上昇する。

> 円高→金利下落、円安→金利上昇

内外金利差と為替

○ 例えば、日本の金利に対して米国の金利が上昇すると、米国での資金運用ニーズが高まり（より金利の高い国にお金を預けたいため）、円を売って米ドルを買う動きが活発になる。その結果、円安ドル高傾向となる。反対に日本の金利が上昇する局面では、円を買って米ドルを売る動きが活発になり、円高ドル安傾向となる。

> 日本の金利上昇→円高ドル安傾向、日本の金利下落→円安ドル高

金利と為替の変動要因のまとめ

	景気		物価		為替		内外金利差	
	好転	悪化	上昇	下落	円高	円安	円高ドル安	円安ドル高
金利	↗	↘	↗	↘	↘	↗	↗	↘

明日もファイトー！

解説

1. 記載の通り。日本銀行は金融機関の保有する有価証券などの買入（買いオペ）を行うことで市中に資金を供給する。結果資金量は増加する。（答：○）

2. 米国金利が上昇すると米ドルを買って円を売る動きが強まるため、米ドル高、円安傾向となる。（答：×）

3. 実質金利＝名目金利－物価上昇率で求められる。物価の下落時（物価上昇率がマイナス）は、実質金利のほうが名目金利より高くなる。（答：×）

投資家を守るしくみ

金融資産を守るしくみ（セーフティネット）、特に預金保険制度を
押さえていこう。

預金保険制度

☐ 預金保険制度は、金融機関が破綻した場合に、預金者を保護する制度。
国内に本店のある銀行等の金融機関に預け入れた預金等が保護の対象
となる。

☐ 原則、1金融機関につき預金者1人当たり「元本 1,000 万円までと利息
等」が保護される。

☐ 「当座預金」「利息のつかない普通預金」等の決済用預金（①決済サービ
スを提供できる、②預金者がいつでも払戻しできる、③無利息である、
の3要件を満たす預金）は、全額保護される。

☐ 外貨預金は保護の対象外。

> 金融機関の海外支店や外国銀行の日本支店、および農業協同組合、
> 農林中央金庫も預金保険制度の対象外です。

過去問題にチャレンジ

1 預金保険制度の対象金融機関に預け入れた（　　）は、預入金額に
かかわらず、その全額が預金保険制度による保護の対象となる。
（2015年9月）　　　　　　　　　　　　　　　　　　　　　　[　]
1）外貨預金　　2）大口定期預金　　3）決済用預金

2 日本投資者保護基金は、会員である金融商品取引業者が破綻し、分
別管理の義務に違反したことによって、一般顧客から預託を受けて
いた有価証券・金銭を返還することができない場合、一定の範囲の取
引を対象に一般顧客1人につき（　　）を上限に金銭による補償を行
う。（2022年5月）　　　　　　　　　　　　　　　　　　　[　]
1）1,000万円　　2）1,300万円　　3）2,000万円

日本投資者保護基金

○ 日本投資者保護基金は、預金保険制度のいわば証券会社版である。

○ 証券会社は、投資家から預かった金融資産を自社の資産と分けて管理することが義務付けられている（分別管理等義務）が、万が一、分別管理していない証券会社が破綻した場合に、当基金から1人当たり最大1,000万円までが補償される。

○ 外国為替証拠金取引（FX取引）の証拠金は対象外。

預金と投資した金融資産、どちらも保護・補償されるんだね。限度額は、お金を預けるときに意識したい！

国内の証券会社で購入した投資信託は投資者保護基金の対象ですが、銀行等、証券会社以外の金融機関で購入した投資信託は、補償対象外です。

がんばった！

解説

1. 預金保険制度では、次の預金が保護される。

預金保険制度

全額保護	決済用預金
元本1,000万円までと利息	利息の付く普通預金、定期預金、定期積み金、元本補てん契約のある金銭信託等
保護されない	外貨預金、譲渡性預金、オフショア預金等

（答：3）

2. 投資者保護基金は、分別管理義務に違反した証券会社が破綻し、顧客に対する支払い等に支障が生じた場合に、顧客1人当たり1,000万円までを補償する。（答：1）

6

投資家を守る法律

金融商品取引等のトラブルから特に個人投資家を守るために、様々な法律が制定されている。中でも「金融サービス提供法」と「金融商品取引法」は試験に出るので、ポイントを押さえよう。

金融サービス提供法と消費者契約法

- [ ] 金融サービス提供法（金融サービスの提供及び利用環境の整備等に関する法律）は、金融商品販売業者等に対して、金融サービスの提供に係る契約に関するルールを定めたものである。消費者契約法は、消費者（個人）の全ての契約を対象とする法律である。

- [ ] 金融サービス提供法と消費者契約法の両方に抵触する場合には、両方が適用される。

金融サービス提供法と消費者契約法のポイント

	金融サービス提供法	消費者契約法
保護の対象	個人および事業者（機関投資家は除く）	個人
適用範囲	金融サービス（金融商品全般）の提供に関する契約 <対象外の取引等> 国内商品先物取引、ゴルフ会員権、金地金の取引	消費者（個人）と事業者間の全ての契約
内容	□ 重要事項の説明義務違反や断定的判断の提供により顧客が損害を被った場合には、金融商品販売業者は損害賠償責任を負う	□ 事業者の不適切な勧誘により、消費者が誤認・困惑して契約した場合には、契約を取り消すことができる（取消権） ただし契約の取消権は、気づいてから1年、または契約締結時から5年を経過すると時効となる □ 消費者に一方的に不利な契約がある場合、その条項の全部または一部が無効となる（契約自体は有効）

金融サービス提供法と消費者契約法の違いを押さえましょうね。

金融商品取引法

- ☐ 金融商品取引法は、金融商品の取引について、投資家を保護することを目的とした法律である。
- ☐ 投資の知識や経験により、投資家を「特定投資家（プロ）」と「一般投資家（アマチュア）」に分けて規制している。

リボンを
チェック！

金融商品取引法のルール

適合性の原則	☐ 顧客の投資経験、知識、財産状況、投資目的に合わない商品を勧誘してはならない
断定的判断の提供による勧誘の禁止	☐ 「必ず儲かる」等、利益が生じることが確実だと誤認させるような断定的な判断を提供してはならない
説明義務（契約前の書面交付義務）	☐ 契約前に「契約締結前交付書面」等を交付して、契約内容やリスク等の重要事項を説明しなければならない ※説明義務の対象となる商品：株式、投資信託、デリバティブ取引、外国為替証拠金取引（FX）、外貨建保険、変額年金保険、仕組預金等
広告規制	☐ 一定の表示を行い、誇大広告等してはならない
損失補てんの禁止	☐ 顧客に対し、損失が生じた場合に損失補てんを約束したり、損失補てんを行ってはならない

万が一のトラブルに備えて、取引のルールは知って損はないね！

金融サービス仲介業の創設（参考）

- ☐ 銀行、証券、保険の各分野では、契約締結等の媒介を行うために、それぞれの分野で登録を受ける必要があった。しかし金融サービス提供法では、1つの登録（免許）で「銀行・貸金・証券・保険」全ての分野の金融サービスをワンストップで仲介できる「金融サービス仲介業」が新たに創設された。

金融ADR制度（金融分野における裁判外紛争解決制度）

息抜きも大事だよ！

- ☐ 金融機関と利用者の間で起こったトラブルを、指定紛争解決機関（金融ADR機関）で裁判以外の方法で解決を図る制度である。
- ☐ 指定紛争解決機関は、銀行（全国銀行協会）、生保（生命保険協会）等、業態ごとに設置されている。利用手数料は原則無料。

本番問題に チャレンジ

過去問題を解いて、理解を確かなものにしよう。

□ 問1 下記は、経済用語についてまとめた表である。下表の空欄 (ア)〜(ウ) に入る用語として、最も不適切なものはどれか。(2019年5月 FP協会 資産)

経済用語	主な内容
(ア)	生産、雇用などの経済活動状況を表すさまざまな指標の動きを統合して、景気の現状把握や将来の動向を予測するために内閣府が公表している指標である。
(イ)	消費者が購入するモノやサービスなどの物価の動きを把握するための統計指標で、総務省から毎月公表されている。
(ウ)	企業間で取引される商品の価格変動に焦点を当てた指標であり、日本銀行が公表している。国際商品市況や外国為替相場の影響を受けやすい傾向がある。

1. 空欄 (ア):「景気動向指数」　　2. 空欄 (イ):「消費者態度指数」
3. 空欄 (ウ):「企業物価指数」　　　　　　　　　　　　　　[　　]

□ 問2 佐野さんは、預金保険制度の対象となるMA銀行の国内支店に右記<資料>の預金を預け入れている。仮に、MA銀行が破綻した場合、預金保険制度によって保護される金額に関する次の記述のうち、最も不適切なものはどれか。(2023年5月 FP協会 資産 改題)

<資料>

決済用預金	2,500万円
円定期預金	500万円
円普通預金	200万円
外貨預金	700万円

※佐野さんはMA銀行からの借入れはない。
※預金の利息については考慮しないこととする。
※円普通預金は決済用預金ではない。

1. 決済用預金2,500万円は全額保護される。
2. 円定期預金・円普通預金および外貨預金は、合算して1,000万円が保護される。
3. 円定期預金・円普通預金の合算額700万円は全額保護される。　[　　]

□ 問3 空欄に当てはまる語句の組み合わせとして正しいものはどれか。
金融ADR制度(金融分野における裁判外紛争解決制度)において、内閣総理大臣が指定する (①) には、全国銀行協会、生命保険協会、日本損害保険協会、(②) などがある。(2016年5月)

1. ①認定投資者保護団体　②国民生活センター
2. ①指定紛争解決機関　②証券・金融商品あっせん相談センター

3. ①認可金融商品取引業協会　②東京証券取引所　　　[　　]

⬜ **問4**　空欄に当てはまる語句の組み合わせとして正しいものはどれか。

金融商品取引法の規定によれば、金融商品取引業者等は、適合性の原則により、金融商品取引行為において、顧客の（　　　）および金融商品取引契約を締結する目的に照らして不適当と認められる勧誘を行ってはならないとされている。（2017年5月）

1. 知識、年齢、家族の構成　　　2. 年齢、職業、財産の状況

3. 知識、経験、財産の状況　　　　　　　　　　　　　[　　]

解説1

経済用語	主な内容
景気動向指数	生産、雇用などの経済活動状況を表すさまざまな指標の動きを統合して、景気の現状把握や将来の動向を予測するために内閣府が公表している指標である
消費者物価指数	消費者が購入するモノやサービスなどの物価の動きを把握するための統計指標で、総務省から毎月公表されている
企業物価指数	企業間で取引される商品の価格変動に焦点を当てた指標であり、日本銀行が公表している。国際商品市況や外国為替相場の影響を受けやすい傾向がある

　消費者態度指数：消費者の暮らし向きや収入の増え方に対する意識（消費マインド）を捉える指標で、消費動向調査で算出される。内閣府が毎月発表している。（答：2）

解説2

1. 記載は適切。

2. 3. 利息のある預金（本問の円定期預金、円普通預金）は、元本1,000万円と利息が保護される。本問では円定期預金＋円普通預金＝700万円＜1,000万円なので、700万円全額が保護される。外貨預金は預金保険制度の保護対象外である。

よって、2. 記載は不適切　3. 記載は適切。（答：2）

解説3

　金融ADR制度の指定紛争解決機関の指定を受けているのは、以下の機関である。

＜金融ADR制度　指定紛争解決機関＞

生命保険協会、全国銀行協会、信託協会、日本損害保険協会、
保険オンブズマン、日本少額短期保険協会、証券・金融商品
あっせん相談センター、日本貸金業協会（答：2）

明日もファイトー!

解説4

　金融商品取引業者等は、適合性の原則により、金融商品取引行為において、顧客の知識、経験、財産の状況および金融商品取引契約を締結する目的に照らして不適当と認められる勧誘を行ってはならないとされている。（答：3）

貯蓄型金融商品
～金利の基礎知識

「貯蓄型金融商品」とは預貯金のこと。

 ここでは利息計算ができるようになりましょう。複利計算は頻出項目です。

固定金利と変動金利

◯ 固定金利は、預入時の金利が満期まで変わらない金利方式。

◯ 変動金利は、市場金利の変化に応じて金利が変わる金利方式。

固定金利	金利が高い時期、または金利が下降局面にあるときには、固定金利型での運用が有利
変動金利	金利が低い時期、または金利が上昇局面にあるときには、変動金利型での運用が有利

単利と複利

◯ 利息のつき方には、単利と複利の2種類がある。

◯ 単利は、預入時の元本に対してのみ利息が付く方法である（元本金額は変わらない）。

> 元利合計＝元本×（1＋年利率×期間）

◯ 複利は、利息を組み入れた（再投資した）元本に利息が付く方法である（新元本は利息分増える）。

> 元利合計＝元本×（1＋年利率）^{年数}

単利と複利のイメージ

元本100万円、年利5％で運用した場合

単利：元本金額は変わらない

	スタート	1年後	2年後	3年後
5万円				5万円
	100万円	100万円	100万円	100万円

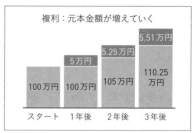

複利：元本金額が増えていく

	スタート	1年後	2年後	3年後
		5万円	5.25万円	5.51万円
	100万円	100万円	105万円	110.25万円

参考：半年複利の計算では、年利率を2分の1、年数（乗数）を2倍して計算する。

資産運用においては、複利で増やしていく考え方は大切だね。

○ 例題

1. 年利率0.5%の1年複利で、500万円を3年間運用した場合の満期時の元利金合計を求めよ（円未満切り捨て）。

解答

> 0.5%は小数に直すと0.005

$5,000,000円 × (1 + 0.005)^3 = 5,075,375.6\cdots円 ≒ 5,075,375円$

2. 500万円を年利率0.5%の半年複利で3年間運用した場合の満期時の元利金合計を求めよ（円未満切り捨て）。

解答

$5,000,000円 × (1 + 0.005/2)^6 = 5,075,470.3\cdots円 ≒ 5,075,470円$

Check!

複利計算のルール（参考）

半年複利 ：年利率を×1/2、乗数は年数×2
1カ月複利：年利率は×1/2、乗数は年数×12

電卓の累乗計算はChapter1を参考にしてくださいね。

利率と利回り

○ 利率は、元本に対する1年当たりの利息の割合をいう（年利率）。

○ 利回りは、元本に対する1年当たりの収益の割合をいう（年平均利回り）。

$$利回り（年平均利回り） = \frac{収益合計 ÷ 預入年数}{当初の元本} × 100$$

＜例＞100万円を預け入れて、1年目の利息が5,000円、
2年目の利息が5,025円であったときの利回りは

$$利回り = \frac{(5,000円 + 5,025円) ÷ 2}{100万円} × 100 ≒ 0.501\%$$

がんばった！

預貯金の種類

銀行や信用組合では「預金」、郵便局や農協等では「貯金」という。

預金の種類

☐ 預金には、出し入れ自由な流動性預金と、満期まで原則払戻しができない定期性預金がある。

普通預金	☐ 期間の定めがなく、預け入れや引き出しがいつでも自由にできる
	☐ 給与振込口座や公共料金の引落し口座に指定することができる
	☐ 変動金利で半年毎に利息が付く
	☐ 定期性預金とセットにした総合口座にすると、普通預金の残高が不足した場合に自動融資が受けられる（融資限度は最高200万円、定期預金残高の90%まで、融資利率は定期預金の約定利率＋0.5%）
貯蓄預金	☐ 一般に、残高が一定金額（基準残高）以上あると、普通預金より高い金利が適用される（預入残高が多いほど高金利になるタイプもある）
	☐ 期間の定めはなく、預け入れや引き出しもいつでも自由にできるが、給与振込口座や公共料金の引落し口座には指定できない
スーパー定期預金	☐ 満期の定めのある固定金利の預金。金利は各金融機関が設定
	☐ 期間は1カ月から10年以内。期日指定もできる
	☐ 3年以内なら単利型のみ、3年以上の場合は単利型と半年複利型を選べる（複利型を選べるのは個人のみ）
大口定期預金	☐ 預入金額1,000万円以上の定期預金。固定金利の単利型で、利率は銀行との相対により決定する
期日指定定期預金	☐ 固定金利で1年複利の定期預金。1年間の据置期間経過後は、任意の日を期日に指定することができる（3年まで）

> 預金の種類は丸暗記する必要はありませんよ。

○×問題にチャレンジ

1 ゆうちょ銀行においては、従来、通常貯金と定期性貯金を合わせて1,300万円が預入限度額となっていたが、2019年4月1日から、それぞれ2,000万円に変更された。（2019年9月）　[　]

ゆうちょ銀行の貯金

☐ ゆうちょ銀行の貯金は、1人当たり合計2,600万円の預入限度がある。（通常貯金1,300万円、定期性貯金1,300万円）

☐ ゆうちょの貯金も預金保険制度の保護対象だが、保護されるのは他の預金同様「元本1,000万円までと利息等」である。

ゆうちょ銀行の貯金の種類

通常貯金	☐ 銀行の普通預金に該当する貯金 ☐ 変動金利で、出し入れ自由 ☐ 給与振込や公共料金の引落しが可能
通常貯蓄貯金	☐ 残高が10万円以上あると、通常貯金より高い金利が適用される ☐ 期間の定めはなく、預け入れや引き出しもいつでも自由にできるが、給与振込や公共料金の引落しの口座に指定はできない
定期貯金	☐ 預入期間（1カ月から5年まで）を指定して預け入れる貯金 ☐ 預入期間が3年未満は単利型、3年以上なら半年複利型 ☐ 中途解約のときは「中途解約利率」が適用される
定額貯金	☐ 預入日から6カ月経過後はいつでも解約できる ☐ 固定金利で半年複利型

信託銀行の金融商品・サービス

☐ 信託銀行は、通常の銀行業務に加えて信託業務等を行う。次は代表的な信託銀行独自の商品やサービスである。

金銭信託	☐ 信託銀行等が利用者に代わって資産を管理・運用する金融商品 ☐ 元本保証のある金銭信託（合同運用指定金銭信託＜一般口＞等）と、元本保証のない金銭信託（実績配当型金銭信託等）がある ☐ 元本保証のある金銭信託は預金保険制度の対象だが、元本保証のない金銭信託は預金保険制度の対象外
遺言信託	☐ 信託銀行等が、遺言書作成や遺言書の保管から遺言書の執行までの相続に関する手続きをサポートするサービス

息抜きも大事だよ！

解説

1. ゆうちょ銀行の預入限度額は、通常貯金と定期性貯金を合わせて1,300万円であったが、2019年4月1日からそれぞれ1,300万円（合計2,600万円）に変更された。（答：×）

10

債券の基礎知識

債券は、利子の受け取り（インカム・ゲイン）と元本受取時のキャピタル・ゲインが期待できる商品である。利回り計算は定番問題なので必ず押さえよう。

債券とは

☐ 債券は、国や企業等の発行体が投資家から資金調達する（資金を借りる）際に発行する有価証券である。国が発行する国債、地方公共団体が発行する地方債、会社が発行する社債等がある。

☐ 投資家が債券を購入（発行体に資金を提供）すると、発行体は投資家に対して定期的に利子を支払い、満期時には、債券の額面金額を返済（償還）する。したがって、債券投資により受け取る金銭は、定期的に受け取る利子と満期に受け取る投資元本（債券の額面金額）となる。

債券の分類

☐ 債券は、様々な切り口により次のように分類できる。

利払いの有無

利付債	定期的に一定の利息（クーポン）が付く債券
割引債	利払いがない代わりに、発行価格を額面より安くして発行（アンダーパー発行）する債券。利息が付かないのでゼロ・クーポン債ともいわれる

利付債の利子の
代わりに償還差
益が出る

10円

90円　90円　} 100円

発行価格　償還価格

新規発行か否か

新発債	新しく発行される債券
既発債	すでに発行されており、市場で取引される債券

発行通貨による分類

円建債券	払込、利払い、償還が円貨で行われる債券
外貨建債券	払込、利払い、償還が外貨で行われる債券

債券の用語とポイント

額面金額	○ 額面は、債券の券面に記載された金額。債券が満期を迎えたときは、この額面金額で償還される（実際の購入価格に関わらず額面で100万円購入した場合、償還金額は100万円となる）
債券の単価と発行価格	○ 単価は原則、額面100円当たりの価格で表示する ○ 債券の発行価格が100円→パー発行 100円より高い金額→オーバーパー発行 100円より安い金額→アンダーパー発行
償還時の価格	○ 原則、満期日（償還日）に100円で償還される ○ アンダーパー発行の債券が償還されると、100円との差額が償還差益になる ○ オーバーパー発行の債権が償還されると、100円との差額が償還差損になる
表面利率	○ 利付債で「額面金額に対する1年当たりの利息の割合を表面利率（クーポンレート）という

債券は、買う時の値段はまちまちだけど、満期に受け取る金額は必ず100円になることがポイントだね。

資産運用の収益と債券収益（参考）

○ 資産運用で得られる収益には、インカム・ゲインとキャピタル・ゲインがある。

○ インカム・ゲインは、資産を保有している間得ることができる収益である。

○ キャピタル・ゲイン（キャピタル・ロス）は、資産を売却することにより得られる収益（または損失）である。

○ 債券投資では、インカム・ゲイン（受取利息）とキャピタル・ゲイン（償還差益）の両方を考える必要がある。債券の利回り計算（次ページ）も、インカム・ゲインとキャピタル・ゲインの両方を考慮した計算となっている。

インカム・ゲイン	資産保有中に得られる利益（利子、配当金、分配金等）
キャピタル・ゲイン	資産の売却によって得られる利益（債券・株式・投資信託等の売却益等）

明日もファイトー！

債券の利回り

債券の購入価格（投資元本）に対する年間収益の割合を利回りという。

利回り

○ 利回りには、直接利回り、応募者利回り、最終利回り、所有期間利回り、の4種類がある。試験によく出る最終利回りと所有期間利回りの計算は確実にできるようになろう。

○ 直接利回り：投資元本（債券の購入価格）に対する年間の利子収入の割合

$$直接利回り（\%）＝\frac{表面利率}{購入価格}×100$$

○ 例題　表面利率年2.0%、残存期間3年、購入価格101円50銭の固定利付債の直接利回りは？（小数第3位四捨五入）

$$直接利回り（\%）＝\frac{2}{101.5}×100＝1.970\cdots\%≒1.97\%$$

債券の利回り

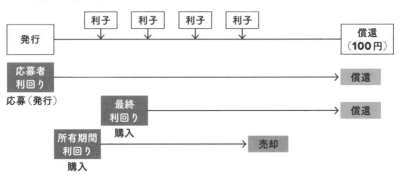

債券の利回り計算の手順

利回り（%）＝年間収益÷投資元本（購入価格）×100

○ 「利回り」は%で表すので、100を掛ける。
○ 年間収益＝インカム・ゲイン＋キャピタル・ゲイン
○ インカム・ゲイン（1年間の利息）＝100円（額面）×表面利率
○ キャピタル・ゲイン（1年あたりの差益）＝（売却価格－購入価格）÷所有期間

リボンを
チェック！

○ 応募者利回り：発行時に購入し、満期まで所有した場合の利回り

応募者利回り（％）＝ $\dfrac{\text{表面利率}+\dfrac{\text{償還価格}-\text{発行価格}}{\text{償還期間}}}{\text{発行価格}} \times 100$

（インカム・ゲイン）（キャピタル・ゲイン）

○ 最終利回り：すでに発行された債券（既発債）を時価で購入し、償還まで所有した場合の利回り

最終利回り（％）＝ $\dfrac{\text{表面利率}+\dfrac{\text{償還価格}-\text{購入価格}}{\text{残存期間}}}{\text{購入価格}} \times 100$

○ 例題

表面利率（クーポンレート）3％、残存期間2年の固定利付債券を額面100円当たり105円で購入した場合の最終利回りは？（年率・単利）（2023年9月改題）

最終利回り（％）＝ $\dfrac{3+\dfrac{100-105}{2}}{105} \times 100 = 0.476\cdots\% \fallingdotseq 0.48\%$

○ 所有期間利回り：すでに発行された債券（既発債）を時価で購入し、償還前に売却した場合の利回り

所有期間利回り（％）＝ $\dfrac{\text{表面利率}+\dfrac{\text{売却価格}-\text{購入価格}}{\text{所有期間}}}{\text{購入価格}} \times 100$

○ 例題

表面利率（クーポンレート）2％、残存期間5年の固定利付債券を額面100円当たり104円で購入し、2年後に額面100円当たり102円で売却した場合の所有期間利回りは？（年率・単利）（2023年5月改題）

所有期間利回り（％）＝ $\dfrac{②3+\dfrac{①102-104}{②2}}{④104} \times 100 = 0.961\cdots\% \fallingdotseq 0.96\%$ ⑤

がんばった！

計算式の数字は、計算の順番です。この順番に電卓を叩いて計算しましょう！

債券の種類

個人向け国債は頻出。

国債

☐ 国が発行する債券で、原則半年毎に利息を受け取ることができる。中期国債（2年・5年満期）、長期国債（10年満期）、超長期国債（20年〜40年満期）がある。

☐ 最も多く発行されているのが長期国債で、新発10年国債の利回りは長期金利の指標となっている。

○×問題・過去問題にチャレンジ

1 償還期限までの利子相当分をあらかじめ額面金額から差し引いて発行され、満期時に額面金額で償還される債券を、割引債という。（2021年5月）　[　　]

2 個人向け国債は、適用利率の下限が年（①）とされ、購入単価は最低（②）から（②）単位である。（2021年1月）
1) ①0.03%　②1万円
2) ①0.05%　③1万円
3) ①0.05%　②5万円　[　　]

3 下記は、個人向け国債についてまとめた表である。下表の（ア）〜（ウ）に入る語句として、正しいものはどれか。（2019年5月FP協会資産）

償還期限	10年	5年	3年
金利	変動金利	固定金利	固定金利
発行月（発行頻度）	毎月（年12回）		
購入単位	（　ア　）単位		
利払い	（　イ　）ごと		
金利設定方法	基準金利×0.66	基準金利-0.05%	基準金利-0.03%
金利の下限	0.05%		
中途換金	原則として、発行から（　ウ　）経過しなければ換金できない。		

（ア）1万円　（イ）1年　（ウ）2年　[　　]

個人向け国債

○ 国債の中でも、購入者を個人に限定した国債が個人向け国債である。個人向け国債は1万円から1万円単位で購入でき、次表の通り3種類ある。

 個人向け国債は、変動金利型があるんだね！

個人向け国債の種類

種類	変動金利型10年満期国債	固定金利型5年満期国債	固定金利型3年満期国債
満期	10年	5年	3年
金利方式	変動金利	固定金利	固定金利
金利	基準金利×0.66	基準金利-0.05%	基準金利-0.03%
下限金利	0.05%		
利子の受取	半年毎（年2回）金利は半年ごとに見直し	半年毎（年2回）金利は満期まで不変	半年毎（年2回）金利は満期まで不変
購入単位	額面1万円以上、1万円単位		
償還金額	額面金額100円につき100円（中途換金時も同じ）		
中途換金	発行後1年経過すれば、いつでも中途換金が可能		
発行月	毎月		

○ 個人向け国債は、発行後1年を経過した時点から、額面1万円単位での中途換金が可能。原則国が額面で買い取ってくれるため、元本割れのリスクがない。また、0.05%の最低金利保障がある。

息抜きも大事だよ！

解説

1. 記載の通り。（答：○）

2. 個人向け国債には変動金利10年型、固定金利5年型、固定金利3年型の3種類あるが、下限金利は共通で0.05%である。購入単位は額面1万円以上1万円単位となっている。（答：2）

3. （ア）1万円　（イ）半年　（ウ）1年　　（答：ア）

13 債券のリスクと格付け

債券にはリスクがある。また様々な要因により価格が変動する。

債券のリスクと価格の変動

価格変動リスク	☐ 市場金利の変動に伴い、債券価格が変動するリスク <市場金利と債券の価格・利回りの関係> ・市場金利が上昇➡債券価格は下落➡債券の利回り上昇 ・市場金利が下落➡債券価格は上昇➡債券の利回り低下 ☐ 長期債、低クーポン債ほど価格変動が大きい※
信用リスク （デフォルトリスク、 債務不履行リスク）	☐ 債券の元本や利払いが遅れたり、その一部または全部が支払われないリスク ☐ 格付けは信用リスクの目安となる <信用リスクと債券価格、利回りの関係> ・格付けが高い（信用リスクが低い）➡債券価格の上昇 　➡債券の利回り低下 ・格付けが低い（信用リスクが高い）➡債券価格の下落 　➡債券の利回り上昇
流動性リスク	☐ 換金したいときに換金できない、または妥当な価格で取引ができないリスク ☐ 流通量の少ない（取引しにくい）債券ほど高くなる
繰上げ償還リスク	☐ 償還期限前に繰上げ償還をされるなどして、（当初予定していた期間や利回りでの運用ができなくなり）予定していた運用収益が確保できなくなるリスク
カントリー・リスク	☐ 債券の発行体である国の政情不安、経済情勢の悪化等により生じる、国の信用リスク ☐ サムライ債（円建て外債）にもカントリーリスクはある
為替変動リスク	☐ 為替相場の変動により、外貨建て債券の円換算した価値が変動するリスク <為替相場と債券の価格・利回りの関係> ・円安➡債券価格の上昇➡債券利回りの低下 ・円高➡債券価格の下落➡債券利回りの上昇

※他の条件が同じ場合、債券の価格変動幅は残存期間が長いほど（長期債）、また表面利率が低いほど（低クーポン債）、大きくなる。

価格変動リスクの説明をしますね。
市場金利が上がって固定金利の債券より利率が良くなると、債券を売って、他の商品で運用したいと考える人が増える
➡債券を売りたい人が増えると、債券の価格が下がる
➡債券の価格が下がると、最終的に償還されたときに償還差益が出てくるので、利回りが上がる
……と、こんな流れになります。

債券の格付け

◯ 格付けは、債券自体や債券発行体の信用度を表したもので、民間格付機関が発表している。発行体の返済能力等の変化に応じて随時見直される。

◯ 格付BBB（トリプルB）以上を投資適格債、BB（ダブルB）以下を投資不適格債（ジャンク債、ハイ・イールド債）という。

◯ 各国政府や政府関係機関等が発行する債券をソブリン債という（一般的に安全性が高い債券とされるが、発行体により異なる）。

◯ 他の条件が同じ場合、格付けが高い債券ほど債券価格が高く、利回りは低くなる。逆に、格付けが低い債券ほど債券価格が低くなり、利回りは高くなる。

◯ 発行体が同じ債券であっても、発行時期や利率等、他の条件が異なる場合には信用格付けは異なる。

債券の格付けのイメージ

AAA	投資適格債	◯ 信用度が高い ◯ 債券価格が高く、利回りが低い
AA		
A		
BBB		
BB	投資不適格債 （ジャンク債、ハイ・イールド債）	◯ 信用度は低い ◯ 債券価格が安く、利回りが高くなる
B		
CCC		
CC		
C		
D		

債券を買うときはこの格付けをチェックしなきゃね。

格付け機関は1つじゃないの。機関によっては評価の異なる場合があるから、気を付けてね。

明日もファイトー！

本番問題に チャレンジ

過去問題を解いて、理解を確かなものにしよう。

問1 次の各文章を読んで、正しいものまたは適切なものには○、誤っているものまたは不適切なものには×をつけなさい。（2021年1月）

1. 債券の信用格付において、B（シングルビー）格相当以上の格付が付された債券は、一般に、投資適格債とされる。（2022年9月） [　　]

2. 一般に、残存期間や表面利率（クーポンレート）が同一であれば、格付の高い債券ほど利回りが低く、格付の低い債券ほど利回りが高くなる。（2023年5月） [　　]

3. 一般に、市場金利が上昇すると債券価格は上昇し、市場金利が低下すると債券価格は下落する。（2021年9月） [　　]

4. 債券の発行体である企業の信用度が低下し、格付が引き下げられた場合、一般に、その債券の価格は下落し、利回りも低下する。 [　　]

問2 Y社債を購入する場合の留意点等についての説明として、次のうち最も不適切なものはどれか。（2018年1月金財 個人 改題）

1. 「債券や債券の発行体の信用状態に関する評価の結果を記号等で示したものを信用格付といい、一般に、BB（ダブルB）格相当以上の格付が付されていれば、投資適格債券とされます。」

2. 「一般に、信用格付の高い債券は、表面利率や償還期限等の他の条件が同一であれば、信用格付の低い債券と比較して、債券価格は高く、利回りは低くなります。」

3. 「Y社債の利子については、原則として、利子の支払時において所得税および復興特別所得税と住民税の合計で20.315％の税率による源泉（特別）徴収がされます。」 [　　]

解説1

1. 記載は誤り。債券の信用格付において、投資適格債と呼ばれる債券は BBB（トリプルB）以上である。（答：×）

2. 記載は正しい。一般的に、残存期間や表面利率等の条件が同一の場合、格付の高い債券ほど（購入したい人が多いため）債券価格が高くなり、利回りは低くなる。反対に格付の低い債券ほど債券価格は下がり、利回りは高くなる。（答：○）

3. 記載は誤り。市場金利が上昇すると、（債券を売りたい人が増えるため）債券価格は下落し、利回りが上がる。（答：×）

4. 記載は誤り。企業の信用度が低下して格付が引き下げられると、債券価格は下落し、利回りは上昇する。（答：×）

解説2

1. 記載は誤り。格付「BBB」以上が投資適格債、「BB」以下は投資不適格債である。

2. 記載の通り。一般的に、信用格付の高い債券ほど債券価格は高くなり、利回りは低くなる。

3. 記載の通り。公社債の利子は申告不要または申告分離課税のどちらかを選択する。税率は所得税・復興特別所得税・住民税合わせて20.315％である。（答：1）

がんばった！

株式の基礎知識

株式の取引ルール、株価指数等基本的な知識を押さえよう。

株主の権利

◯ 株式は、株式会社が資金調達のために発行する有価証券。株式の保有者（出資者）を株主といい、次のような権利を持つ。

議決権	◯ 株主総会に参加し、議案に対し賛否を表明できる権利
利益配当請求権	◯ 会社の利益を配当として受け取ることができる権利
残余財産分配請求権	◯ 会社が解散した場合に、残った財産の分配が受けられる権利

 社債は借金なので返済期限（償還期限）がありますが、株式は出資なので、返済期限というものがありません。その代わり、経営に参加し、利益や財産の分配を受ける権利を得ます。

証券取引所

◯ 株式の取引（売買）が行われる場が証券取引所である。証券取引所は、東京証券取引所（東証）、札幌証券取引所、名古屋証券取引所、大阪証券取引所の4つがある。

◯ 東京証券取引所には、プライム市場、スタンダード市場、グロース市場の3つの市場がある。

プライム市場	◯ グローバルな投資家と建設的に対話していく企業向けの市場
スタンダード市場	◯ 投資対象として十分な流動性とガバナンス水準を備えた企業向けの市場
グロース市場	◯ 高い成長可能性をもった企業向けの市場

 ◯×問題にチャレンジ

1 普通株式に比べて剰余金の配当や残余財産の分配について優先的取扱いを受ける株式を、優先株式という。（2011年9月）　[　　]

株式の売買単位

◯ 株式は通常、証券会社を通じて売買される。売買にあたっては最低売買単位が定められ、これを単元株という。単元株は100株。

　＜例＞単元株が100株の株式を、300円で1単元（最低売買単位）購入する場合、売買代金は、300円×100株＝30,000円

◯ なお、株式累積投資制度、株式ミニ投資制度等のある証券会社では、申込みをすれば、単元未満でも売買が可能。

単元未満で取引する方法

株式累積投資制度 （るいとう）	一定の株式等を、毎月一定日に一定金額ずつ購入する制度 少額の資金で株式投資でき、ドルコスト平均法の効果で平均購入単価を低く押さえることができる
株式ミニ投資制度 （ミニ株）	単元株の10分の1の単位で売買できる 約定価格は翌営業日の始値と決まっており、指値注文はできない

ドルコスト平均法

◯ 価格が変動する商品を、定期的に一定金額ずつ購入する投資手法。

◯ 価格が安いときに多く、価格が高いときに少なく購入することになるため、平均買付金額を引き下げる効果がある。

> お給料をもらったら、先取りして毎月同じ金額を投資し始めたんだけど、ドルコスト平均法の仕組みを使っていたんだ！

> ドルコスト平均法で積立投資をして、資産形成を進められるわね。

息抜きも大事だよ！

解説

1. 株式には普通株式のほか、優先株式と劣後株式がある。

普通株式	株主の権利に制限のない、一般的な株式
優先株式	普通株式に比べて優先的に利益の配当や残余財産の分配等が受けられる特典付きの株式
劣後株式	配当や残余財産の分配等で普通株より優先度が後になる株式のこと

記載は適切。

（答：◯）

株式の取引

株式の取引ルールについて整理しよう。決済日と権利確定日について正しく理解しよう。

株式の売買ルール

☐ 株式の売買注文は通常、証券取引所の立会時間（取引時間）内に行われ、価格優先、時間優先、成行優先の3原則に基づいて取引される。

価格優先の原則	☐ 複数の買い注文がある場合は、最も高い価格が優先される ☐ 複数の売り注文がある場合は、最も低い価格が優先される
時間優先の原則	☐ 同一価格で注文が入った場合は、時間の早い注文が優先される
成行優先の原則	☐ 注文の条件（時間、価格）が同じなら、指値注文より成行注文が優先される

株式の注文方法

☐ 株式の注文方法には、指値注文と成行注文の2種類がある。成行注文が指値注文より優先して取引が成立する。

指値注文	☐ 価格を指定して注文する 例：1,000円以上で売りたいあるいは1,000円以下で買いたい
成行注文	☐ 価格を指定せずに、銘柄、売りか買いか、数量のみ指定して注文する 例：価格はいくらでもいいので、売りたい

現物取引と信用取引

☐ 株式の売買方法には、現物取引と信用取引の2つの方法がある。

現物取引	☐ 投資家が現金（自己資金）と株式の受け渡しにより行う株式取引
信用取引	☐ 投資家が証券会社に一定の現金（委託保証金）や保有株式等を担保として預け、証券会社から資金や株式を借りて行う株式取引

○×問題にチャレンジ

1 国内の証券取引所に上場している内国株式を普通取引により売買する場合、約定日の翌営業日に決済が行われる。（2022年5月）　[　　]

2 証券取引所における株式の売買において、成行注文は指値注文に優先して売買が成立する。（2021年5月）　[　　]

株価と売買高

☐ 株価は約定（取引成立）した値段のことをいう。1日の最初に取引された株価を始値、最後に取引された株価を終値、取引時間中最も高い株価を高値、最も低い株価を安値と呼ぶ。

☐ 1日の株価の変動幅には制限がかけられており、上限まで上がった場合をストップ高、下限まで下がった場合をストップ安という。

☐ 1日に取引が成立した株数を売買高（出来高）という。
　＜例＞5,000株の売り注文、5,000株の買い注文があり、株価1,000円で取引が成立した場合
　➡売買高：5,000株、売買代金：1,000円×5,000株＝500万円

決済日

| | | | | 9月/10月 | | |
日	月	火	水	木	金	土
9月24日	25	26	27	28	29	30
10月1日	2	3	4	5	6	7

例：9月25日（月）に約定した場合➡受渡日は9月27日（水）
　　9月28日（木）に約定した場合➡受渡日は10月2日（月）

☐ 決済（受け渡し）は、売買が成立した日（約定日）を含めて3営業日目に行われる。

☐ 株式の配当金を受け取るためには、権利確定日（会社の決算日）に株主でなければならない。権利確定日の2営業日前（権利付最終日）までに株式を購入する必要がある。権利確定日の1営業日前を、（決算日に株主権利がない）権利落ち日という。

明日もファイトー！

解説

1. 株式を売買したときの決済日は、約定日を含めて3日目である。（答：×）
2. 問題文記載の通り。（答：○）

株式の投資指標

株式に投資する際の判断基準となる指標を覚えよう。

 株式の投資指標を計算する問題はよく出題されます。確実に計算できるようになりましょう。

株価収益率
（**PER：Price Earnings Ratio**）

☐ 株価が1株あたり純利益の何倍かを表す指標。PERが高いほど株価は割高、PERが低いほど株価は割安と判断される。

$$株価収益率（PER）＝\frac{株価}{1株あたり当期純利益（EPS）}$$

1株当たり当期純利益（EPS）＝当期純利益÷発行済株式総数

＜例＞株価500円、当期純利益25億円、発行済株式総数1億株の場合
　　　　1株当たり当期純利益（EPS）＝25億円÷1億株＝25円
　　　　株価収益率（PER）＝500円÷25円＝20倍

株価純資産倍率
（**PBR：Price Book-value Ratio**）

☐ 株価が1株あたり純資産の何倍かを表す指標。PBR＝1のとき「株価＝解散価値」となる。PBRが高いほど株価は割高、PERが低いほど株価は割安といえる。

$$株価純資産倍率（PBR）＝\frac{株価}{1株あたり純資産（BPS）}$$

1株当たり純資産（BPS）＝純資産総額÷発行済株式総数

＜例＞株価800円、純資産総額500億円、発行済株式総数1億株の場合
　　　　1株あたり純資産（BPS）＝500億円÷1億株＝500円
　　　　株価純資産倍率（PBR）＝800円÷500円＝1.6倍

自己資本利益率
（ROE：Return on Equity）

☐ 自己資本を使ってどれだけ利益を獲得したかを表す指標。ROEが高いと収益力が高いといえる。

$$自己資本利益率（ROE）= \frac{当期純利益}{自己資本} \times 100$$

＜例＞自己資本100億円、当期純利益が6億円の場合
　　　自己資本利益率（ROE）＝6億円÷100億円×100＝6％

配当利回り

☐ 株価（投資元本）に対する1株あたりの年間配当金の割合を表す。

$$配当利回り（\%）= \frac{1株あたりの年間配当金}{株価} \times 100$$

配当性向

☐ 当期純利益に対する年間の配当金額の割合を表す。配当性向が高いほど、株主への利益の還元度が高いとみることができる。

$$配当性向（\%）= \frac{年間配当金額}{当期純利益} \times 100$$

＜例＞株価500円、1株あたり配当金8円、1株あたり当期純利益40円の場合
　　　配当利回り＝8円÷500円×100＝1.6％
　　　配当性向＝8円÷40円×100＝20％

がんばった！

配当性向は、出題されるときの情報により、2つの計算方法があります。会社全体の数字で計算するか、1株あたりに直した数字で計算するかの違いです。
☐ 年間配当金額（総額）と当期純利益がわかっている場合
　➡年間配当金額÷当期純利益×100
☐ 1株あたり配当金と1株あたり当期純利益がわかっている場合
　➡1株あたり配当金÷1株あたり当期純利益×100

18 株価指数

株式市場の相場の動向や株価水準等をみる指標を覚えよう。

日本の株価指数

日経平均株価 （日経平均、日経225）	☐ 東証プライム市場に上場されている銘柄の中から日本経済新聞社が選んだ代表的な225銘柄の修正平均株価 ☐ 株価の高い銘柄の影響を受けやすい
東証株価指数 （TOPIX：Tokyo stock Price Index）	☐ 東証に上場する銘柄（東証プライム、スタンダード市場に上場している銘柄）を対象として、時価総額を加重平均して指数化したもの ☐ 時価総額の大きな銘柄の影響を受けやすい
JPX日経インデックス400 （JPX日経400）	☐ 東証プライム、スタンダード、グロース市場に上場している企業のうち、ROEや営業利益、時価総額等グローバルな投資基準を満たす400銘柄で構成された株価指数

時価総額は、株価の終値に、上場株式数を掛けた数字のこと。「その会社を買い占めるためにいくら必要か」、つまり、その企業の価値を表していると言えます。

時価総額は、市場規模を見るのにも使っています。東証株価指数（TOPIX）は、時価総額を指数化したものですね。

○×問題・過去問題にチャレンジ

1 配当性向とは、株価に対する1株当たり年間配当金の割合を示す指標である。（2023年5月） [　]

2 日経平均株価は、東京証券取引所スタンダード市場に上場している代表的な225銘柄を対象として算出される。（2023年9月） [　]

3 東証株価指数（TOPIX）は、株価水準が高い値がさ株の値動きの影響を受けやすく、日経平均株価は、時価総額が大きい株式の値動きの影響を受けやすいという特徴がある。（2016年5月） [　]

4 株式の投資指標のうち、ROEは、当期純利益を（　　）で除して求められる。（2022年9月）
1）売上高　　2）総資産　　3）自己資本 [　]

米国の代表的な株価指数

S＆P500種株価指数	☐ ニューヨーク証券取引所、ナスダックに上場・登録されている米国を代表する約500銘柄を対象として、株価時価総額指数化したもの
NYダウ平均株価	☐ 米国の代表的な30銘柄で構成される平均株価指数
ナスダック（NASDAQ）総合指数	☐ 米国のベンチャー企業向け株式市場であるナスダックに上場する全銘柄を対象とした株価指数

株式の投資指標、株価指数は毎回出題されます。得点源にできるようにきちんと押さえましょう。

毎日のニュースでもよく見る指標だね。ここでしっかり覚えておこうっと！

息抜きも大事だよ！

解説

1. 配当性向は、1株当たり当期純利益に対する1株当たり年間配当金の割合を示す。本問の文章は配当利回りの説明。（答：×）

2. 日経平均株価は、東京証券取引所プライム市場に上場している代表的な225銘柄を対象として算出される。「スタンダード」が誤り。（答：×）

3. 本文説明は誤り。日経平均株価（日経225）は、株価水準が高い値がさ株の値動きの影響を受けやすく、東証株価指数（TOPIX）は、時価総額が大きい株式の値動きの影響を受けやすい。（答：×）

4. ROE（自己資本利益率）＝当期純利益÷自己資本×100で求める。（答：3）

本番問題にチャレンジ

過去問題を解いて、理解を確かなものにしよう。

○**問1**　下記＜資料＞に基づくWX株式会社の投資指標に関する次の記述のうち、最も適切なものはどれか。なお、記載のない事項は一切考慮しないものとし、計算結果については表示単位の小数点以下第3位を四捨五入すること。（2024年1月FP協会 資産）

＜資料：WX株式会社に関するデータ＞

株価	2,000円
1株当たり純利益（今期予想）	300円
1株当たり純資産	2,200円
1株当たり年間配当金	30円

1. 株価純資産倍率（PBR）は1.1倍である。
2. 配当性向は、10％である。
3. 配当利回りは、1.36％である。

[　　　]

○**問2**　下記＜資料＞に基づくX社の株式の購入等に関するアドバイスとして、次のうち最も適切なものはどれか。（2023年5月金財 個人）

＜X社に関する資料＞

総資産	1兆6,000億円
自己資本（純資産）	9,500億円
当期純利益	750億円
年間配当金総額	120億円
発行済株式数	3億株
株価	2,500円

※決算期：2024年6月28日（金）（配当の権利が確定する決算期末）
※上記以外の条件は考慮せず、各問に従うこと。

1.「上場株式を証券取引所の普通取引で売買したときの受渡しは、原則として、約定日（売買成立日）から起算して4営業日目に行われます」
2.「権利付き最終日である2024年6月28日（金）までにX社株式を

買い付け約定すれば、X社株式の次回の期末配当を受け取ることができます」

3.「特定口座（源泉徴収あり）でX社 株式を株価2,500円で100株購入し、同年中に株価3,000円で全株売却した場合、その他の取引や手数料等を考慮しなければ、譲渡益5万円に対して20.315%相当額が源泉徴収等されます」　　　　　　［　　　］

解説1

1. PBR（株価純資産倍率）＝株価÷1株当たり純資産＝2,000円÷2,200円
　＝0.9090…≒0.91倍　　　不適切

2. 配当性向＝1株当たり年間配当金÷1株当たり純利益×100＝
　＝30円÷300円×100％＝10％　　　適切

3. 配当利回り＝1株当たり年間配当金÷株価×100＝30円÷2,000円×100
　＝1.5％　　　不適切

（答：2）

解説2

1. 記載は不適切。

上場株式を証券取引所の普通取引で売買したときの受渡しは、原則約定日から起算して3営業日目である。

2. 記載は不適切。

権利確定日：株主名簿に掲載され、株主権利が確定する日のこと。

期末配当を受け取るためには、権利確定日までに株式の受渡しを完了する必要がある。すなわち、6月26日までにX社株式を買い付ける必要がある。

23日	24日	25日	26日	27日	28日
日	月	火	水	木	金
			★		権利確定日
			①	②	③

3. 記載は適切

X社の株式購入代金：2,500円×100株＝250,000円

X社の株式売却代金：3,000円×100株＝300,000円

譲渡益＝300,000円－250,000円＝50,000円　（答：3）

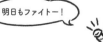

明日もファイトー！

投資信託

投資信託については毎回出題されている。しっかり要点を押さえよう。

投資信託の基本

☐ 投資信託は、複数の投資家から集めたお金を1つにまとめ、運用の専門家が複数の資産に投資・運用し、収益を投資家に分配する商品である。元本保証はない。

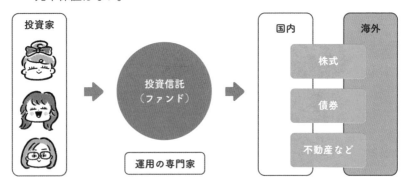

投資信託の種類としくみ

☐ 投資信託は、契約型と会社型（投資法人）に大別できる。日本の投資信託は多くが契約型投資信託である。

契約型投資信託	☐ 運用会社（投資信託会社等）と管理会社（信託銀行等）が信託契約を結ぶことにより組成される投資信託 ☐ 日本の投資信託のほとんどが契約型
会社型投資信託	☐ 不動産等特定資産への投資を目的とする法人を設立することによって組成される投資信託（投資法人） ☐ 代表的なものにJ-REIT（不動産投資法人）等がある

会社型投資信託は、資産運用目的で設立した投資法人（会社のようなもの）に資金を集め、投資・運用をするタイプの投資信託なんだって。

契約型投資信託（委託者指図型）の しくみ

◯ 販売会社が投資家から集めた資金は、委託会社（運用会社、投資信託会社等）と投資信託契約を結んだ受託会社（管理会社、信託銀行等）が、委託会社の運用指図に従って分別管理・運用を行う。運用によって得られた収益は、分配金や償還金として、投資家に分配される。

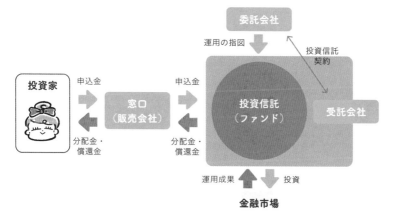

販売会社	◯ 証券会社、銀行等 ◯ 投資信託（ファンド）の募集・販売や、分配金・償還金の支払い等を行う
委託会社 （運用会社）	◯ 運用会社、投資信託会社等 ◯ 投資信託（ファンド）を組成し、受託会社（管理会社）に対して運用の指図を行う
受託会社 （管理会社）	◯ 信託銀行等 ◯ 委託会社の指図に従い、信託財産の分別管理を行う

投資信託は、運用の専門家が私の代わりに資産を運用してくれるんだね。安心！

でも元本保証はないので注意してね！ 運用報告書を定期的にチェックするのが大切よ！ 運用報告書は次のレッスンで説明するわ。

がんばった！

投資信託の取引

投資信託の取引に関する基本用語とポイントを押さえよう。

基準価額

☐ 基準価額は、純資産総額を受益権総口数で割って算出する。投資信託の時価に当たり、毎日1万口当たりの金額で発表される。投資信託の購入や換金等の取引は、この基準価額をもとに行われる。

目論見書と運用報告書

☐ 投資信託の商品説明、情報開示の資料として、目論見書と運用報告書の作成が義務付けられている。

目論見書 （投資信託説明書）	☐ 投資信託の商品説明書で、投資信託の概要（ファンドの目的、特色、投資リスク、手数料等）や運用実績、投資方針等が記載されている。交付目論見書と請求目論見書の2種類がある ☐ 委託会社（運用会社）が作成し、販売会社が交付する ☐ 交付目論見書は、投資信託の購入時（事前あるいは購入と同時）に必ず交付する。請求目論見書は、投資家から請求されたときに直ちに交付する
運用報告書	☐ 投資信託の報告書で、投資信託の運用実績や資産状況、今後の運用方針等が記載されている ☐ 委託会社（運用会社）が作成し、販売会社が交付する

目論見書を見比べてどの金融商品を買うか決めて、運用報告書で実際の運用の状況を把握ってことだね。

○×問題にチャレンジ

1 一般に、投資信託の基準価額は、純資産総額を（残存）受益権口数で除して求める。（2010年1月）　[　　]

2 証券投資信託における信託報酬は、委託者報酬として投資信託委託会社が受け取る部分と受託者報酬として信託銀行等が受け取る部分があり、投資信託委託会社は委託者報酬のなかから販売会社に代行手数料を支払う形をとる。（2008年5月）　[　　]

3 MRF（マネー・リザーブ・ファンド）を取得日から30日未満で解約した場合は、信託財産留保額が差し引かれる。（2009年5月）　[　　]

投資信託の換金

☐ 投資信託を換金するには、解約請求と買取請求の2つの方法がある。

解約請求	☐ 販売会社を通じて、委託会社（運用会社）に信託財産の一部の解約を請求する方法
買取請求	☐ 販売会社に投資信託を買い取ってもらう（売却する）方法

☐ 換金額は、どちらの場合も基準価額から信託財産留保額を差し引いた金額となる。

投資信託のコスト

☐ 投資信託の取引にかかるコストは、次のようなものがある。

時期	名称	内容
購入時	購入時手数料 （販売手数料）	☐ 投資信託の購入時に販売会社に支払う手数料 ☐ 同じ投資信託であっても、金額は販売会社により異なる ☐ 販売手数料のない投資信託も販売されている（ノーロードファンドという）
保有中	運用管理費用 （信託報酬）	☐ 信託財産の運用・管理の報酬として、信託財産から毎日一定割合が差し引かれる（基準価額はすでに信託報酬が差し引かれている） ☐ 運営管理費用から、委託者報酬（投資信託の運用報酬）、受託者報酬（信託財産の管理費用）が支払われる。また委託者は、委託者報酬の中から事務代行手数料（販売手数料）を販売会社に支払っている
換金時	信託財産留保額	☐ 投資信託の解約（中途換金）時に差し引かれ、そのまま信託財産に残される。償還時には引かれない ☐ 解約時に必要な諸費用の一部を解約する投資家から徴収することにより、費用負担の公平性を保つ目的がある ☐ ETFやJ-REIT等、信託財産留保額がかからない投資信託もある

💬 息抜きも大事だよ！

解説

1. 記載の通り。（答：○）

2. 記載の通り。運用管理費用（信託報酬）は、投資信託を保有している間は毎日一定割合が差し引かれる。まず運営管理費用から委託者報酬（委託会社）と受託者報酬（受託会社）が支払われ、委託会社は委託者報酬の中から販売会社に販売手数料を支払う。（答：○）

3. MRF（マネー・リザーブ・ファンド）は信託財産留保額がなく、いつでも手数料なしで解約ができる。（答：×）

投資信託の分類

投資信託の分類方法を確認しよう。運用方法と合わせ、よく出題される。

投資信託の分類

⬜ 投資信託は様々な切り口から次のように分類できる。商品分類は目論見書等に記載され、投資信託の商品選びの判断材料とすることができる。

投資対象による分類

株式投資信託	⬜ 運用対象として株式を組み入れることができる投資信託（実際に株式を組み入れなくてもよい）
公社債投資信託	⬜ 公社債を中心に運用し、株式は一切組み入れることができない投資信託

購入時期による分類（いつも購入できるか）

単位型（ユニット型）	⬜ 当初募集期間中のみ購入可能な投資信託
追加型（オープン型）	⬜ いつでも自由に購入、換金ができる投資信託

解約の可否による分類（満期前にも解約できるか）

オープンエンド型	⬜ いつでも解約可能な投資信託 ⬜ 日本で販売されている投資信託はほとんどがオープンエンド型
クローズドエンド型	⬜ 満期まで解約できない投資信託。不動産投資信託等が該当する ⬜ 換金したい場合は、市場で売却する

 投資信託の分類は、目論見書に載っていますよ。この分類の組み合わせを見ることで、どんな投資信託なのか、ざっくり把握できるようになっています。

○×問題にチャレンジ

1 投資信託約款に株式を組み入れることができる旨の記載がある証券投資信託は、株式をいっさい組み入れていなくても株式投資信託に分類される。（2019年5月）　[　　]

2 株式投資信託の運用において、個別銘柄の投資指標の分析や企業業績などのリサーチによって投資対象とする銘柄を選定し、その積上げによりポートフォリオを構築する手法を、ボトムアップ・アプローチという。（2022年9月）　[　　]

投資信託の運用方法

☐ 投資信託の運用方法には、パッシブ運用（**インデックス運用**）とアクティブ運用がある。

パッシブ運用とアクティブ運用

パッシブ運用 （インデックス運用）	☐ 日経平均株価やTOPIX等のベンチマーク（投資信託の運用成果の目安とする指標）に連動した運用成果を目指す運用スタイル
アクティブ運用	☐ ベンチマークを上回る運用成果を目指す運用スタイル ☐ 積極的・戦略的な投資判断を行って運用するため、パッシブ運用に比べて運用コストが高くなる

投資信託の商品名に「インデックス」という言葉が入っていたら、それはパッシブ運用のことですね。

☐ アクティブ運用においては、さらに次の手法を使って運用対象を選別する。

アクティブ運用の4つの手法

トップダウン・アプローチ	☐ 景気や金利等マクロ経済から分析を行い、対象銘柄を絞り込んでいく手法
ボトムアップ・アプローチ	☐ 個別企業の分析を行い、対象銘柄を選定する手法
グロース投資	☐ 将来的に成長性が期待される企業に投資する手法
バリュー投資	☐ 株価が割安であると判断される企業に投資する手法 ☐ PER（株価収益率）やPBR（株価純資産倍率）が低い銘柄などに注目して選別する

明日もファイトー！

解説

1. 記載の通り。株式投資信託は、約款上「株式を組み入れることができる」投資信託である。（答：〇）

2. 記載の通り。その他の運用手法については、上記参照のこと。（答：〇）

投資信託の種類

投資信託商品について整理しよう。商品名を見てどんな投資信託かイメージできるようになろう。

追加型公社債投資信託

☐ 追加型公社債投資信託は、いつでも購入可能、換金可能な公社債投資信託で、代表的なものにMMFやMRFがある。

MRF （マネー・リザーブ・ファンド）	☐ 短期公社債などを中心に運用する ☐ 1円以上1円単位で購入でき（購入手数料なし）、いつでも解約できる（信託財産留保額はない） ☐ 毎日決算を行い、分配金は月末営業日にまとめて再投資される

上場投資信託

☐ 証券取引所に上場している投資信託を上場投資信託という。代表的なものにETFやJ-REITがある。

☐ 上場投資信託は、上場株式と同様、時価で売買が行われ、指値・成行注文や信用取引も可能

ETF （上場投資信託）	☐ 証券取引所に上場されており、原則上場株式と同様の取引が可能 ☐ 日経平均株価、TOPIX等の株価指数だけでなく、債券やREIT、通貨、コモディティ（商品）等の指数に連動するように運用される ☐ 一般的に、通常の（非上場の）投資信託より運用コストが低額
J-REIT （上場不動産投資信託）	☐ 投資家から集めた資金で不動産（オフィスビル、商業ビル等）等を購入し、そこから得られた賃料収入や売買益等を投資家に分配するしくみの投資信託 ☐ 会社型投資信託で、投資法人の形態をとって証券取引所に上場されている ☐ J-REITの分配金は、（上場株式の配当金とは異なり）配当控除の適用対象外

○×問題にチャレンジ

1 上場投資信託（ETF）は、証券取引所に上場され、上場株式と同様に指値注文や成行注文により売買することができる。（2021年9月）　［　　］

2 ベンチマークとなる指数の上昇局面において、先物やオプションを利用し、上昇幅の2倍、3倍等の投資成果を目指すファンドは、ベア型ファンドに分類される。（2023年1月）　［　　］

その他の投資信託

ファンド・オブ・ファンズ	☐ 個別の株式や債券等への投資はせず、複数の投資信託を投資対象としているファンド（投資信託）
ブル型ファンド（レバレッジ型）	☐ デリバティブを利用し、相場の上昇局面で上昇幅が2倍、3倍等の投資成果が出るように設計された投資信託
ベア型ファンド（インバース型）	☐ デリバティブを利用し、相場の下落局面利益が2倍、3倍等の投資成果が出るように設計された投資信託
バランス型投資信託	☐ 国内外の株式、債券、REIT（不動産投資信託）など複数の資産に分散投資する投資信託 ☐ 複数の投資信託で運用を行うファンド・オブ・ファンズ形式のものがある

「ブル（強気相場）」「ベア（弱気相場）」は相場を表す言葉です。「ブル（Bull、牡牛）」は、牡牛が角を突き上げる姿から相場が上昇している（＝強気）ことを表し、「ベア（Bear、熊）」は、熊が手を振り下ろす姿から、相場が下落する（＝弱気）ことを表します。
ブル型、ベア型の投資信託は、上昇局面、下落局面でそれぞれ収益が出るようにデリバティブを組み込んで設計されます。

がんばった！

解説

1. 記載は適切。上場投資信託（ETF）は、株式市場に上場している投資信託で、日経平均株価やTOPIXなどの指数に連動するように運用されている。株式と同様の取引が可能。（答：○）
2. ブル型ファンド、ベア型ファンドは、先物取引、オプション取引を利用し、基準となる株価指数を上回る投資成果を目指す投資信託である。
記載はブル型ファンドの説明である。（答：×）

外貨建て金融商品

為替レートと、円安・円高になったとき、円換算した資産額がどのように変化するのかを理解しよう。

外貨建て金融商品

☐ 外貨建て金融商品は、ドルやユーロ等の外貨建てで運用される金融商品のことである。

☐ 為替レートには、TTS、TTB、TTMの3種類のレートがある。

為替レートの種類

TTS (Telegraphic Transfer Selling Rate)	☐ 顧客が円を外貨に換える場合のレート （銀行が顧客に外貨を売るので"Selling"が使われる） ☐ TTMに為替手数料を加えたレートとなっている （例：TTM＝140円で為替手数料が1円の場合、TTS＝141円）
TTB (Telegraphic Transfer Buying Rate)	☐ 顧客が外貨を円に換える場合のレート （銀行が顧客から外貨を買うので"Buying"が使われる） ☐ TTMから為替手数料を引いたレートとなっている （例：TTM＝140円で為替手数料が1円の場合、TTB＝139円）
TTM (Telegraphic Transfer Middle Rate)	☐ 金融機関が毎日決めて発表している為替相場の仲値 ☐ TTSやTTBはこのTTMをもとに決めている

3種類のレートがあるけれど、「銀行からみたレート」であることを押さえるとわかりやすいですよ。TTSは、銀行が顧客に外貨を売る（Selling）ためのレート、TTBは、銀行が顧客から外貨を買う（Buying）ためのレートです。

○×問題にチャレンジ

1 外貨預金の払戻し時において、預入金融機関が提示する対顧客電信買相場（TTB）は、預金者が外貨を円貨に換える際に適用される為替レートである。（2023年1月） [　　]

2 為替予約を締結していない外貨定期預金において、満期時の為替レートが預入時の為替レートに比べて円高になれば、当該外貨定期預金の円換算の利回りは高くなる。（2024年1月） [　　]

○ 一般的に、外貨建て金融商品の購入時にはTTSで円を外貨に換え、売却時にはその時点のTTBで外貨を円に換える。

為替リスクと為替差益

○ 外貨建て商品には、為替リスクがある。為替の変動により生じる利益を為替利差益、為替の変動により生じた損失を為替差損という。

1ドル＝100円のときに5,000ドルを購入した場合の為替損益のイメージ（参考）

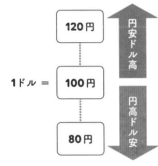

1ドル＝**120円**で**5,000**ドルを売却
120円/ドル×**5,000**ドル＝**60万円**（**10万円**の為替差益）

1ドル＝**100円**で**5,000**ドルを購入
100円/ドル×**5,000**ドル＝**50万円**

1ドル＝**80円**で**5,000**ドルを売却
80円/ドル×**5,000**ドル＝**40万円**（**10万円**の為替差損）

息抜きも大事だよ！

解説

1. 記載の通り。

外貨預金の預入時はTTS、払戻し時はTTBを適用する

＜為替レートの例＞

円→外貨	TTS	149円
仲値	TTM	148円
外貨→円	TTB	147円

※円➡外貨のときは一番大きな値
外貨➡円のときは一番小さな値（答：○）

2. 記載は誤り。満期時の為替レートが預入時より円高になると、円換算の利回りは低下する。

	円換算額	利回り
円安	増加	上昇
円高	減少	低下

（答：×）

25 外貨建て金融商品の種類

外貨預金と外貨建てMMFを押さえよう。

外貨預金

☐ 外貨預金には、外貨普通預金、外貨貯蓄預金、外貨定期預金等がある（普通、貯蓄、定期の預金の内容や特徴は、原則円建ての貯蓄商品と同じ）。

☐ 外貨預金の取扱通貨や為替手数料は金融機関により異なる。

外貨預金のポイント

内容	☐ 外貨建ての預金（特徴、しくみは円預金と同様）
ポイント	☐ 預金保険制度の対象外 ☐ 外貨定期預金の場合は、原則中途換金できない（中途換金できてもペナルティが発生する場合あり）
課税関係	☐ 預金利息：利子所得（源泉分離課税）20.315% ☐ 為替差益：雑所得として総合課税の対象（預入時に為替予約をしている場合は源泉分離課税となり、20.315%）

過去問題・○×問題にチャレンジ

1 下記の＜為替レート＞によって、円をユーロに換えて、ユーロ建て外貨預金に1万ユーロ預け入れる場合、預入時に必要な円貨の額は（　　）である。（2016年9月）

為替レート

TTS	TTM	TTB
124.34円	122.84円	121.34円

1) 1,213,400円　　2) 1,228,400円　　3) 1,243,400円　　[　　]

2 外貨建てMMFは、30日以上保有するなどの所定の要件を満たした場合、投資元本が保証される。（2014年1月）　　[　　]

3 外貨建てMMFは、毎月決算が行われ、毎年末に分配金がまとめて再投資される。（2015年1月）　　[　　]

4 外貨建て金融商品の取引にかかる為替手数料は、外国通貨の種類ごとに決められ、取り扱い金融機関による差異はない。（2017年1月）　　[　　]

外貨建てMMF

☐ 外貨建てMMFは外国籍の公社債投資信託で、一般的に外貨預金より利回りが高く、為替手数料が安いという特徴がある。取引開始の際は、外国証券取引口座を開設する必要がある。

外貨建てMMFのポイント

内容	☐ 外国籍で外国の法律に基づき設定される公社債投資信託（株式は一切組み入れていない）
ポイント	☐ 取引を始める場合には外国証券取引口座を開設する必要あり ☐ 申込手数料なしで購入でき、換金もいつでも可能（信託財産留保額は不要） ☐ 投資者保護基金の対象（国内の証券会社で購入した場合） ☐ 外貨預金より利回りが高めで為替手数料も安め
課税関係	☐ 収益分配金：申告不要（源泉分離課税20.315%）または申告分離課税 ☐ 譲渡益・為替差益等：申告分離課税20.315%で、上場株式等と損益通算・繰越控除が可能

解説

1. 円貨を外貨に交換する際のレート（本問の場合円➡ユーロ）は「TTS」を使う。124.34円×10,000＝1,243,400円（答：3）

2. 外貨建てMMFは、元本保証はない。（答：×）

3. 記載は不適切。外貨建てMMFは、毎日決算が行われ、毎月末に分配金がまとめて再投資される。（答：×）

4. 記載は不適切。外貨建て金融商品取引にかかる為替手数料は、外国通貨の種類ごとに決められ、取扱金融機関ごとに異なる。（答：×）

明日もファイトー！

その他の金融商品

デリバティブの基本を押さえよう。3級ではオプション取引に関する出題が多い。金投資は税法もあわせて押さえておこう。

デリバティブ（金融派生商品）

☐ デリバティブとは、株式や債券等の金融商品から派生して生まれた金融商品のことである。デリバティブ取引の代表的なものに、先物取引とオプション取引がある。

先物取引

☐ 先物取引は、将来の特定の時点（受渡日）に、特定の数量と価格で売買することを契約する取引のことをいう。

☐ 価格下落リスクに備える売りヘッジ、価格上昇に備える買いヘッジがある。

○×問題・過去問題にチャレンジ

1 オプション取引において、特定の商品を将来の一定期日に、あらかじめ決められた価格（権利行使価格）で売る権利のことを、コール・オプションという。（2023年5月）　[　　]

2 オプション取引において、将来の一定期日または一定期間内に、株式等の原資産を特定の価格（権利行使価格）で買う権利のことを（①）・オプションといい、オプションの買い手は、原資産の市場価格が特定の価格（権利行使価格）よりも値下がりした場合、その権利を（②）。（2016年9月）
1) ①コール　②放棄することができる
2) ①コール　②放棄することができない
3) ①プット　②放棄することができる　[　　]

3 オプション取引において、特定の商品を将来の一定期日にあらかじめ決められた価格で買う権利のことを（①）・オプションといい、他の条件が同じであれば、一般に、満期までの残存期間が長いほど、プレミアム（オプション料）は（②）なる。（2021年9月）
1) ①コール　②高く　　2) ①コール　②低く
3) ①プット　②低く　[　　]

オプション取引

☐ オプション取引は、将来の一定の時点（期間内）に特定の価格（権利行使価格）で売買する権利のことをいう。オプションを買う権利をコール・オプション、売る権利をプット・オプションという。

☐ オプション取引の際、買い手は売り手にオプション料（プレミアム）を支払う。オプションの買い手は、権利を行使するか、放棄するかを選択できる。

☐ 他の条件が同じ場合、オプション料は満期までの期間が長いほど高くなる。

金投資

☐ 金投資は、現物（金地金）やETFの購入、純金積立等により行う。

☐ 一般的に金の取引はドル建てが基本となるため、為替変動の影響がある。海外の金価格が一定の場合、円安は国内の金価格の上昇要因となる。

☐ 金を売却した場合の売却益は、譲渡所得として総合課税の対象となる。（Chapter4 Lesson11参照）

がんばった！

解説

1. 記載は誤り。オプションは、特定の商品を将来の一定期日にあらかじめ決められた価格で売買する権利である。買う権利はコール・オプション（call option）、売る権利はプット・オプション（put option）という。（答：×）

2. オプションの原資産の市場価格が権利行使価格よりも値下がりした場合、オプションの買い手はその権利を放棄して、権利行使価格より安い市場価格で原資産を購入することができる。（答：1）

3. ①1.の解説を参照

②他の条件が同じ場合、オプションのオプション料（プレミアム）は、

・満期までの残存期間が長いほど、

・対象となる原資産の価格の変動幅（ボラティリティー）が大きいほど、高くなる。

（答：1）

金融商品の税制

金融商品ごとの税制の違いとポイントを把握しよう。上場株式等の配当所得は税制が選べるが、それぞれのメリット・デメリットを把握しよう。

預貯金の税制

☐ 預貯金の利子は利子所得として、源泉分離課税の対象となる（税率20.315%）。

＜参考：税率20.315%の内訳＞

所得税15%、復興特別所得税0.315%（15%×2.1%）、住民税5%

※復興特別所得税（復興税）は2037年12月31日まで。試験では復興税を考慮するかしないかが明記される。

債券の税制

☐ 債券の利子は、特定公社債等（国債、地方債、上場公社債等）と一般公社債等（それ以外）に分けて課税される。

☐ 特定公社債等の税制は次の通り。

利子・分配金	☐ 利子所得として、申告不要（源泉徴収）または申告分離課税の選択制（税率20.315%）
譲渡益 償還差益	☐ 譲渡所得として、申告分離課税（税率20.315%）
損益通算等	☐ 申告分離課税を選択した場合、上場株式等の譲渡損失と損益通算可能 ☐ 損益通算しても控除しきれない損失については、翌年以後3年間、確定申告することにより繰越控除が可能

上場株式等の税制

◯ 上場株式等（上場株式、上場株式投資信託、J-REIT等）の収益には、配当金・分配金（配当所得）と売却益（譲渡所得）がある。

配当所得の税制

◯ 上場株式等の配当金（ETF・J-REIT等上場投資信託の分配金を含む）は、配当所得として20.315%が源泉徴収される。

◯ 課税方法（確定申告する/しない、または確定申告する場合の税制）は次の通り選択可能。

確定申告	総合課税	◯ その他の所得と合算して課税される ◯ 配当控除の適用を受けることができる
	申告分離課税	◯ 他の所得と分離して、税率20.315%で計算して課税される ◯ 上場株式等の譲渡損失と損益通算することができる
確定申告不要制度		◯ 配当金（分配金）の受取時に20.315%が源泉徴収される ◯ 源泉徴収のみで課税関係が終了する

譲渡所得の税制

◯ 上場株式等の売却益は、譲渡所得として申告分離課税の対象となる（税率20.315%）。

※一般株式等の配当等は20.42%（所得税・復興特別所得税のみ）

◯ 譲渡損失が生じた場合は、申告分離課税を選択した配当所得や特定公社債の利子所得、譲渡益等と損益通算できる。

◯ 損益通算しても控除しきれない損失は、翌年以後3年間、確定申告することにより繰越控除することができる。（Chapter4 Lesson16参照）

息抜きも大事だよ！

28

投資信託の税制

投資信託の税制は、分配金に関する出題が頻出。考え方から理解しよう。

投資信託の税制

- 公社債と公社債投資信託を合わせて「特定公社債等」という。公社債投資信託の税制は、公社債と同じく申告不要か、申告分離課税の選択制である。
- 株式投資信託は「上場株式等」に該当し、税制は原則株式の配当所得、譲渡所得の税制と同じとなる。
- 追加型株式投資信託の分配金は、普通分配金と元本払戻金（特別分配金）に分けられる。元本払戻金は元本の払戻しとみなされて非課税、普通分配金は配当所得として課税対象（20.315%）となる。

投資元本を超える利益には税がかかるんだね。

〇×問題・過去問題にチャレンジ

1 追加型の国内公募株式投資信託の受益者が受け取る収益分配金のうち、元本払戻金（特別分配金）は非課税である。（2020年9月） [　　]

2 追加型の国内公募株式投資信託において、収益分配金支払後の基準価額が受益者の個別元本を下回る場合、当該受益者に対する収益分配金は、その全額が普通分配金となる。（2023年9月） [　　]

3 追加型株式投資信託を基準価額1万200円（1万口当たり）で1万口購入した後、最初の決算時に1万口当たり700円の収益分配金が支払われ、分配落ち後の基準価額が1万円（1万口当たり）となった場合、その収益分配金のうち、普通分配金は（①）であり、元本払戻金（特別分配金）は（②）である。（2024年1月）
1) ①200円　②500円　　2) ①500円　②200円
3) ①700円　②200円 [　　]

追加型株式投資信託の分配金

収益分配金	普通分配金（個別元本を上回る部分）→課税（配当所得 **20.315%**）	
	分配落ち後の基準価額 ≧ 個別元本（購入価額）	
	特別分配金（元本払戻金）　　　　→非課税	
	分配落ち後の基準価額 ＜ 個別元本（購入価額）	

○ 例題

追加型投資信託を個別元本が12,000円、決算時の基準価格が13,500円で、収益分配金1,000円を支払った後の基準価額が12,500円になった場合、収益分配金のうち普通分配金と元本払戻金はいくらか。

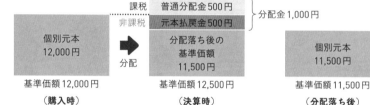

解説

1. 記載は適切。（答：○）

2. 記載は不適切。収益分配金支払後の基準価額が受益者の個別元本を下回る場合、当該受益者に対する収益分配金は、その全額が元本払戻金となる。（答：×）

3. 本問のケースを図示すると次の通り。

明日もファイトー！

（答：2）

証券口座の種類と NISA

これから資産運用を行うためには、証券口座やNISAの知識は必須。

証券口座の種類

☐ 証券会社で開設できる口座は、一般口座を含め、次のようなものがある。

一般口座		☐ 投資家が自分で1年間の損益計算を行い、確定申告する口座
特定口座		☐ 証券会社が損益計算を行い、年間取引報告書を作成する口座
	源泉徴収あり	☐ 損益計算に加えて納税まで証券会社が行う
	源泉徴収なし	☐ 損益計算は証券会社が行うが、確定申告と納税は投資家が行う
NISA口座		☐ 国内に住む18歳以上の者が対象の少額非課税投資口座

NISA（少額投資非課税制度）

☐ NISA口座（非課税口座）内で購入した金融商品から得られる運用益（配当金・分配金や売却益）が非課税となる制度である。2024年に新制度がスタートした。

新しいNISA、すごく気になります。

ぜひ知識をつけて、ライフプランを考えながらの資産形成に役立ててね。

○×問題にチャレンジ

1 NISA（特定非課税累積投資契約に係る少額投資非課税制度）の「つみたて投資枠」において、上場株式は投資対象商品とされていない。
（2022年9月 改題）

[　　]

NISA（新制度）の概要

	成長投資枠	積立投資枠
対象者	日本国内に住む18歳以上の者	
年間投資枠	360万円	
	240万円	120万円
非課税保有期間	無期限	
非課税保有限度額	1,800万円	
	内枠1,200万円	
投資対象商品	上場株式、投資信託等 （整理・監理銘柄や一定の投資信託を除く）	長期の積立・分散投資に適した一定の投資信託
旧制度（2023年以前）との関係	2023年までに旧制度の一般NISA、つみたてNISAで投資した商品は、新制度とは別枠で非課税措置を適用する（ただし非課税期間終了後に現行制度にロールオーバーすることはできない）	

NISAのポイント

☐ 口座の内枠に、併用可能な成長投資枠とつみたて投資枠ができた。

☐ 年間投資枠は、成長投資枠240万円、つみたて投資枠120万円、計360万円。

☐ 非課税保有限度額（総枠）1,800万円は「簿価残高方式」で管理され、途中売却により枠内の簿価が減った分は再利用が可能。

☐ 一般口座や特定口座で保有している株式や株式投資信託をNISA口座に移すことはできない。

☐ 2023年以前のNISA制度の枠組み（一般NISA、つみたてNISA）で投資した金融商品も、新NISA口座にロールオーバーすることはできない。

☐ NISA口座で発生した損失は、一般口座や特定口座の配当金や売却益等と損益通算できない。また翌年以降損失の繰越控除もできない。

がんばった！

解説

1. つみたて投資枠で購入できる商品は、金融庁の基準を満たした一定の投資信託に限られる。上場株式を購入できるのは、成長投資枠である。（答：○）

ポートフォリオ運用

ポートフォリオ運用は、値動きの異なる複数の資産に分散投資することで、リスクを低減しながらリターンを追求する手法である。試験対策としては、基本的な考え方とポイントを押さえればOK。

リターンとリスク

☐ 資産運用における「リターン」は運用結果、「リスク」は、将来の運用結果の不確実性（将来の運用結果にぶれが生じること）をいう。

☐ 一般的に、高いリターンを上げるためにはリスクも大きくなる（ハイリスク・ハイリターン）。ローリスク、ハイリターンとなるものはない。

ポートフォリオ運用とは

☐ 投資にはリスクが伴うが、分散投資等を行うことでリスクを抑えることは可能である。

☐ 運用リスクを軽減し、より安定した高いリターンを獲得するために、どの資産（アセット）をどのような割合で投資するか決めることを、アセットアロケーション（資産配分）という。

☐ ポートフォリオとは、アセットアロケーションにより構成された運用資産の組み合わせのことをいう。

 「ポートフォリオ」の元の意味は、紙ばさみ（作品や書類を挟むファイル）です。

☐ ポートフォリオ運用は、資産運用において、価格変動リスクを抑えながら複数の資産に分散投資することである。「どの資産に投資するか」は、資産ごとのリスクや資産配分の割合、値動きの連動性（相関係数）により決まる。

☐ ポートフォリオ運用では、個別の投資銘柄の選択や売買タイミングより、アセットアロケーションの結果が運用成果を大きく左右する。

ポートフォリオの相関係数とリスク低減効果

○ 相関係数とは、ポートフォリオに組み入れる資産の値動きの関連性を表す指標で、−1（逆の値動き）から＋1（同じ値動き）までの数値で表される。

○ 相関係数が−1に近づくほどリスク低減効果は高くなる。

相関関係とリスクの関係

相関関係	−1	0	＋1
2つの資産の値動き	全く逆の値動き	相関関係なし（互いにバラバラ）	全く同じ値動き
リスク低減効果	最大	低い	なし

 「相関係数＝−1の時にリスク低減効果が最大となる」ことを押さえましょう。

期待収益率

○ 期待収益率は、特定の資産の運用結果として期待される平均的な収益率のことをいう。

○ ポートフォリオの期待収益率は、各資産の期待収益率をポートフォリオの組み入れ比率で加重平均したもので、ポートフォリオの収益性を見る目安となる。

ポートフォリオの期待収益率＝（各資産の期待収益率×組み入れ比率）の加重平均

○ 例題

A資産の期待収益率が3.0%、B資産の期待収益率が5.0%の場合に、A資産を40%、B資産を60%の割合で組み入れたポートフォリオの期待収益率は、（　　）となる。（2023年5月）

1）1.8%　　2）4.0%　　3）4.2%

息抜きも大事だよ！

解答

期待収益率＝3.0%×40%＋5.0%×60%＝4.2%（答：3）

iDeCo と NISA

iDeCoとNISAは、セットのように語られることが少なくありませんが、まったく別の制度であることは、FPの勉強をしている皆さんならご存じのことでしょう。iDeCoの正式名称は個人型確定拠出年金。年金なので、管轄が厚生労働省です。これに対して、NISAの正式名称は少額投資非課税制度。投資非課税制度ということで、金融庁の管轄となっています。

「iDeCoとNISAのどちらを始めたらいいのかわかりません」と言われる方がいらっしゃいますが、同時に両方を活用して資産形成を行うことができます。

働いていて課税所得のある方には、iDeCoへの加入をお勧めします。iDeCo最大のメリットとも言える税制優遇を大いに享受できます。拠出する掛金の金額が全額所得控除の対象となり、税額が軽減されますが、1年間だと数万円でも、拠出する年数を掛けると相当な金額（場合により100万円単位の金額）になります。

60歳を過ぎ、国民年金制度への加入が終了した場合や、農業従事者で農業者年金に加入している方などは、iDeCoへの加入が制限される場合があります。そのような場合には、ぜひ新NISAで資産形成を進めてください。

Chapter 4

タックス プランニング

Chapter 4 では、所得税のしくみと内容を中心に学び、個人住民税・個人事業税についても簡単に学習する。

10種類の所得、15種類の所得控除等、学ぶ項目がたくさんあるが、それぞれ税制（税金のルール）と計算方法がどうなるか、整理しながら読もう。

特例（特別ルール）も多いが、どのような場合に特例が適用されるのか、状況と結び付けて覚えよう。

自分の源泉徴収票や確定申告書を見て、イメージしながら学習すると効果的。

アクセスキー | y（小文字のワイ）

バタ子さん、確定申告をする

バタ子さん、少し元気がない様子……? そこにマサエさんとアキコさんが通りかかりました。

バタ子ちゃん、お久しぶり！ あら、少しやせた？ しばらく見かけなかったけど、体調を崩していたの？

マサエさん、こんにちは。そうなんです、最近仕事が忙しくて、ストレスのせいなのか調子が悪くて……。今年は病院にもいっぱい通っちゃいました。

病院の受付の人に「確定申告のためにレシートを取っておいた方が良いよ」って言われたんですけど、確定申告、したことないんですよね。どうやればいいのでしょう？

医療費控除が使えるくらい、通院したのね。じゃあぜひ確定申告をして、税金を還付してもらいましょう。今の確定申告って、手続きはそんなに難しくないの。スマホでできてしまうくらいよ。

それを聞いて、ちょっと安心しました。初心者でもなんとかなりそうってことですね。

国税庁のホームページや動画で詳しく説明しているから、まずはそれを見るとやり方がわかると思うわ。マイナポータルと連携して、医療費の情報を取得して確定申告書に自動入力させる方法もありますよ。

手続きも大切だけれど、基本的なところ、所得税の計算の仕組みは是非知ってほしいな。所得税は、収入に税率を掛けて計算するわけではなくて、経費などを差し引く、これを控除と言うのだけれど、そういうお金を差し引いてから、課税所得に税率を掛けて算出するルールになっているの。この仕組みや計算方法を理解すると、控除を上手に活用する方法も考えられるようになるわ。

控除を活用する、か……。

控除は「条件にあてはまる人は差し引いてもいいよ」っていうお金
で、課税所得を減らせる、つまり節税につながるもの。自分で申告
しないといけないので、制度を知らなかったがために控除を申告で
きないこともありうるわ。それは残念だから、ぜひ税金についても
学んでほしいわ。

税金のことを知るって大切ですね。賢く節税できるように、少しず
つ勉強、始めてみます！

1

所得税の基礎

税金はどのように分類されるのか、所得税の基礎について学習しよう。

税金

☐ 税金とは、年金・医療などの社会保障や、公的サービス（水道、道路などの整備、教育、警察、防衛）を運営するための費用を賄うもの。その費用を広く公平に負担しているのが「税金」である。

税金の分類

☐ 税金は、性質や納付方法によって分類される。

国税と地方税

☐ 税金は、どこが課税するか（どこに納付するか）の違いによって、国税と地方税に分けられる。

☐ 国税は国が課税（国に納付）、地方税は地方公共団体（都道府県や市区町村）が課税（地方公共団体に納付）する。

直接税と間接税

☐ 誰が税金を納めるかによって、直接税と間接税に分けられる。

☐ 直接税とは、税金を負担する者が、直接自分で納付する税金。

☐ 間接税とは、税金を負担する者と、納付する者が異なる税金。

※税金を納付する者を納税者、実際に税金を負担する者を担税者という。

過去問題にチャレンジ

1 税金には国税と地方税があるが、（　　）は地方税に該当する。（2021年1月）

1）相続税　　2）登録免許税　　3）固定資産税　　　　　[　　]

国税と地方税、直接税と間接税の区分

	直接税	間接税
国税	所得税・相続税・贈与税 登録免許税など	消費税・酒税・印紙税など
地方税	住民税・固定資産税・都市計画税・不動産取得税など	地方消費税など

消費税や酒税まで意識したことがなかったけれど、価格に含まれているんだね!

課税方法

☐ 課税方法には、申告納税方式と賦課課税方式がある。

課税方式	税の種類	計算方法	納付の方法
申告納税方式	所得税 相続税 法人税など	納税者が自分で税額を計算する	直接申告(確定申告)して、税金を納める
賦課課税方式	個人住民税 固定資産税など	課税する国や地方公共団体が税額を計算する	納税者に通知、納税通知書をもとに納める

会社に勤めている人は源泉徴収されているから、理解しにくいかもしれないけど、本来は自分で税額を計算して自分で税金を納めるのよ。

明日もファイトー!

解説

1. 国税は、相続税と登録免許税。地方税は固定資産税となる。(答:3)

所得税の基本

所得税の納税義務者と範囲、非課税となるものについて理解しよう。

所得

☐ 個人（個人事業主を含む）が1年間（1月1日〜12月31日）に得た収入から、その収入を得るためにかかった必要経費を差し引いた金額。

☐ 所得金額＝総収入金額−必要経費

※未収の収益（回収していない売上など）でも、確定している売上分は総収入金額に含まれる。

所得税

☐ 所得税は、個人が得た所得に対してかかる税金。

☐ 個人単位で課税。

☐ 所得税額＝所得金額×税率（超過累進税率：5％〜45％の7段階）

☐ 超過累進課税制度：所得が増えると税率が高くなる。

☐ 申告納税制度（原則、翌年の2月16日〜3月15日までに確定申告をして納税）。

納税義務者

☐ 所得税は、所得を得た個人が納める。

☐ 納税義務者は居住者と非居住者に分けられ、課税される所得が異なる。

○×問題にチャレンジ

1 所得税において、老齢基礎年金や老齢厚生年金を受け取ったことによる所得は、非課税所得となる。（2023年1月）　[　　]

2 電車・バス等の交通機関を利用して通勤している給与所得者が、勤務先から受ける通勤手当は、所得税法上、月額10万円を限度に非課税とされる。（2023年9月）　[　　]

納税義務者	課税される所得
居住者（国内に住所がある、または国内に1年以上住まいがある個人）	国内・国外で得た全ての所得
非居住者（居住者以外）	国内で得た所得のみ （国外で得た所得は課税されない）

所得税が非課税となる場合

個人が得た次の所得は非課税。

☐ 雇用保険や健康保険の給付金（基本手当や傷病手当金）

☐ 障害者や遺族が受け取る公的年金（障害年金、遺族年金など）

☐ 生命保険（医療保険）の入院給付金や手術給付金

☐ 火災により火災保険から受け取った保険金

☐ 会社員の通勤手当（月額15万円までは非課税）

☐ 出張旅費（妥当な金額の範囲）

☐ 生活用動産（30万円以下のもの）の譲渡による所得

（※1組の価額が30万円を超える宝石など、動産の譲渡による所得は課税される）

☐ 宝くじの当選金

☐ 慰謝料や見舞金（妥当な金額の範囲）

 非課税となる所得は頻出問題なので、主なものは覚えてね。

 給付金や保険金は困ったときのためのお金だから、非課税になる理由はなんか分かる！

がんばった！

解説

1. 遺族年金や障害年金は非課税だが、老齢年金は雑所得となる。（答：×）

2. 通勤手当は月額15万円までは非課税とされる。（答：×）

所得税の計算方法

所得税の計算方法や計算の流れについて理解しよう。

所得税の課税方法

☐ 所得を10種類に分けて、それぞれで所得金額を算出する。

☐ 各所得金額は合算して原則は、総合課税。

☐ 一部所得については、分離して分離課税。

課税方法		対象となる所得		内容	確定申告
総合課税		譲渡所得	土地・建物・株式の譲渡所得以外	原則として、全ての所得を合算した総所得金額に課税する	必要
		(利子所得※)・配当所得・不動産所得・事業所得・給与所得・一時所得・雑所得			
分離課税	申告分離課税	退職所得・山林所得		他の所得と分離して、所得を計算して課税する	利益が出た場合、必要
		譲渡所得	土地・建物・株式の譲渡所得		
		利子所得	特定公社債等の利子		
	源泉分離課税	利子所得	預貯金の利子など	所得を得た時点で一定税率が差し引かれて課税関係が完結する	不要

※利子所得は税法上の区分では総合課税。

所得税の速算表

課税所得金額	税率	控除額
195万円未満	5%	0円
195万円以上330万円未満	10%	97,500円
330万円以上695万円未満	20%	427,500円
695万円以上900万円未満	23%	636,000円
900万円以上1,800万円未満	33%	1,536,000円
1,800万円以上4,000万円未満	40%	2,796,000円
4,000万円以上	45%	4,796,000円

ここでは、ざっくりと流れを押さえればOKです!

○×問題にチャレンジ

1 所得税において源泉分離課税の対象となる所得については、他の所得金額と合計せず、分離して税額を計算し、確定申告によりその税額を納める。(2021年5月)　　　　　[　　]

所得税の計算の流れ

リボンを
チェック！

1. 各種所得金額を算出

所得を次の10種類に分け、それぞれの所得金額を算出する。
（総合課税：利子所得・配当所得・不動産所得・事業所得・給与所得・譲渡所得・一時所得・雑所得　分離課税：山林所得・退職所得）

2. 総所得金額を算出

各所得を合計し、課税標準を計算する（損益を通算し、損失の繰越控除を行う）。

課税標準とは、税金を計算する際の基準となるもので、総所得金額のことです。

3. 課税総所得金額を算出

課税標準から所得控除（以下）を差し引き、課税所得金額を出す。
（基礎控除・配偶者控除・配偶者特別控除・扶養控除・障害者控除・寡婦控除・ひとり親控除・勤労学生控除・社会保険料控除・生命保険料控除・地震保険料控除・小規模企業共済等掛金控除・医療費控除・雑損控除・寄附金控除）

4. 所得税額を算出

課税所得金額に税率を掛けて所得税額を計算し、所得税から税額控除を差し引いて申告納税額を計算する。

5. 申告納税額を算出

源泉徴収分の金額を差し引き、申告する納税額を算出する。

息抜きも大事だよ！

解説

1. 源泉分離課税の対象となる所得は、所得の支払い時に税金分を差し引かれて、課税関係は終了する。そのため、確定申告の必要はない。（答：×）

所得税の計算手順

どこを学んでいるか、わからなくなったらこの図で確認しよう。

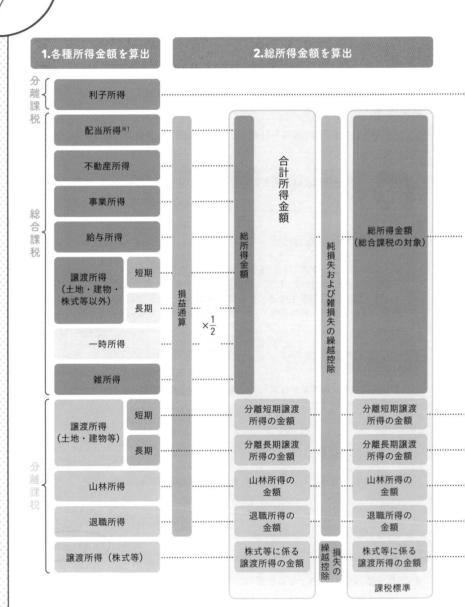

1.各種所得金額を算出

2.総所得金額を算出

分離課税
- 利子所得
- 配当所得※1

総合課税
- 不動産所得
- 事業所得
- 給与所得
- 譲渡所得（土地・建物・株式等以外）　短期／長期
- 一時所得
- 雑所得

分離課税
- 譲渡所得（土地・建物等）　短期／長期
- 山林所得
- 退職所得
- 譲渡所得（株式等）

損益通算

×1/2

総所得金額

合計所得金額

純損失および雑損失の繰越控除

総所得金額（総合課税の対象）

分離短期譲渡所得の金額
分離長期譲渡所得の金額
山林所得の金額
退職所得の金額
株式等に係る譲渡所得の金額

損失の繰越控除

分離短期譲渡所得の金額
分離長期譲渡所得の金額
山林所得の金額
退職所得の金額
株式等に係る譲渡所得の金額

課税標準

※1　上場株式等の配当所得については申告分離課税か確定申告不要制度を選択できる

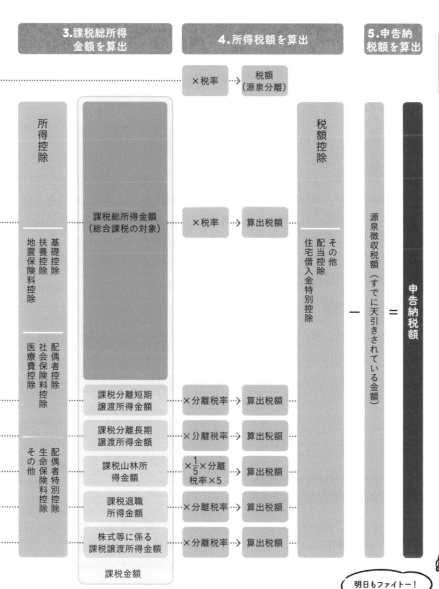

| 3.課税総所得金額を算出 | 4.所得税額を算出 | 5.申告納税額を算出 |

×税率 → 税額（源泉分離）

所得控除

課税総所得金額（総合課税の対象）　×税率 → 算出税額

基礎控除
扶養控除
地震保険料控除

配偶者控除
社会保険料控除
医療費控除

配偶者特別控除
生命保険料控除
その他

課税分離短期譲渡所得金額　×分離税率 → 算出税額

課税分離長期譲渡所得金額　×分離税率 → 算出税額

課税山林所得金額　$\times\frac{1}{5}\times$分離税率×5 → 算出税額

課税退職所得金額　×分離税率 → 算出税額

株式等に係る課税譲渡所得金額　×分離税率 → 算出税額

課税金額

税額控除

その他
配当控除
住宅借入金特別控除

源泉徴収税額（すでに天引きされている金額）

－

＝

申告納税額

明日もファイトー！

5

学習日 /

利子所得と配当所得

ここからは**10種類**の所得の概要を理解しよう。利子所得と配当所得は金融とあわせて確認することが大切。

利子所得

☐ 預貯金や公社債の利子、公社債投資信託の収益分配金などによる所得。

利子所得の計算

☐ 利子所得＝収入金額（利子所得の金額は源泉徴収される前の収入金額）

税制

☐ 預貯金の利子：源泉分離課税、20.315％（所得税15.315％、住民税5％）が利子を受け取るときに源泉徴収されて、課税関係は終了する。
※源泉徴収：前もって税金相当額を差し引かれること

☐ 特定公社債等の利子や公社債投資信託の収益分配金は申告分離課税、または申告不要を選択できる。

配当所得

☐ 株式の配当金、株式投資信託や上場投資信託（ETF）、不動産投資信託（J－REIT）の収益分配金などによる所得。

○×問題にチャレンジ

1 個人が国内において支払を受ける預貯金の利子は、原則として、20.315％の税率により所得税および復興特別所得税と住民税が源泉徴収等され、課税関係が終了する。（2022年9月）　[　　]

2 所得税において、国債や地方債などの特定公社債の利子は、総合課税の対象となる。（2023年5月）　[　　]

配当所得の計算

☐ 配当所得＝配当収入金額－株式等を取得するための負債利子（借入金の利子）

☐ 税制

	選択する課税制度	確定申告	概要	できないこと
配当金	総合課税	必要	配当控除の適用を受けることができる	上場株式等の譲渡損失との損益通算
	申告分離課税	必要	上場株式等に譲渡損失がある場合、受取配当金と上場株式等の譲渡損失との損益通算が可能	配当控除の適用は受けられない
	申告不要制度	不要	配当を受け取るときに源泉徴収される。20.315％（所得税15.315％、住民税5％）の税金が差し引かれ、課税関係は終了	• 配当控除の適用は受けられない • 上場株式等の譲渡損失との損益通算

※例外：発行済上場株式の3％以上を保有している大株主が配当を受け取った場合、総合課税のみとなる。申告不要制度や申告分離課税は選択できない
※NISA口座における配当や分配金は非課税

分配金は、公社債投資信託は利子所得、株式投資信託は配当所得になりますよ。

このあたりは金融のページと合わせて確認するほうが理解できそう。

がんばった！

解説

1. 本文の通り。（答：○）
2. 特定公社債の利子は、申告分離課税となる。（答：×）

不動産所得

不動産所得は頻出するため、しっかりと学習しよう。

不動産所得

☐ **不動産の貸付**による所得

☐ 土地の賃貸料やマンションなどの家賃収入、月極駐車場の賃料などがある（コインパーキングなどの時間貸駐車場は事業所得か雑所得となる）。

不動産所得の計算

☐ 不動産所得＝総収入金額－必要経費（－青色申告特別控除額）

総収入金額の例	必要経費の例
• 家賃、地代、駐車場の賃料、礼金、更新料 • 入居者に返還を要しない敷金や保証金	• 借入金利子、固定資産税、都市計画税、不動産取得税、減価償却費、修繕費、火災保険料など • 不動産を取得するための借入金の利子は必要経費になるが借入金元本返済額は必要経費にならない • 所得税や住民税は必要経費にならない

※青色申告特別控除：Lesson27参照

借入金の利子の扱いがポイントだね。

過去問題にチャレンジ

1 所得税において、事業的規模で行われている賃貸マンションの貸付による所得は、（　　）となる。（2023年1月）

1）不動産所得

2）事業所得

3）雑所得

[　　]

事業的規模の不動産の貸付

☐ 不動産の貸付を事業的規模で行っていても、不動産所得となる。
事業所得にはならない。
※事業的規模：貸家なら5棟以上、アパート等の部屋なら10室以上

☐ 事業的規模の不動産所得がある場合、青色申告特別控除など控除できる。

税制

☐ 原則、総合課税。

☐ 不動産の売却による収入は譲渡所得、不動産の売買取引の仲介による所得は事業所得となる。

不動産所得の損益通算

☐ 不動産所得に損失がある場合、原則として他の所得と合算して損益通算できる。ただし、土地を取得するための負債利子（借入金の利子）の金額が、不動産所得の損失の中に含まれている場合、その負債利子は、損益通算の対象にならない。
※建物を取得するための負債利子の金額は、損益通算の対象になる。

息抜きも大事だよ！

【解説】

1.不動産の貸付を事業的規模で行っていても、不動産所得となる。

（答：1）

事業所得と減価償却

間違えやすい事業所得のポイントや減価償却の概要について理解しよう。

事業所得

☐ 農業や製造業、小売業・サービス業など継続的に行う事業から生じる所得。

☐ 事業用の固定資産（車両など）を譲渡した場合、譲渡所得となる。

事業所得の計算

☐ 事業所得＝総収入金額－必要経費（－青色申告特別控除額）

総収入金額の範囲	必要経費の範囲
• 事業により確定した売上や手数料収入など ※実際の現金収入額ではなく、その年に確定した金額（未収金額も含む）	• 収入金額に対する売上原価（商品などの仕入代金） • 減価償却費、給料、家賃、水道光熱費など

☐ 売上原価＝年初棚卸高＋当年仕入高－年末棚卸高

税制

☐ 総合課税。

☐ 事業所得は確定申告が必要。

減価償却

☐ 建物や車両等の固定資産は使用すると価値が減少する。その価値の減少分を使用期間（耐用年数）に分けて、費用として計上することをいう。

☐ 土地は減価償却資産ではない。

過去問題にチャレンジ

1 固定資産のうち、（　）は減価償却の対象とされない資産である。
（2023年9月）

1) 特許権
2) ソフトウエア
3) 土地

[　　]

減価償却の方法

☐ 定額法か定率法を選択する。どちらかを選択しなかった場合、法人の法定償却法は建物を除き定率法。個人事業主の場合は定額法。

定額法	毎年同じ額を減価償却費として計上する方法
定率法	毎年の未償却残額に一定の償却率を掛けて計上する方法

※建物（1998年4月1日以後に取得したもの）、建物付属設備や構築物（2016年4月1日以降に取得したもの）は定額法のみ

☐ 処理方法の違い

処理方法	減価償却資産の取得価額	処理方法
少額減価償却資産	10万円未満または、使用可能期間が1年未満のもの	取得時に全額を費用計上できる（損金算入できる）
一括償却資産	10万円以上20万円未満	一括して3年間で均等に償却できる（1/3の金額を3年間）

☐ 定額法での計算方法

減価償却費＝取得価額×定額法償却率×$\dfrac{事業供用月数}{12}$

ケース：取得価額　7,000万円　取得年月　2023年7月　耐用年数　47年

耐用年数が47年の場合：定額法償却率は0.022

不動産賃貸の用に供した月：2023年7月

上記新築アパートを購入した場合の、減価償却費はいくらになるか。

7,000万円 × 0.022 × $\dfrac{6}{12}$ ＝ 77万円

（7月〜12月の6ヵ月使用）

リボンをチェック！

Chapter 4-7 ｜ 事業所得と減価償却

明日もファイトー！

解説

1. 土地は減価償却資産ではない。（答：3）

給与所得

Chapter 4
8
学習日
/

身近な給与所得は、計算問題ができるようにしよう。

給与所得

☐ 会社員などが会社から受け取る給料や賞与などの所得。他にも金銭以外の物の支給や経済的利益も含まれる。

※経済的利益：会社からの無利息での借入れや商品などを無償（低価格）で譲り受けた場合など。

給与所得の計算

☐ 給与所得＝給与収入金額（年収）－給与所得控除（最低55万円）

・給与所得控除額の速算表

給与等の収入金額	給与所得控除額
162万5千円以下	55万円
162万5千円超～180万円以下	収入金額×40％－10万円
180万円超～360万円以下	収入金額×30％＋8万円
360万円超～660万円以下	収入金額×20％＋44万円
660万円超～850万円以下	収入金額×10％＋110万円
850万円以上	195万円（上限）

表は覚えなくていいけれど、55万円はおさえよう。

○×問題にチャレンジ

1 所得税において、その年中の給与等の収入金額が55万円以下である場合、給与所得の金額は0（ゼロ）となる。（2017年5月 改題）　[　　]

税制

- ⃞ 総合課税。
- ⃞ 通勤手当（月額15万円が限度）や出張旅費などは非課税。
- ⃞ 毎月の給与から税金が源泉徴収され、年末調整を行うことで確定申告は不要となる。ただし、給与所得者でも確定申告が必要な場合がある（Lesson26参照）。

所得金額調整控除

- ⃞ 次の要件のいずれかに該当する場合、総所得金額を計算する段階で、給与所得から一定額を所得金額調整控除額として控除することができる。

その年の給与収入が850万円を超える	かつ	・本人が特別障害者 ・23歳未満の扶養親族がいる ・特別障害者の同一生計配偶者や扶養親族がいる

所得金額調整控除額の計算

- ⃞ 所得金額調整控除額＝（給与等の収入金額－850万円）×10％
- ⃞ 収入金額が1,000万円を超える場合には、1,000万円から850万円を控除した金額の10％を給与所得の金額から控除する。
  （1,000万円－850万円）×10％＝15万円（控除額の上限）
- ⃞ 年末調整で所得金額調整控除の適用を受ける場合、「所得金額調整控除申告書」を提出する必要がある。

> 2018年度の税制改正で、給与所得控除額と公的年金等控除額が引き下げられたことで、税負担が増える影響を緩和するために所得金額調整控除が創設されたんだね。

がんばった！

解説

1. 本文の通り。（答：○）

退職所得 と 山林所得

退職所得は頻出問題です。必ず計算問題ができるようにしよう。

退職所得

- [ ] 退職金、退職手当、企業年金の退職一時金などをいう。

退職所得の計算

- [ ] 退職所得＝（収入金額－退職所得控除額）$\times \frac{1}{2}$

勤続年数	退職所得控除額の計算式
20年以下	40万円×勤続年数（最低80万円）
20年超	800万円＋70万円×（勤続年数－20年）

※勤続年数で1年未満の端数期間がある場合、1年に切り上げる

税制

- [ ] 分離課税。

特定役員退職手当等の退職所得

- [ ] 役員等としての勤続年数が5年以下の者が、退職金の支払を受けた場合。
- [ ] 退職所得＝（収入金額－退職所得控除額）※計算式に $\times \frac{1}{2}$ の適用はない。

> 短い勤続年数の人には「$\frac{1}{2}$ 課税」の優遇はないんだね。

短期退職手当等の退職所得

- [ ] 一般従業員（役員等以外）としての勤続年数が5年以下の一般従業員（役員等以外）が300万円を超える退職金の支払を受けた場合、300万円を超える部分には計算式の2分の1の適用はない。

○×問題にチャレンジ

1 退職手当等の支払を受ける個人がその支払を受ける時までに「退職所得の受給に関する申告書」を提出した場合、その支払われる退職手当等の金額に20.42％の税率を乗じた金額に相当する所得税および復興特別所得税が源泉徴収される。（2023年5月）　　[　　　]

☐ 退職所得＝150万円＋｛（収入金額－（300万円＋退職所得控除額）｝（300万円×$\frac{1}{2}$）（300万円を超える部分）

退職所得の受給に関する申告書

	確定申告	住民税
提出している	退職金等の支払の時に適正な税額が源泉徴収されるため、確定申告の必要はない	住民税も特別徴収される
提出していない	退職所得控除が適用されず、一律20.42％（所得税20％、復興特別所得税0.42％）が源泉徴収される。確定申告をすることで税額の還付を受けることができる	住民税は申告書を提出している場合と同額が特別徴収される

死亡退職金

☐ 死亡退職金は退職所得ではなく、みなし相続財産として相続税の課税対象。死亡して3年経過後に支給が確定した場合、受け取った者の一時所得となる。

山林所得

☐ 山林を伐採して譲渡したり、立木のままで譲渡したりすることで生ずる所得。
※山林は、所有期間が5年を超えるもの

山林所得の計算

☐ 山林所得＝総収入金額－必要経費－特別控除額（最高50万円）

税制

☐ 分離課税
☐ 山林所得の税額は、5分5乗方式で計算する。
☐ 税額＝（山林所得の金額×$\frac{1}{5}$×税率）×5

息抜きも大事だよ！

解説

1.「退職所得の受給に関する申告書」を提出していない場合に、退職所得控除が適用されず、一律20.42％が源泉徴収される。「退職所得の受給に関する申告書」を提出した場合ではない。（答：×）

本番問題にチャレンジ

過去問題を解いて、理解を確かなものにしよう。

○**問1** 落合さんは、個人でアパートの賃貸をしている青色申告者である。落合さんの2024年分の所得および所得控除が下記＜資料＞のとおりである場合、落合さんの2024年分の所得税額として、正しいものはどれか。なお、落合さんに＜資料＞以外の所得はなく、復興特別所得税や税額控除、源泉徴収税額、予定納税等については一切考慮しないこととする。（2023年1月FP協会 資産 改題）

＜資料＞

[2024年分の所得]
不動産所得の金額 580万円
※必要経費や青色申告特別控除額を控除した後の金額である。
[2024年分の所得控除]
所得控除の合計額 130万円

＜所得税の速算表＞

課税される所得金額	税率	控除額
1,000円 から 1,949,000円 まで	5%	0円
1,950,000円 から 3,299,000円 まで	10%	97,500円
3,300,000円 から 6,949,000円 まで	20%	427,500円
6,950,000円 から 8,999,000円 まで	23%	636,000円
9,000,000円 から 17,999,000円 まで	33%	1,536,000円
18,000,000円 から 39,999,000円 まで	40%	2,796,000円
40,000,000円 以上	45%	4,796,000円

（注）課税される所得金額の1,000円未満の端数は切捨て

1. 900,000円　　2. 732,500円　　3. 472,500円　　[　　]

○**問2** 会社員の飯田さんは、2024年中に勤務先を定年退職した。飯田さんの退職に係るデータが下記＜資料＞のとおりである場合、飯田さんの所得税に係る退職所得の金額として、正しいものはどれか。（2022年5月FP協会 資産 改題）

<資料>

[飯田さんの退職に係るデータ]
- 支給された退職一時金：1,800万円
- 勤続期間：23年4カ月
※1年に満たない月は1年に切り上げて退職所得控除額を計算する。
- 勤務した会社で役員であったことはない。
- 退職は障害者になったことに起因するものではない。
- 2024年以前に受け取った退職金はない。
- 「退職所得の受給に関する申告書」は適切に提出されている。

[参考：退職所得控除額の求め方]

勤続年数	退職所得控除額
20年以下	40万円×勤続年数（80万円に満たない場合には、80万円）
20年超	800万円＋70万円×（勤続年数－20年）

1. 360万円　　2. 395万円　　3. 720万円　　　　［　　］

解説1

所得税額は、課税総所得金額を求めて、所得税額を算出する。

①課税総所得金額＝総所得金額－所得控除の合計額

②所得税額＝課税総所得金額×税率－控除額

不動産所得：580万円－所得控除の合計額：130万円＝450万円

<所得税の速算表>より

所得税額＝450万円×20％－427,500＝472,500（答：3）

解説2

退職所得＝（収入金額－退職所得控除額）×$\frac{1}{2}$

勤続年数は23年4カ月→1年未満を切り上げて、24年とする。

退職所得控除＝800万円＋70万円×（24年－20年）＝1,080万円

退職所得＝（1,800万円－1,080万円）×$\frac{1}{2}$＝360万円（答：1）

明日もファイトー！

譲渡所得

譲渡所得は、土地・建物・株式などとその他によって違う点を学習しよう。

譲渡所得

- ⬜ 不動産や株式、ゴルフ会員権など、資産の譲渡による所得。
- ⬜ 棚卸資産（商品や製品など）の譲渡による所得は事業所得となる。
- ⬜ 所有期間が5年以下か5年超かによって異なる。

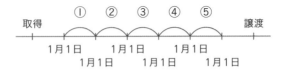

 長期譲渡所得は、1月1日を起点とした山が5つあるか確認！

譲渡所得の計算

土地・建物等の譲渡

⬜ 申告分離課税

譲渡した年の1月1日において、保有期間が5年以下	短期譲渡所得	総収入金額－（取得費＋譲渡費用）－特別控除額（譲渡したものにより控除額は異なる）
譲渡した年の1月1日において、保有期間が5年超	長期譲渡所得	

※相続や贈与により取得した財産を譲渡した場合、取得日は被相続人（亡くなった者）が取得した日、贈与者（贈与した者）が取得した日をそのまま引き継ぐ

株式等の譲渡

⬜ 申告分離課税

所有期間の短期と長期の区別はない	総収入金額－〔取得費＋譲渡費用（委託手数料）＋負債利子（借入金の利子）〕

※特別控除はない

土地・建物等・株式等以外の譲渡
（ゴルフ会員権や金地金等の譲渡）

○ 総合課税

所有期間が5年以下	短期譲渡所得	総収入金額－（取得費＋譲渡費用）－特別控除額（50万円）
所有期間が5年超	長期譲渡所得	※短期と長期を合計して最高50万円

> 短期譲渡所得と長期譲渡所得の両方がある場合、特別控除額の50万円は、先に短期譲渡所得から控除して、残りがあれば長期譲渡所得から控除します。

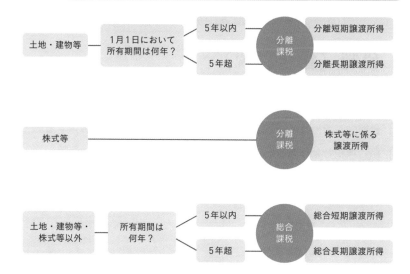

譲渡所得の費用と税制

費用となるものや税率について学習する

取得費と譲渡費用

☐ 取得費	取得費＝購入した価格＋資産を取得するためにかかった費用 （購入時の仲介手数料、登録免許税など） ※取得費が不明な場合や収入金額の5％より少ない場合は、収入金額の5％を取得費とすることができる（概算取得費という）
☐ 譲渡費用	譲渡費用＝資産を譲渡するためにかかった費用 （譲渡時の仲介手数料や印紙税、取り壊し費用など）

税制（総合課税）

☐ 土地、建物等、株式等以外の資産の譲渡（ゴルフ会員権等の譲渡）は、総合課税となる。

☐ 長期譲渡所得は、所得金額の$\frac{1}{2}$を他の所得総所得金額に算入する。

☐ 総合課税となる場合（ゴルフ会員権等の譲渡）

所有期間が5年以下	短期譲渡所得	他の所得と合算する超過累進税率 （税率は5％〜45％）
所有期間が5年超	長期譲渡所得×$\frac{1}{2}$	

過去問題にチャレンジ

1 個人が土地を譲渡したことによる譲渡所得の金額の計算において、譲渡した土地の取得費が不明である場合、当該収入金額の（　　）相当額を取得費とすることができる。（2022年1月）

1）5％　2）10％　3）15％

[　　]

申告分離課税

☐ 土地や建物等の譲渡、株式等の譲渡は、申告分離課税となる。

☐ 申告分離課税となる場合（土地・建物等の譲渡）

譲渡した年の1月1日において、保有期間が5年以下	短期譲渡所得	税率は39.63%（所得税30% 復興特別所得税0.63% 住民税9%）
譲渡した年の1月1日において、保有期間が5年超	長期譲渡所得	税率は20.315%（所得税15% 復興特別所得税0.315% 住民税5%）

☐ 申告分離課税となる場合（株式等の譲渡）

短期と長期の区別はない	税率は20.315%（所得税15% 復興特別所得税0.315% 住民税5%）

 5年以下など短期と長期のどちらになるか、また、概算取得費の5%について復習してね。譲渡所得の計算もできるように！

息抜きも大事だよ！

解説

1. 取得費が不明な場合、収入金額の5%とすることができる。（答：1）

一時所得

一時所得の概要を理解して、計算問題ができるようにしよう。

一時所得

☐ 営利目的の継続的な行為から生じる所得以外の所得のうち、一時的なもの。

一時所得の例	・契約者本人が受け取る満期保険金・解約返戻金 （医療給付金や火災保険の保険金などや宝くじの当選金は非課税） ・懸賞金やクイズの賞金 ・競馬・競輪などの払戻金 ・貸主からの立退料等

> 満期保険金等を一時金で受け取った場合、一時所得となります。一時所得の金額は、受け取った保険金の総額から、既に払い込んだ保険料を差し引き、特別控除額50万円を差し引いた金額。課税の対象は、さらに2分の1にした金額ですよ。

一時所得の計算

☐ 一時所得＝総収入金額－支出金額－特別控除額（最高50万円）
※支出金額：収入を得るために支出した金額。

過去問題・○×問題にチャレンジ

1 所得税における一時所得に係る総収入金額が500万円で、その収入を得るために支出した金額が250万円である場合、総所得金額に算入される一時所得の金額は、（　　）である。（2022年9月）
1）100万円
2）125万円
3）250万円　　　　　　　　　　　　　　　　　　　　　[　　]

2 確定拠出年金の個人型年金の老齢給付金を全額一時金で受け取った場合、当該老齢給付金は、一時所得として所得税の課税対象となる。
（2023年9月）　　　　　　　　　　　　　　　　　　　[　　]

税制

○ 総合課税。
○ 一時所得金額の $\frac{1}{2}$ の金額を他の所得と合算する。

一時所得がプラス（利益）	一時所得がマイナス（損失）
⬇	⬇
$\frac{1}{2}$ の金額を他の所得と合算する	一時所得はなかったものとなり、他の所得と損益通算できない

○ 例題：下記の場合、総所得金額はいくらか
2024年分の給与所得金額800万円、譲渡所得（総合課税の対象）の損失額200万円、一時所得の損失額50万円
解答：800万円－200万円＝600万円
※一時所得の損失額　50万円は、他の所得と損益通算できない

明日もファイトー！

解説

1. 一時所得の金額は、総収入金額：500万円－その収入を得るために支出した金額：250万－特別控除額：50万円＝200万円
総所得金額に算入される金額は、200万円×1/2＝100万円（答：1）
2. 確定拠出年金の個人型年金の老齢給付金を一時金として受け取った場合、退職所得となる。一時所得ではない。（答：×）

雑所得

今までの9種類の所得にあてはまらない所得です。

雑所得

☐ 他の9種類のいずれの所得にも該当しない所得。

☐ 雑所得の例

公的年金等の雑所得	国民年金、厚生年金、国民年金基金、厚生年金基金、確定拠出年金などの老齢給付金
公的年金等以外の雑所得	・講演料、作家以外の者が受け取る原稿料や印税 ・生命保険などの個人年金保険 ・暗号資産（仮想通貨）の取引による所得 ・外貨預金の為替差益など

雑所得の計算

☐ 公的年金等の雑所得と公的年金等以外の雑所得に分けて計算し、合計する。

☐ 雑所得＝

公的年金等の雑所得		公的年金等以外の雑所得
公的年金等の金額ー 公的年金等控除額	＋	公的年金等以外の雑所得ー 必要経費

何が雑所得となるか確認しましょう。公的年金等に係る雑所得の速算表を用いて公的年金等の雑所得を計算できるようにね。

過去問題にチャレンジ

1 所得税において、老齢基礎年金や老齢厚生年金を受け取ったことによる所得は、（　　　）となる。（2022年5月）

1) 雑所得
2) 一時所得
3) 非課税所得

［　　］

雑所得の税制

☐ 原則、総合課税。

☐ 雑所得がマイナスの場合、他の所得と損益通算できない。

公的年金等控除額

☐ 受給者の年齢や公的年金等以外の所得金額に応じて異なる。

※受給者の年齢：65歳未満か65歳以上で異なる。

※公的年金等以外の合計所得金額：1,000万円以下、2,000万円以下、2,000万円以上で異なる)

☐ 公的年金等控除額（公的年金等の雑所得以外の所得が1,000万円以下の場合）

公的年金等に係る雑所得の速算表

公的年金等に係る雑所得以外の合計所得金額が1,000万円以下		
年金を受け取る人の年齢	公的年金等の収入金額の合計額	公的年金等に係る雑所得の金額
65歳未満	60万円以下	0円
	60万円超　　　　130万円未満	収入金額の合計額　　　−　　60万円
	130万円以上　　410万円未満	収入金額の合計額 × 0.75 − 27万5千円
	410万円以上　　770万円未満	収入金額の合計額 × 0.85 − 68万5千円
	770万円以上　1,000万円未満	収入金額の合計額 × 0.95 − 145万5千円
	1,000万円以上	収入金額の合計額　　−　195万5千円
65歳以上	110万円以下	0円
	110万円超　　　330万円未満	収入金額の合計額　　　−　110万円
	330万円以上　　410万円未満	収入金額の合計額 × 0.75 − 27万5千円
	410万円以上　　770万円未満	収入金額の合計額 × 0.85 − 68万5千円
	770万円以上　1,000万円未満	収入金額の合計額 × 0.95 − 145万5千円
	1,000万円以上	収入金額の合計額　　−　195万5千円

がんばった！

解説

1. 年金収入である老齢基礎年金や老齢厚生年金は、公的年金に係る雑所得となる。

（答：1）

235

損益通算

損益通算の概要や損益通算の対象になる所得とならない所得を理解しよう。

損益通算

☐ 複数の所得の中で利益のある所得（黒字）と損失が出ている所得（赤字）がある場合、損失の所得金額を利益の所得金額から差し引く（相殺する）ことをいう。

損益通算できる所得

☐ 不動産所得・事業所得・山林所得・譲渡所得。
☐ 上記所得に損失がある場合、給与所得や一時所得などの利益と損益通算できる。

 損益通算は、「ふ（不）・じ（事）・さん（山）・じょう（譲）（富士山上）」と覚えましょう！

損益通算できない所得

☐ 一時所得・雑所得
☐ 上記所得で生じた損失は、他の所得と損益通算できない。

過去問題にチャレンジ

1 所得税において、（　）、事業所得、山林所得、譲渡所得の金額の計算上生じた損失の金額は、一定の場合を除き、他の所得の金額と損益通算することができる。（2023年5月）
1) 一時所得
2) 不動産所得
3) 雑所得

[　]

損益通算の対象とならない場合

☐ 下記の場合、同じ種類の所得の範囲内であれば、損益通算できるが、損失があっても、給与所得などとは損益通算できない。

☐ 例外：損益通算の対象とならない場合

損益通算できないもの

不動産所得の例外	土地の取得のための負債利子（借入金の利子） ※建物の取得のための負債利子は損益通算可能
譲渡所得の例外	• 生活に通常必要でない資産 ※価額が30万円を超える貴金属など ※ゴルフ会員権や別荘などの譲渡損失 • 株式等の譲渡損失 ※申告分離課税を選択した上場株式等の配当所得との損益通算はできる • 土地や建物の譲渡損失（自己の居住用財産を除く） ※自宅などの居住用財産を譲渡した損失は、損益通算できる

土地を取得するための借入金の利子は、損益通算できないんだね！

息抜きも大事だよ！

解説

1. 損益通算できる所得は、不動産所得・事業所得・山林所得・譲渡所得で生じた損失となる。（答：2）

損失の繰越控除

損失の繰越控除には、下記の種類がある。

純損失の繰越控除

- ☐ 損益通算しても控除しきれなかった損失を純損失という。
- ☐ 青色申告者の場合、純損失を翌年以降3年間にわたって繰り越し、各年分の黒字所得金額から控除できる。
  ※白色申告の場合は、繰り越せる損失は一定のものに限る。

雑損失の繰越控除

- ☐ 火事などの災害や盗難などで損害を受けた場合、その損失を所得から控除できる。
- ☐ 雑損控除をしても控除しきれなかった損失は、翌年以降3年間にわたって繰り越し、各年分の所得金額から控除できる。
  ※白色申告でも利用できる。

過去問題・○×問題にチャレンジ

1 所得税において、青色申告者に損益通算してもなお控除しきれない損失の金額（純損失の金額）が生じた場合、その損失の金額を翌年以後最長で（　　）繰り越して、翌年以後の所得金額から控除することができる。（2023年5月）
1）3年間　　2）5年間　　3）7年間　　　　　　　[　　]

2 所得税において、NISA口座（少額投資非課税制度における非課税口座）内で生じた上場株式の譲渡損失の金額は、特定口座内の上場株式の譲渡益の金額と損益を通算することができる。（2021年1月）　[　　]

上場株式等に係る譲渡損失の損益通算及び繰越控除

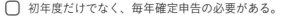

- [ ] 上場株式等を譲渡し、譲渡損失が発生した場合、確定申告することで翌年以降3年間にわたって繰り越し、株式等の譲渡益や上場株式等の配当所得から控除できる。
- [ ] 初年度だけでなく、毎年確定申告の必要がある。

間違いやすいポイント

- [ ] 純損失の繰越控除は、青色申告者のみが対象となる。
- [ ] 雑損失の繰越控除や上場株式等に係る譲渡損失の損益通算及び繰越控除は、確定申告することで適用がある。

損失は3年間にわたって繰り越しできるのね。

明日もファイトー！

解説

1. 青色申告者の場合、純損失を翌年以降3年間にわたって繰り越し、各年分の黒字所得金額から控除できる。（答：1）

2. NISA口座内で生じた上場株式の譲渡損失の金額は、なかったものとみなされるため、特定口座内の上場株式の譲渡益の金額と損益を通算することはできない。（答：×）

所得控除

所得から控除できる種類と内容について理解しよう。

所得控除

☐ 所得税を計算するときに、個人の事情を考慮して必要経費とは別に、所得から一定額を控除する制度。

☐ 所得税は、個人が1年間（1月1日〜12月31日）に得た所得に課税。

1.所得金額の計算
収入金額−収入から差し引かれる金額
＝所得金額

2.課税所得金額の計算
所得金額−所得控除額
＝課税所得金額

3.所得税額の計算
課税所得金額×所得税の税率
＝所得税額

所得控除の種類

☐ 所得控除には、物的控除と人的控除がある。

物的控除（7種類）	雑損控除、医療費控除、社会保険料控除、寄附金控除、生命保険料控除、地震保険料控除、小規模企業共済等掛金控除
人的控除（8種類）	配偶者控除、配偶者特別控除、扶養控除、寡婦控除、ひとり親控除、勤労学生控除、障害者控除、基礎控除

人それぞれの状況や事情に応じて公平な負担になるような制度ってことね。

過去問題にチャレンジ

1 給与所得者は、年末調整により、所得税の（　）の適用を受けることができる。（2022年5月）
1）雑損控除
2）寄附金控除
3）地震保険料控除

[　]

物的控除

☐ 主に支出に対する控除。

雑損控除

☐ 納税者本人や生計を一にする配偶者・その他の親族等が、災害、盗難、横領などにより、保有する住宅や家財等の資産に損害を受けた場合、一定額を所得から控除できる。

☐ 適用を受けるためには、確定申告が必要。

※詐欺や恐喝、生活に通常必要でないものは対象外。

> 振り込め詐欺などは対象にならないんだ……

雑損控除の計算

☐ 次のどちらかの金額のうち、多い方の金額を控除できる。

• 損失額－総所得金額等の合計額×10%
• 災害関連支出額－5万円

> がんばった！

解説

1. 雑損控除と寄附金控除は、年末調整では適用を受けられない。確定申告が必要となる。年末調整の際に、地震保険料控除の適用を受けることができる。（答：3）

医療費控除

医療費控除は頻出問題。対象になるもの・ならないものを、学習しよう。

医療費控除

◯ 納税者本人、生計を一にする配偶者・その他の親族のために医療費を支払った場合、一定額を所得から控除することができる。

◯ 医療費控除を受けるためには、確定申告が必要（年末調整ではできない）。

◯ 控除額の上限は200万円。

医療費控除を受けるために確定申告をやったことがあるよ。慣れなくてちょっと時間がかかった……

初めて確定申告をする場合は、時間をとって早めに手続きをしたほうが、焦らなくて済むわね。

医療費控除の計算

◯ 医療費控除額＝支払った医療費−保険金等で補てんされる金額−10万円※
※総所得金額が200万円未満の場合は、総所得金額×5%

医療費控除とセルフメディケーション税制は併用できませんよ。

◯×問題にチャレンジ

1 セルフメディケーション税制（特定一般用医薬品等購入費を支払った場合の医療費控除の特例）の対象となるスイッチOTC医薬品等の購入費を支払った場合、その購入費用の全額を所得税の医療費控除として総所得金額等から控除することができる。（2023年9月） [　　]

2 夫が生計を一にする妻に係る医療費を支払った場合、妻の合計所得金額が48万円を超えるときは、その支払った医療費は夫に係る所得税の医療費控除の対象とならない。（2021年9月） [　　]

☐ 医療費控除の対象になるもの・ならないもの

○対象になるもの	×対象にならないもの
• 医師・歯科医師の診療費など • 通院費（公共交通機関の交通費など） • 医薬品の購入費（薬局で購入する市販薬を含む） ※サプリメントなどの購入費は除く • 出産費用 • 人間ドックの費用（検診で疾病が発見され、治療した場合） • 義歯やインプラントの費用	• 自家用車で通院した場合のガソリン代など • 美容整形の費用 • 疾病予防や健康増進費用（ビタミン剤やジムのトレーニング代など） • 人間ドックの費用（検診の結果で異状がなかった場合） • メガネやコンタクトレンズの購入費（医師の指導による治療のために購入した場合は対象） • 未払いの医療費

セルフメディケーション税制
（医療費控除の特例）

☐ 一定の要件を満たした者が購入したスイッチOTC医薬品※の購入金額が年間12,000円を超えた場合、所得から控除できる制度（上限額は88,000円）。

　※病院で処方されていた医薬品がドラッグストア等で購入できるようになったもの。セルフメディケーション税制の対象商品。

☐ 人間ドックなどの健康診断を受けている等、一定の取り組みを行う個人が対象。

☐ 控除額＝支払った金額−12,000円（上限額は88,000円）

☐ 生計を一にする配偶者やその他親族のために購入した医薬品も対象

息抜きも大事だよ！

解説

1. スイッチOTC医薬品等の購入費の全額を、医療費控除として控除できない。（答：×）

2. 生計を一にする配偶者に係る医療費を支払った場合、医療費控除の対象となるが、配偶者の所得金額の要件はない。（答：×）

本番問題に チャレンジ

過去問題を解いて、理解を確かなものにしよう。

□ 問1 会社員の井上大輝さんが2024年中に支払った医療費等が下記 <資料>のとおりである場合、大輝さんの2024年分の所得税の確定申告に おける医療費控除の金額として、正しいものはどれか。なお、大輝さんの 2024年中の所得は、給与所得800万円のみであり、支払った医療費等はす べて大輝さんおよび生計を一にする妻のために支払ったものである。また、 医療費控除の金額が最も大きくなるよう計算することとし、セルフメディケ ーション税制（特定一般用医薬品等購入費を支払った場合の医療費控除の 特例）については、考慮しないものとする。（2023年9月FP協会 資産 改題）

<資料>

支払月	医療等を受けた人	内容	支払金額
1月	大輝さん	人間ドック代（※1）	8万円
5月～6月		入院費用（※2）	30万円
8月	妻	健康増進のためのビタミン剤の購入代	3万円
9月		骨折の治療のために整形外科へ支払った治療費	5万円

（※1）人間ドックの結果、重大な疾病は発見されていない。
（※2）この入院について、加入中の生命保険から入院給付金が6万円支給された。

1. 19万円   2. 25万円   3. 27万円   [   ]

□ 問2

大津さん（66歳）の2024年分の収入は下記<資料>のとおりである。大 津さんの2024年分の所得税における総所得金額として、正しいものはどれ か。なお、記載のない事項については一切考慮しないものとする。（2023年 9月FP協会 資産 改題）

<資料>

内容	金額
アルバイト収入	200万円
老齢基礎年金	78万円

※アルバイト収入は給与所得控除額を控除する前の金額である。
※老齢基礎年金は公的年金等控除額を控除する前の金額である。

＜給与所得控除額の速算表＞

給与等の収入金額	給与所得控除額
162.5万円 以下	55万円
162.5万円 超 180万円 以下	収入金額×40％－10万円
180万円 超 360万円 以下	収入金額×30％＋8万円
360万円 超 660万円 以下	収入金額×20％＋44万円
660万円 超 850万円 以下	収入金額×10％＋110万円
850万円 超	195万円（上限）

＜公的年金等控除額の速算表＞

納税者区分	公的年金等の収入金額（A）	公的年金等控除額 公的年金等に係る雑所得以外の所得に係る合計所得金額 1,000万円 以下	
65歳未満の者	130万円 以下		60万円
	130万円 超 410万円 以下	(A) ×25％＋27.5万円	
	410万円 超 770万円 以下	(A) ×15％＋68.5万円	
	770万円 超 1,000万円 以下	(A) ×5％＋145.5万円	
	1,000万円 超	195.5万円	
65歳以上の者	330万円 以下		110万円
	330万円 超 410万円 以下	(A) ×25％＋27.5万円	
	410万円 超 770万円 以下	(A) ×15％＋68.5万円	
	770万円 超 1,000万円 以下	(A) ×5％＋145.5万円	
	1,000万円 超	195.5万円	

1. 132万円　　2. 150万円　　3. 200万円　　　　[　　]

解説1

　医療費控除額＝支払った医療費－保険金等で補填される金額－10万円

- 人間ドック代は疾病が発見されていないため、対象外。
- ビタミン剤など健康増進費用は対象外。
- 入院費用と治療費は対象となる。

（入院費用：30万円＋治療費：5万円）－入院給付金：6万円－10万円＝19万円

（答：1）

解説2

給与所得＝給与収入金額－給与所得控除

＜給与所得控除額の速算表＞より

給与所得控除額＝200万円×30％＋8万円＝68万円

給与所得＝200万円－68万円＝132万円

老齢基礎年金は雑所得となる。

公的年金等の雑所得＝公的年金等の金額－公的年金等控除額

＜公的年金等控除額の速算表＞より

公的年金等控除額＝110万円　雑所得＝78万円－110万円＝▲32万円→0円

雑所得の損失は、損益通算の対象外。

総所得金額は、給与所得である132万円となる。（答：1）

明日もファイトー！

その他の所得控除

他にもある所得控除について学習する。

社会保険料控除

☐ 納税者本人、生計を一にする配偶者やその他の親族の負担すべき社会保険料（健康保険料や年金保険料、国民年金基金の掛金など）を支払った場合、その全額が控除される。控除額に上限はない。

寄附金控除

☐ 国や地方公共団体への特定寄附金などを支払った場合、控除の対象になる。

☐ 寄附金控除額＝その年に支出した寄附金の合計額－2,000円

☐ 確定申告が必要。

○×問題・過去問題にチャレンジ

1 所得税において、国民年金基金の掛金は、社会保険料控除の対象となる。（2023年5月）　[　]

2 夫が生計を一にする妻に係る確定拠出年金の個人型年金の掛金を負担した場合、その負担した掛金は、夫に係る所得税の小規模企業共済等掛金控除の対象となる。（2022年1月）　[　]

3 「ふるさと納税ワンストップ特例制度」の適用を受けるためには、同一年中の寄附金の額の合計額が5万円以下でなければならない。（2021年9月）　[　]

4 2023年5月に加入した契約者（＝保険料負担者）および被保険者を夫、死亡保険金受取人を妻とする終身保険の保険料を、2023年中に12万円支払った場合、夫に係る所得税の生命保険料控除の控除額は（　　）となる。（2022年1月 改題）
1）4万円　　2）5万円　　3）12万円　[　]

□ ふるさと納税：任意の自治体に寄附した場合、2,000円を超える部分について、一定の限度額で所得税や住民税から控除を受けることができる制度。寄附した自治体が5つまでなら、確定申告が不要となるワンストップ特例制度がある。

控除の種類	概要
生命保険料控除	生命保険料控除、個人年金保険料控除、介護医療保険料控除の3つがある。控除額の上限は合計で12万円 年末調整で適用可能
地震保険料控除	地震保険料の全額（上限額は5万円）が控除される。 年末調整で適用可能
小規模企業共済等掛金控除	小規模企業共済の掛金や個人型確定拠出年金（iDeCo）の掛金の全額を控除できる

事業所に勤務する方は、年末調整で控除を受けるために、保険会社等から送付される書類はきちんと確認してね。

がんばった！

解説

1. 本文の通り。（答：○）

2. 確定拠出年金の個人型年金の掛金は、加入者本人（妻）が負担する。負担した掛金は、加入者本人の小規模企業共済等掛金控除の対象となる。
（答：×）

3. ふるさと納税では、寄附した自治体が5つまでなら、確定申告が不要となるワンストップ特例制度がある。寄附金の額の合計額ではない。
（答：×）

4. 生命保険料控除には、生命保険料控除、個人年金保険料控除、介護医療保険料控除の3つがあり、各控除の上限額は4万円、控除額の合計で12万円となる。生命保険料控除の対象となる終身保険に加入したため、上限額は4万円となる。
（答：1）

人的控除

人に関する控除の種類を確認しよう。

配偶者控除

☐ 納税者に控除の対象となる配偶者がいる場合、一定額の控除を受けることができる。

☐ 同一生計で、合計所得金額が48万円以下（給与収入であれば、年収103万円以下）となる配偶者が対象。

Check!

配偶者控除を受けられない要件

☐ 納税者本人の合計所得金額が1,000万円を超えている場合
☐ 配偶者が青色事業専従者給与の対象となっている場合
☐ 配偶者の合計所得が48万円を超えている場合

配偶者控除の額

納税者本人の合計所得金額	控除額	
	配偶者控除	老人控除対象配偶者
900万円以下	38万円	48万円
900万円超〜950万円以下	26万円	32万円
950万円超〜1,000万円以下	13万円	16万円

> 内縁関係の配偶者（婚姻の届出がない配偶者）は、対象になりませんよ。

○×問題にチャレンジ

1 所得税において、生計を一にする配偶者の合計所得金額が48万円を超える場合、配偶者控除の適用を受けることはできない。
（2023年5月）

[　]

配偶者特別控除

☐ 配偶者の合計所得金額が48万円以上でも133万円以下であれば、配偶者の合計所得金額に応じて所得控除を受けることができる。

配偶者の合計所得金額		納税者本人の合計所得金額		
		900万円以下	900万円超 950万円以下	950万円超 1,000万円以下
配偶者特別 控除額	48万円超〜95万円以下	38万円	26万円	13万円
	95万円超〜100万円以下	36万円	24万円	12万円
	100万円超〜105万円以下	31万円	21万円	11万円
	105万円超〜110万円以下	26万円	18万円	9万円
	110万円超〜115万円以下	21万円	14万円	7万円
	115万円超〜120万円以下	16万円	11万円	6万円
	120万円超〜125万円以下	11万円	8万円	4万円
	125万円超〜130万円以下	6万円	4万円	2万円
	130万円超〜133万円以下	3万円	2万円	1万円

※納税者本人の合計所得金額が1,000万円を超えている場合、控除を受けられない

配偶者控除と配偶者特別控除のイメージ
（納税者本人の合計所得が900万円以下の場合）

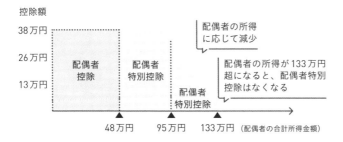

解説

1. 本文の通り。（答：○）

その他の人的控除

他にもある人的控除について学習する。

扶養控除

☐ 納税者本人と生計を一にする扶養親族がいる場合、一定の金額を控除できる。合計所得金額が48万円以下（給与収入であれば年収103万円以下）であること。

区分		控除額（所得税）
一般の控除対象扶養親族（16歳未満）		なし
一般の控除対象扶養親族（16歳以上19歳未満）		38万円
特定扶養親族（19歳以上23歳未満）		63万円
一般の控除対象扶養親族（23歳以上70歳未満）		38万円
70歳以上（老人扶養親族）	同居でない場合	48万円
	同居の場合	58万円

※12月31日の時点の年齢

16歳以下は控除額がないこと、19歳以上・70歳以上は38万円ではないことがポイント！

 過去問題にチャレンジ

1 所得税において、所定の要件を満たす子を有し、現に婚姻をしていない者がひとり親控除の適用を受けるためには、納税者本人の合計所得金額が（　　）以下でなければならない。（2023年9月）
1) 200万円　　2) 350万円　　3) 500万円　　　　　[　　]

控除の種類	控除額	内容	
寡婦控除	27万円	合計所得金額が500万円以下であること	ひとり親に該当せず、次のいずれかの要件に該当する者 • 夫と離婚後、婚姻しておらず扶養親族がいる者 • 夫と死別後、婚姻していない者
ひとり親控除	35万円		現在婚姻をしていない者で、総所得金額等が48万円以下の子がいること
勤労学生控除	27万円	納税者本人が勤労学生（合計所得金額が75万円以下）	
障害者控除	27万円	一般障害者	納税者本人、配偶者、扶養親族が障害者であること
	40万円	特別障害者	障害等級1級に該当する者など
	75万円	同居特別障害者	特別障害者と同居している場合

基礎控除

☐ 納税者本人の合計所得金額が2,500万円以下であれば無条件で適用される。

☐ 基礎控除の額

合計所得金額	基礎控除額
2,400万円以下	48万円
2,400万円超〜2,450万円以下	32万円
2,450万円超〜2,500万円以下	16万円
2,500万円超〜	なし※

※2,500万円を超えると適用されない

明日もファイトー！

解説

1. ひとり親控除は、現在婚姻をしていない者で、総所得金額等が48万円以下の子がいること、納税者本人の合計所得金額が500万円以下であることが要件。（答：3）

税額控除

住宅ローン控除や配当控除は、概要や金額をきちんと理解しよう。

税額控除

☐ 課税総所得金額に税率を掛けて計算した所得税額から一定の金額を控除できることをいう。

☐ 主な税額控除は、配当控除、住宅ローン控除などがある。

☐ 所得控除は総所得金額から控除するが、税額控除は所得税額から控除する。

所得控除・所得税額・税額控除のイメージ（参考）

課税所得金額に税率をかけて計算した所得税額から一定の金額を控除できる

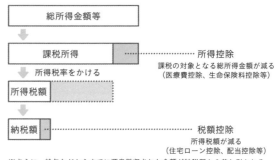

```
総所得金額等
   ↓
課税所得 ...................... 所得控除
   ↓ 所得税率をかける        課税の対象となる総所得金額が減る
                            （医療費控除、生命保険料控除等）
所得税額
   ↓
納税額 ........................ 税額控除
                            所得税額が減る
                            （住宅ローン控除、配当控除等）
```
※さらに、給与などからすでに源泉徴収された金額が納税額から差し引かれる

過去問題・〇✕問題にチャレンジ

1 所得税において、上場株式の配当について配当控除の適用を受けるためには、その配当所得について（　　）を選択する必要がある。
（2023年1月）

1) 総合課税

2) 申告分離課税

3) 確定申告不要制度 　　　　　　　　　　　　　　[　　]

2 上場不動産投資信託（J-REIT）の分配金は、確定申告をすることにより所得税の配当控除の適用を受けることができる。（2023年9月）[　　]

配当控除

☐ 上場株式等の配当金は所得税等が源泉徴収される。配当所得について総合課税を選択して、確定申告を行うことで対象となる。

☐ 国内株式の配当金は法人が法人税の支払い後に株主に分配される。配当金を受け取った個人に所得税が課税されると二重課税となるため、調整を行う。

リボンをチェック！

配当控除額の計算

課税総所得金額	1,000万円	税額控除の金額
配当所得を加えても1,000万円以下の場合	配当所得以外の所得　配当所得　× 10％	配当所得の金額×10％
配当所得を加えて1,000万円を超える場合	配当所得以外の所得　配当所得　× 10％ : × 5％	配当所得金額×5％ ＋ 配当所得金額×10％
配当所得以外の所得が1,000万円を超えている場合	配当所得以外の所得　配当所得　× 5％	配当所得金額×5％

配当控除の適用外	☐ 申告不要制度や申告分離課税を選択した配当金 ☐ NISA口座による受取配当金 ☐ 外国法人からの配当金 ☐ 国内上場不動産投資法人（J-REIT）の分配金など

がんばった！

【解説】

1. 上場株式等の配当所得について総合課税を選択した場合、確定申告を行うことによって配当控除を受けることができる。

（答：1）

2. 上場不動産投資信託（J-REIT）の分配金は、配当控除の適用外。（答：×）

住宅ローン控除（住宅借入金等特別控除）

住宅ローン控除は頻出問題。制度の概要と数字も覚えていこう。

住宅ローン控除（住宅借入金等特別控除）

☐ 個人が住宅ローンを利用して住宅を取得したり、増改築した場合、住宅ローンの年末残高に一定の率を掛けた金額について、税額控除を受けることができる制度。

住宅ローン控除の控除期間と計算方法

☐ 住宅ローン控除額＝住宅借入金等の年末時点の残高×控除率
☐ 住宅ローン控除の控除額（2024年中に居住を開始した場合）

住宅ローン控除の控除額（**2024**年中に居住を開始した場合）

新築・買取再販住宅		認定住宅 （認定長期優良・ 認定低炭素）	ZEH水準 省エネ住宅	省エネ基準 適合住宅	その他の住宅
借入 限度額	子育て世帯等	5,000万円	4,500万円	4,000万円	0円 （2023年までに新築の 建築確認：2,000万円）
	それ以外	4,500万円	3,500万円	3,000万円	
控除期間		13年			13年（2024年以降入 居の場合：10年）

※子育て世帯等：18歳以下の扶養親族を有する者、又は自身もしくは配偶者のいずれかが39歳以下の者

○×問題にチャレンジ

1 住宅ローンを利用してマンションを取得し、所得税の住宅借入金等特別控除の適用を受ける場合、借入金の償還期間は、20年以上でなければならない。（2023年5月）　[　]

2 住宅ローンを利用して住宅を新築した個人が、所得税の住宅借入金等特別控除の適用を受けるためには、当該住宅を新築した日から1カ月以内に自己の居住の用に供さなければならない。（2023年1月）　[　]

既存住宅	認定住宅（認定長期優良・認定低炭素） ZEH水準省エネ住宅・省エネ基準適合住宅	その他の住宅
借入限度額	3,000万円	2,000万円
控除期間	10年	

主な適用要件とポイント

☐ 住宅	• 居住用住宅であること（店舗併用住宅の場合は $\frac{1}{2}$ 以上が居住用） • 床面積が原則50m²以上であること • 増改築の場合、工事費等が100万円以上であること
☐ 適用対象者	• 控除を受ける年の合計所得金額が2,000万円以下であること。新築住宅：合計所得金額が1,000万円以下の場合、床面積要件を40m²とする（2024年中に建築確認） • 住宅を取得、または増改築した日から6カ月以内に入居し、適用を受ける年の年末まで引き続き居住していること
☐ 借入金	返済期間が10年以上の住宅ローンであること 繰り上げ返済により、住宅ローンの返済期間が10年未満となった場合には適用ができなくなる
☐ その他のポイント	• 適用を受けるため、必ず初年度に確定申告しなければならない（給与所得者の場合は、2年目以降は会社の年末調整で適用可能） • 入居後、転勤等により居住できない場合は適用できないが、再入居後は一定条件を満たしていれば適用可能 • 所得税額から控除しきれなかった場合、翌年度の住民税から控除できる

夫婦共有名義の住宅の場合、要件を満たせば、夫婦ともに住宅ローン控除の適用を受けられますよ。

息抜きも大事だよ！

解説

1. 借入金の返済期間が、10年以上の住宅ローンであることが要件。（答：×）

2. 住宅を取得、または増改築した日から6カ月以内に入居し、適用を受ける年の年末まで引き続き居住していることが必要。（答：×）

25

本番問題に
チャレンジ

過去問題を解いて、理解を確かなものにしよう。

○ **問1** 大垣正臣さんが2024年中に支払った生命保険の保険料は下記
<資料>のとおりである。この場合の正臣さんの2024年分の所得税の計算
における生命保険料控除の金額として、正しいものはどれか。なお、下記<
資料>の保険について、これまでに契約内容の変更はないものとする。また、
2024年分の生命保険料控除額が最も多くなるように計算すること。

（2023年9月FP協会 資産 改題）

<資料>

[定期保険（無配当、新生命保険料）]	[医療保険（無配当、介護医療保険料）]
契約日：2019年5月1日	契約日：2012年8月10日
保険契約者：大垣 正臣	保険契約者：大垣 正臣
被保険者：大垣 正臣	被保険者：大垣 正臣
死亡保険金受取人：大垣 悦子（妻）	死亡保険金受取人：大垣 悦子（妻）
2024年の年間支払保険料：65,040円	2024年の年間支払保険料：50,400円

<所得税の生命保険料控除額の速算表>

[2012年1月1日以後に締結した保険契約（新契約）等に係る控除額]

年間の支払保険料の合計	控除額
20,000円 以下	支払保険料の全額
20,000円 超 40,000円 以下	支払保険料×1／2＋10,000円
40,000円 超 80,000円 以下	支払保険料×1／4＋20,000円
80,000円 超	40,000円

(注) 支払保険料とは、その年に支払った金額から、その年に受けた剰余金や割戻金を差し引いた残りの金額を
いう。

1. 36,260円
2. 40,000円
3. 68,860円 　　　　　　　　　　　　　　　　　　　　[　　]

○ **問2** 下記<資料>に基づき、目黒昭雄さんの2023年分の所得税を計算
する際の所得控除に関する次の記述のうち、最も適切なものはどれか。

（2023年5月FP協会 資産 改題）

<資料>

氏名	続柄	年齢	2023年分の所得等	備考
目黒 昭雄	本人（世帯主）	50歳	給与所得620万円	会社員
聡美	妻	48歳	給与所得100万円	パート
幸一	長男	21歳	所得なし	大学生
浩二	二男	14歳	所得なし	中学生

※2023年12月31日時点のデータである。
※家族は全員、昭雄さんと同居し、生計を一にしている。
※障害者または特別障害者に該当する者はいない。

1. 妻の聡美さんは控除対象配偶者となり、昭雄さんは38万円を控除することができる。
2. 長男の幸一さんは特定扶養親族となり、昭雄さんは63万円を控除することができる。
3. 二男の浩二さんは一般の扶養親族となり、昭雄さんは38万円を控除することができる。

[　]

解説1

定期保険の年間支払保険料：65,040円→生命保険料控除
医療保険の年間支払保険料：50,400円→介護医療保険料控除
＜所得税の生命保険料控除額の速算表＞より
65,040円×1/4＋20,000円＝36,260円
50,400円×1/4＋20,000円＝32,600円
上記を合算し、生命保険料控除の金額を求める。
36,260円＋32,600円＝68,860円（答：3）

解説2

1. 不適切。配偶者控除の要件は、配偶者の合計所得が48万円以下である。妻の聡美さんは給与所得が100万円であるため、対象外。
2. 適切。特定扶養親族の要件は、19歳以上23歳未満で、合計所得金額が48万円以下である。長男の幸一さんは21歳で所得はないため、対象となる。
3. 不適切。扶養控除は16歳未満の扶養親族は対象にならない。二男の浩二さんは14歳であり、控除対象扶養親族とはならない。（答：2）

明日もファイトー！

所得税の申告と納付

ここでは確定申告や準確定申告とはどういうものか、理解しよう。

確定申告制度

☐ 確定申告とは、納税者が1月1日〜12月31日までの1年間の所得税額を自分で計算して申告、納税する制度。

☐ 申告時期：所得があった年の翌年2月16日〜3月15日までの期間に、自宅の納税地（住所地）の所轄税務署に確定申告書を提出する。
※インターネットで確定申告できる（e-Tax）。

☐ 所得税の納付：確定申告書の提出期限（2月16日〜3月15日）までに、現金によって納付する。納付が遅れた場合、延滞税が発生する。

給与所得者で確定申告が必要な場合

給与所得者は給与から所得税が源泉徴収されて、年末調整で清算される。確定申告の必要はないが、次の場合には確定申告が必要になる。

☐ 年間給与等の収入金額が2,000万円を超える場合。

☐ 給与所得、退職所得以外の所得金額が20万円を超える場合。

☐ 2か所以上から給与を受け取っている場合。

過去問題にチャレンジ

1 給与所得者のうち、（　　）は、所得税の確定申告をする必要がある。
（2021年1月）

1) 給与の年間収入金額が1,000万円を超える者

2) 給与所得以外の所得の金額の合計額が10万円を超える者

3) 医療費控除の適用を受けようとする者

[　　]

給与所得者が確定申告により 還付が受けられる場合

- ☐ 配当控除、医療費控除、雑損控除、寄附金控除を受ける場合。
- ☐ 住宅ローン控除を受ける場合（初年度のみ、2年目以降は年末調整）
- ☐ 退職時に「退職所得の受給に関する申告書」を提出しなかった者で、計算上の金額よりも徴収された税額の方が多い場合。

修正申告と更生の請求

- ☐ 確定申告した内容に間違いがあった場合、修正申告や更生の請求を行う必要がある。

修正申告	過少申告：申告した税額が実際の税額よりも少なかった場合に行う 原則として、不足した税額に加えて、過少申告加算税を支払う
更生の請求	過大申告：申告した税額が実際の税額よりも多かった場合、確定申告の提出期限から5年以内に行う。払い過ぎた税金の還付を受ける

準確定申告

- ☐ 納税者が亡くなった場合、相続人が亡くなった者の所得について確定申告を行うことを準確定申告という。
- ☐ 申告期間は、相続があったことを知った日の翌日から4か月以内。

がんばった！

解説

1. 給与所得者で確定申告が必要な場合は、年間給与等の収入金額が2,000万円を超える場合、また、給与所得、退職所得以外の所得金額が20万円を超える場合である。医療費控除の適用を受けようとする者は、所得税の確定申告をする必要がある。

（答：3）

青色申告制度

青色申告の要件や特典について学習しよう。

青色申告制度

☐ 正規の簿記の原則に基づいて所得額や納税額を申告することで、様々な税法上の特典を受けられる制度。青色申告以外の申告を白色申告という。

青色申告できる者

☐ 不動産所得・事業所得・山林所得のいずれかの所得がある者。

 青色申告は「ふ（不）・じ（事）・さん（山）（富士山）は、青い」と覚えましょう！

青色申告の要件

☐ 青色申告をしようとする年の3月15日まで（その年の1月16日以降に事業を開始する場合は、開業日から2カ月以内）に「青色申告承認申請書」を納税地の所轄税務署に提出して承認を受ける必要がある。

☐ 一定の帳簿書類を備えて、正規の簿記の原則にしたがって取引を記帳し、その記録に基づいて申告書を作成すること。また帳簿書類は7年間保存する。

過去問題にチャレンジ

1 その年の1月16日以後新たに事業所得を生ずべき業務を開始した納税者が、その年分から所得税の青色申告の承認を受けようとする場合、原則として、その業務を開始した日から（　　）以内に、青色申告承認申請書を納税地の所轄税務署長に提出しなければならない。
（2023年9月）
1）2カ月
2）3カ月
3）6カ月

[　]

青色申告の主な特典

青色申告特別控除

☐ 青色申告の要件を満たした場合、所得金額から控除できる。

控除額	必要な要件
55万円	下記全てに該当すること ①事業所得、または不動産所得（事業的規模） ②正規の簿記（複式簿記）の原則にしたがって記帳している ③帳簿書類（貸借対照表や損益計算書等）を確定申告書に添付して、申告期限内に提出する
65万円	上記の①〜③に該当して、電子帳簿保存またはe-Taxを利用して申告する場合など
10万円	上記要件に該当しない場合（山林所得や事業的規模でないなど）

青色事業専従者給与の必要経費算入

☐ 青色申告者が生計を一にしている親族で、事業に専念している人に給与を支払っている場合、青色事業専従者給与として適正な金額は、全額を必要経費に算入できる。

☐ 青色事業専従者給与の対象となった者は、配偶者控除、配偶者特別控除、扶養控除の対象にならない。

純損失の繰越控除
（Lesson16 損失の繰越控除参照）

☐ 繰越控除の適用を受けるには、青色申告書を提出し、毎年申告する必要がある。

解説

1. その年の1月16日以後に業務を開始した場合、開始した日から2カ月以内に青色申告承認申請書を提出しなければならない。（答：1）

息抜きも大事だよ！

源泉徴収制度

源泉徴収票を読み解く問題が解けるように学習しよう。

源泉徴収制度

☐ 給与所得者の場合、会社（給与等の支払者）が所得税額を計算して給与から天引きし、翌月の10日までに所得税を納付する制度。

☐ 源泉徴収制度は、利子所得、配当所得、退職所得や公的年金などにも採用されている。

年末調整

☐ 給与所得者が毎月給与から源泉徴収された所得税を、会社が年末にその過不足を精算し、1年間の所得税を確定すること。

☐ 年末調整によって確定申告は不要となるが、医療費控除などを受けるためには、確定申告が必要になる。

☐ 年末調整のときに、生命保険料控除証明書や地震保険料控除証明書を会社に提出することで、生命保険料控除や地震保険料控除の適用を受けられる

源泉徴収票

☐ 給与所得者は、年末調整後に、1年間の給与の金額や源泉徴収された金額などが記載された源泉徴収票を、会社（給与等の支払者）から受け取る。

○×問題にチャレンジ

1 給与所得者は、年末調整により、所得税の医療費控除の適用を受けることができる。（2022年1月）　[　　]

給与所得控除額の速算表と所得税額速算表

◯ 給与所得控除額の速算表

給与等の収入金額	給与所得控除額
162万5千円以下	55万円
162万5千円超～180万円以下	収入金額×40％－10万円
180万円超～360万円以下	収入金額×30％＋8万円
360万円超～660万円以下	収入金額×20％＋44万円
660万円超～850万円以下	収入金額×10％＋110万円
850万円以上	195万円（上限）

◯ 所得税額速算表

課税所得金額	税率	控除額
195万円未満	5％	0円
195万円以上330万円未満	10％	97,500円
330万円以上695万円未満	20％	427,500円
695万円以上900万円未満	23％	636,000円
900万円以上1,800万円未満	33％	1,536,000円
1,800万円以上4,000万円未満	40％	2,796,000円
4,000万円以上	45％	4,796,000円

明日もファイトー！

解説

1. 年末調整によって確定申告は不要となるが、医療費控除などを受けるためには、確定申告が必要になる。（答：×）

源泉徴収票の見方

源泉徴収票の計算について理解する。

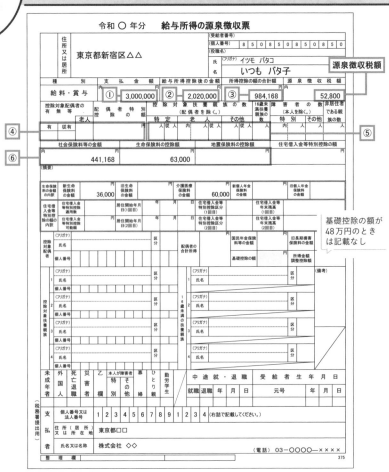

所得税の速算表

課税所得金額	税率	控除額
195万円未満	5%	0円
195万円以上330万円未満	10%	97,500円
330万円以上695万円未満	20%	427,500円
695万円以上900万円未満	23%	636,000円
900万円以上1,800万円未満	33%	1,536,000円
1,800万円以上4,000万円未満	40%	2,796,000円
4,000万円以上	45%	4,796,000円

源泉徴収票の数字から、所得控除の額の合計額や源泉徴収税額を計算できるようにね！

源泉徴収税額の計算

①支払金額（給与等の総額）：300万円

②給与所得控除後の金額（給与所得金額＝給与等の総額－給与所得控除額）：300万円－98万円＝202万円

給与所得控除額（速算表より）：300万円×30% +8万円＝98万円

- 所得金額調整控除
  バタ子さんの給与収入は300万円以下なので、所得金額調整控除は適用されない。仮に給与収入が1,100万円で、23歳未満の扶養親族が1人いれば、所得金額調整控除が適用される。給与収入が1,000万円を超えている場合、1,000万円と850万円の差額の10%、(1,000万円－850万円)×10%＝15万円が、所得金額調整控除額として、給与所得控除後の金額から差し引かれる。

③所得控除の額の合計額：98万円4,168円

配偶者控除：なし＋44万1,168円（社会保険料控除として全額が対象）＋6万3千円（一般の新生命保険料控除：2万8千円・介護医療保険料控除：3万5千円）＋0円（地震保険料控除）＋48万円（基礎控除）＝98万円4,168円

④配偶者はいない：0円、配偶者控除が0円。

⑤控除対象扶養親族：扶養親族はいない

⑥44万1,168円（社会保険料控除）、63,000円（生命保険料控除）、0円（地震保険料控除）

源泉徴収税額の考え方

○ 給与所得控除後の金額－所得控除額＝課税対象金額

202万円－98万4,168円＝103万5,000円（1,000円未満切捨て）

○ 源泉徴収税額＝課税対象金額×所得税率

103万5,000円×5%＝5万1,750円

○ 所得税額＋復興特別所得税額＝源泉徴収税額

5万1,750円＋（5万1,750円×2.1%）＝5万2,800円（100円未満切捨て）

給与所得控除額の速算表

給与等の収入金額	給与所得控除額
162万5千円以下	55万円
162万5千円超～180万円以下	収入金額×40%－10万円
180万円超～360万円以下	収入金額×30%＋8万円
360万円超～660万円以下	収入金額×20%＋44万円
660万円超～850万円以下	収入金額×10%＋110万円
850万円以上	195万円（上限）

がんばった！

30

個人住民税・個人事業税

個人住民税と所得税の違いを理解しよう。

個人住民税

☐ 個人住民税には、都道府県が課税する道府県民税（東京都は都民税）と市町村が課税する市町村民税（東京23区は特別区民税）の2種類がある。

☐ その年の1月1日現在の住所地で、前年の所得金額に対して課税される。

税額の計算

☐ 個人住民税は、均等割と所得割の2つがある。

均等割	所得金額の大小にかかわらず、原則、定額で課税される
所得割	前年の所得金額に比例して、一律10%課税される

納付

☐ 個人住民税は市区町村が税額を算出して納税者に通知し、その通知があってから納税する賦課課税方式。

☐ 納付方法は、普通徴収と特別徴収の2種類がある。

普通徴収	納税者本人が納税通知書と納付書により直接納付する 税額を年4回に分けて納付（一括納付も可能）
特別徴収	会社が給与から天引きして納付する。市区町村が特別徴収税額を通知して、会社が年税額を6月から翌年5月までの12回に分けて、毎月の給与から天引きして納付する

〇×問題にチャレンジ（2級をちょっと先取り）

1 個人住民税の課税は、その年の4月1日において都道府県内または市町村（特別区を含む）内に住所を有する者に対して行われる。（2級 2022年5月）　　　[　　]

所得税は累進課税（所得が多いほど、税率が高くなる）、住民税の所得割は比例税率（所得にかかわらず一律10％）です。

個人事業税

☐ 個人事業税は、都道府県が課税する地方税。事業所得、または事業的規模の不動産所得がある個人に課税される。

☐ 対象となる所得は前年の所得。

税額の計算

☐ 個人事業税＝（事業の所得金額－事業主控除額：上限290万円）×税率
※税率は業種によって、3〜5％

個人事業税の申告

☐ 事業所得が290万円（事業主控除額）を超える場合、翌年3月15日までに申告が必要。ただし、所得税の確定申告や住民税の申告をした場合は不要。

納付

☐ 個人事業税は、都道府県から送付される納税通知書により、原則、8月と11月の2回に分けて納付する賦課課税方式。

 住民税は1月1日現在の住所で、前年の所得金額に課税されることが、ポイントだね。

息抜きも大事だよ！

解説

1. 個人住民税は、その年の1月1日現在の住所地で課税される。（答：×）

本番問題にチャレンジ

過去問題を解いて、理解を確かなものにしよう。

問1 佐野さんの2023年分の収入は、下記<資料>のとおりである。<資料>の空欄（ア）と（イ）にあてはまる所得の種類の組み合わせとして最も適切なものはどれか。（2023年1月FP協会 資産 改題）

<資料>

所得区分	収入等の内容	備考
（ ア ）	剰余金の分配20万円	上場株式等の利益剰余金に係る分配である。
（ イ ）	受取保険金100万円	保険期間20年の一時払養老保険の満期保険金（契約者・保険料負担者は佐野さん）。一時金で受け取っている。

1.（ア）利子所得　（イ）一時所得
2.（ア）配当所得　（イ）雑所得
3.（ア）配当所得　（イ）一時所得

[　]

問2 飲食店を営む個人事業主の天野さんは、2023年11月に器具を購入し、事業の用に供している。天野さんの2023年分の所得税における事業所得の金額の計算上、必要経費に算入すべき減価償却費の金額として、正しいものはどれか。なお、器具の取得価額は90万円、2023年中の事業供用月数は2ヵ月、耐用年数は5年とする。また、天野さんは個人事業を開業して以来、器具についての減価償却方法を選択したことはない。（2022年5月FP協会 資産 改題）

<耐用年数表（抜粋）>

法定耐用年数	定額法の償却率	定率法の償却率
5年	0.200	0.400

<減価償却費の計算方法>

取得価額×償却率×事業供用月数÷12ヵ月

1. 30,000円　　2. 60,000円　　3. 180,000円

[　]

問3 下記<資料>の3人の会社員のうち、2023年分の所得税において確定申告を行う必要がない者は誰か。なお、<資料>に記載のあるデータに

基づいて解答することとし、記載のない条件については一切考慮しないこととする。（2021年9月FP協会 資産 改題）

＜資料：3人の収入等に関するデータ（2023年12月31日時点）＞

氏名	年齢	給与収入（年収）	勤務先	備考
飯田大介	35歳	500万円	SA食品会社	• 勤務先の給与収入以外に一時所得の金額が10万円ある。 • 勤務先で年末調整を受けている。
山根正樹	40歳	800万円	SB銀行	• 収入は勤務先の給与収入のみである。 • 勤務先で年末調整を受けている。 • 2023年中に住宅を取得し、同年分から住宅借入金等特別控除の適用を受けたい。
伊丹正志	52歳	2,300万円	SC商事	• 収入は勤務先の給与収入のみである。

※給与収入（年収）は2023年分の金額である。

1. 飯田大介　　2. 山根正樹　　3. 伊丹正志　　　　　　　　[　　]

解説1

（ア）上場株式等の利益剰余金に係る分配金は、配当所得となる。（イ）契約期間が5年を超える保険で、契約者本人が一時金として受け取る満期保険金は、一時所得となる。（答：3）

解説2

減価償却の方法を選択したことはないため、個人事業主の法定償却法は定額法となる。

＜減価償却費の計算方法＞より

減価償却費＝取得価額×償却率×事業供用月数÷12ヵ月

90万円×0.200×2カ月÷12カ月＝3万円　（答：1）

解説3

1. 確定申告を行う必要がない。給与収入以外の一時所得が10万円であるため、確定申告を行う必要がない。

2. 確定申告を行う必要がある。2023年中に住宅を取得し、同年分から住宅借入金等特別控除の適用を受けるため、初年度は確定申告を行う必要がある。

3. 確定申告を行う必要がある。給与収入が2,000万円を超えているため、確定申告を行う必要がある。（答：1）

明日もファイトー！

年末調整

給与所得者にとっての年末調整は、1年間の所得税額を確定させる大切な手続きです。

所得税の計算は、給与収入から経費などを差し引いて課税所得を出し、この課税所得に税率を掛けて行います。年末調整で勤務先に複数の申告書を提出することにより、正しい税額計算を行って過不足を精算します。

年末調整では、勤務先に3つの申告書を提出します。

①扶養控除等（異動）申告書

②基礎控除申告書兼配偶者控除等申告書兼所得金額調整控除申告書

③保険料控除申告書

この3つの申告書を提出することにより、扶養親族の確認、自分の基礎控除や配偶者控除、所得金額調整控除の確認、生命保険料や地震保険料、源泉徴収されていない社会保険料や小規模企業共済等掛金控除の金額を確認することができます。なお扶養の対象となる年齢は、年末調整を行った年の12月31日現在の年齢で申告します。

年末調整の書類は、提出期限内に提出する必要があり、正しく申告することが大切です。でも、提出期限を過ぎてしまったり、申告内容を間違えてしまったりしても大丈夫ですよ。確定申告をすれば、修正したり還付を申請したりできます。

Chapter 5

不動産

Chapter5では、不動産取引に必要な知識や法律、税金について学ぶ。
どんな法律（制度）があり、その適用条件や例外規定があるか（例外がある場合はその内容）等を整理しながら学習しよう。
自分で家を売買することをイメージしながら読み進めると親しみやすい。このChapterに書かれていることは、不動産を買う前に知っておいて損はない。

バタ子さん、家を買う？

バタ子さん、住宅情報誌とおぼしきフリーペーパーを眺めている様子です。そこに、アキコさんとマサエさんが通りかかりました。

アキコさん、マサエさん、こんにちは。

バタ子ちゃん、こんにちは。

今日は何を読んでいるの？

この間、友達がマンションを買うって話をしていたんです。シングルでも買うという選択肢があるのかと思って。私が今住んでいるアパートは家賃7万円ですけど、ずっと住むわけでもないし、家を買ったほうが良いのかなあ？ と思ったんですよね。

家を買うか、賃貸に住むか、という問題は永遠のテーマかもしれないわね。メリット、デメリットはどちらにもあって、その人の事情によっても検討するポイントが変わってくるからね。

たまに入るマンションのチラシを見ると、「住宅ローンの返済額は今のお家賃と同じです」とか、「家賃並みのローンを組んで、新築を手にいれませんか」という宣伝文句が載っているんですよね。結構気になって……。

「お家賃並みのローン返済額」というのは魔法の言葉に聞こえるけれど、実際はなかなかそうならない場合もあるのよ。不動産は、購入して持っているだけでかかるお金があるからね。

不動産って、持っているだけでもお金がかかるんだ……。

 不動産を持つと、固定資産税や都市計画税等の税金が毎年かかるようになるわ。自分の家を守るために火災保険や地震保険に入る必要もある。それからマンションの場合は、管理費や修繕積立金も毎月引き落としされるわね。ローン返済だけではないお金が、年間で数十万円くらい上乗せになる可能性もあるわ。

 そんなに色々なお金がかかるんですね。知らないまま買っていたら、ボーナスが一気に飛んでいきそう……。

 そうね、だから住宅購入には資金計画が大切になってくるのよ。それに、家を購入する前に知っておくといい知識もあるわよ。大きな金額の買いものになるわけだから、不動産屋さんの説明を理解して買いたいわよね。

 Chapter5は、不動産の知識を初歩から学びたいバタ子ちゃんにぴったりの内容よ。「馴染みがないから興味がわかない」という人もいるけれど、賃貸契約だって不動産取引のひとつ。
不動産の基本的な知識を身につけることは、ひいては自分の権利を守ることにもなると思うわ。

 不動産、何も知らない分野だけれど、興味がわいてきたぞ。頑張って読んでみよう！

不動産の基礎と登記

不動産の基礎や調査方法、登記について学習する。

不動産とは

☐ 土地や建物のことで、それぞれ別の不動産とみなされる。

☐ 土地は用途によって、宅地・農地・林地などに分けられる。

土地	更地	建物が建っておらず利用されていない土地
	建付地	土地の上に建物があり、土地と建物が同一所有者で、建物の敷地となっている土地
権利	借地権	建物の所有を目的として地主から土地を借りて使用する権利
	地上権	建物等の所有を目的として他人の土地を使用する権利（借地権の一種）
	賃借権（借家権）	賃料を支払って借りた建物を使用することができる権利
登記	所有権保存登記	所有権の登記のない不動産で、最初に行われる所有権の登記。誰が所有者かを登記する
	所有権移転登記	不動産の売買や相続などで、土地や建物の所有権が移ったときに行う登記
	抵当権	住宅ローンなどでお金を借りた人が、返済できなくなった場合に、銀行等が担保とした土地や建物をもって弁済を受ける権利

更地　　　　　　　建付地

更地に家を建てると、建付地になるんだね。

不動産の調査

☐ 登記記録に記載されている内容が実際の土地の状況と異なる場合がある。不動産の取引を行う場合、不動産の周囲の環境や交通事情などを現地で調査する必要がある。

☐ 不動産関係の設置場所と調査資料

設置場所	調査資料	内容
法務局（登記所）	登記事項証明書	登記記録（登記されている内容）を証明するもの
	地積測量図	土地についての測量の結果を示した図（形状や面積など）、ない場合もある
	地図	区画や地番が示された精度の高い図、備えている登記所は少ない
	公図	地図に準ずる図面、土地のおおよその位置や形状を表す、地図のない登記所に備えられる
市町村役場 （固定資産税課、 都市計画課など）	固定資産課税台帳	固定資産の所有者や価格など資産内容を確認するためのもの
	都市計画図	都市計画を定めた図、用途地域・防火規制など掲載

登記所備付地図の電子データ

☐ 法務省の新たな取組として、登記所備付地図の電子データを、Ｇ空間情報センターを介してインターネットで、一般に無償公開を開始（2023年1月23日から）。データは加工可能な形式で公開されて、利用規約に抵触しない限り、誰でも自由な利用が可能。

明日もファイトー！

不動産登記制度

不動産の登記について基本を学ぶ。

不動産登記

☐ 法務局にある不動産登記記録（登記簿）に、不動産の物理的状況と権利関係を記載して公示すること。

☐ 登記記録は一筆（一区切りの宅地など）の土地、1個の建物ごとに作成。

不動産登記簿

☐ 表題部は登記義務があり、所有権を取得した日から1カ月以内に登記する必要があるが、権利部には登記義務はない。

☐ 表題部と権利部（甲区・乙区）から構成されている。

☐ 不動産登記記録の概要

表示の登記	表題部	土地・建物など不動産の物理的状況	土地	所在・地番・地目（田、畑、宅地など）・地積（面積）など
			建物	所在・家屋番号・種類（居宅、店舗など）・構造・床面積など
権利の登記	権利部	甲区	所有権に関する事項	所有権保存登記、所有権移転登記、仮登記、差押えなど
		乙区	所有権以外の権利に関する事項	抵当権、賃借権・地上権など

不動産登記の効力

☐ 登記には対抗力があるが、公信力はない。

対抗力：自分の権利（所有権等）を第三者に対して主張できる法的効力。

公信力：登記された内容を信じて取引したものが保護される権利。

☐ 事実と異なる内容で登記されている場合、その登記内容を信じて取引しても法的に保護されない、権利を取得できない可能性がある。

本登記と仮登記

☐ 権利部に行われる登記には、本登記と仮登記がある。

- [ ] 本登記：対抗力という法的な効力を発生させる登記（所有権保存登記など）。
- [ ] 仮登記：必要な書類等が整っていない場合など、将来の本登記のために登記の順位を保全することを目的として行う予備的な登記。対抗力はない。

> 登記をすることで、他の人に「この不動産の所有者は私です！」と主張できるんだね。

登記記録の閲覧と申請

- [ ] 登記事務は電子化されているため、登記簿の代わりに登記事項要約書が交付される。従来の登記簿謄本や抄本の代わりに登記事項証明書が交付される。
- [ ] 登記事項証明書は、法務局で申請書に記入して手数料を払えば、誰でも自由に請求できる。

不動産の広告に関するルール

- [ ] 最寄り駅からの時間は、道路距離80mを徒歩1分で計算して表示。
  例：最寄り駅から徒歩3分➡物件までの距離160m〜240m（80m×3分が最長）。
- [ ] 分譲マンションの場合、登記簿の表題部に記載される床面積は内法面積。パンフレット等に記載される壁芯面積とは異なる。壁芯面積のほうが広い。
- [ ] 床面積の比較。

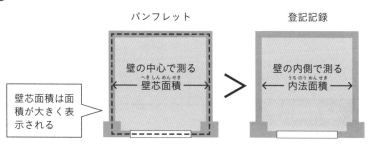

3

土地の価格と不動産の鑑定評価

不動産の公的な**4**つの価格や不動産の鑑定評価は重要ポイント。

不動産の価格

☐ 土地の価格には、実際の取引価格（実勢価格、時価ともいう）以外に、次の4つの公的な価格がある。

☐ 不動産の4つの価格

	公示価格	基準地標準価格	相続税評価額（路線価）	固定資産税評価額
利用目的	一般の土地取引の指標	公示価格の補完的価格	相続税・贈与税の算出基準	固定資産税・都市計画税・不動産取得税・登録免許税の算出基準
決定機関	国土交通省	都道府県	国税庁	市区町村
評価基準日	毎年1月1日	毎年7月1日	毎年1月1日	1月1日（3年ごとに見直し）
公表	3月下旬	9月下旬	7月下旬	4月下旬
公示価格に対する評価水準	100%	100%	約80%	約70%

ザックリいうと、土地を取引する以外に、税などの算出のための価格もあるのね。

過去問題にチャレンジ

1 相続税路線価は、相続税や（ ① ）を算定する際の土地等の評価額の基準となる価格であり、地価公示法による公示価格の（ ② ）を価格水準の目安として設定される。（2023年9月）

1) ①贈与税　②70%　　2) ①贈与税　②80%

3) ①固定資産税　②80%

[　　　]

不動産の鑑定評価方法

☐ 不動産の取引価格が適正かどうかを不動産鑑定士が判定する。そのとき
に用いる評価方法は3つある。

原価法	再調達原価（今購入するといくらか）を試算し、減価修正して不動産価格を求める方法
取引事例比較法	類似の取引事例を参考に、修正や補正を加えて価格を求める方法

- 1,200万円で
  1年前に売却
- 駅まで徒歩20分

- 1,500万円で
  2年前に売却
- 南向き

近くの2件の取引事例
を参考に、この物件の
価格を求める
- 南向き
- 駅まで徒歩15分

収益還元法	対象不動産が将来生み出す純収益と最終的な売却価格から現在の価格を求める方法	
	直接還元法	単年度の純収益を還元利回りで割り戻して価格を求める方法
	DCF法	将来的に継続して生まれる各期の純収益（賃貸収益）と最終的な正味売却価格を求め、現在価値に割り戻して評価額を求める方法

現在

対象不動産の価格（現在価値合計）

1年目 2年目 3年目 4年目 … 売却時

各期の賃貸収益

売却価格

現在価値
現在価値
現在価値
現在価値
現在価値

現在価値に割り引く

息抜きも大事だよ！

解説

1. 本文の通り。（答：2）

不動産の取引

宅地建物取引業の基本と契約や報酬のポイントを理解する。

宅地建物取引業

☐ 次の取引を不特定多数の者を対象に、その業務を反復継続して行うこと。

☐ 土地・建物の売買、交換を自ら行うこと、他人の土地・建物の売買、交換、賃借の媒介、土地・建物の売買、交換、賃借の代理。

宅地建物取引業者

☐ 不動産の取引を業として行うもので、宅地建物取引業の免許が必要。

☐ 宅地建物取引業の事務所には、5人に1人の割合で宅地建物取引士証の交付を受けた宅地建物取引士を置くことが義務付けられている。

保有する建物を自らが貸主として他人に賃貸する場合、免許は不要です。

大家さんがアパートを貸す場合とか！

宅地建物取引士の業務

☐ 重要事項説明書を契約前に交付して説明。重要事項説明書への記名。契約締結後、契約内容記載書面への記名（相手方の同意により電磁的方法による書面交付が可能）。宅地建物取引士が宅地建物取引士証を提示して行う。

○×問題・過去問題にチャレンジ

1 アパートやマンションの所有者が、当該建物を賃貸して家賃収入を得るためには、宅地建物取引業の免許を取得しなければならない。
（2023年5月）　　　　　　　　　　　　　　　　　　[　　]

2 宅地建物取引業法において、宅地建物取引業者が依頼者と締結する宅地または建物の売買の媒介契約のうち、専任媒介契約の有効期間は、最長（　　）である。（2023年1月）
1）1カ月　　2）3カ月　　3）6カ月　　　　　　　[　　]

Check!

媒介契約

☐ 不動産業者に土地や建物の売買や賃貸の媒介（仲介）を依頼する場合、媒介契約を結ぶ。

		一般媒介契約	専任媒介契約	専属専任媒介契約
依頼主側	同時に複数の業者に依頼	可能	不可	
	自己発見取引（自分で取引相手を探す）	可能		不可
業者側	依頼主への報告義務	なし	2週間に1回以上	1週間に1回以上
	指定流通機構※への物件登録義務	なし	契約日から7日以内（休業日を除く）	契約日から5日以内（休業日を除く）
契約の有効期間		特になし	3カ月以内（3カ月を超える契約を結んだ場合でも、有効期間は3カ月となる）	

※指定流通機構：国土交通大臣が指定する不動産流通機構、レインズと呼ばれる

報酬の限度額

☐ 宅地建物取引業者が受け取る報酬の限度額は国土交通大臣が定めている。

☐ 宅地建物取引業者が受け取る報酬の限度額は、次の通り。

	取引金額	報酬限度額
売買・交換	200万円以下の場合	取引金額×5％
	200万円超400万円以下	取引金額×4％＋2万円
	400万円超	取引金額×3％＋6万円
賃貸	取引金額に関係ない	賃借料の1カ月分

解説

1. 所有する建物を自ら賃貸する場合、宅地建物取引業には当たらないため、免許は不要。（答：×）

2. 本文の通り。（答：2）

明日もファイトー！

売買契約に関する留意事項

契約に関連することも大切。

手付金

- ☐ 不動産の売買契約成立を確認するため、買主から売主に支払われるお金。
- ☐ 相手方が契約の履行に着手するまでは、契約を解除できる。
  買主：代金の支払いを行うまでは、手付金を放棄することで解除できる。
  売主：物件の引渡しを行うまでは、手付金の倍額を支払うことで解除できる。
  相手方が契約の履行に着手した後では、契約は解除できない。
- ☐ 宅地建物取引業者が自ら売主となる契約で、買主が宅地建物取引業者以外の場合、売買代金の2割を超える手付金を受け取ることはできない。

手付金と解除

危険負担

- ☐ 不動産の売買契約後から建物の引渡し前に、地震や第三者による火災

○×問題にチャレンジ

1 不動産の売買契約において、買主が売主に解約手付を交付した場合、売主は、買主が契約の履行に着手するまでは、受領した解約手付を買主に返還することで、契約の解除をすることができる。(2022年1月 改題) [   ]

などで売主・買主に責任がない原因で建物が滅失し、建物の引渡しがされない場合、買主は債務の履行（売主への代金の支払い）を拒絶することができる。

地震等で建物が
壊れたとき

履行拒絶権
買主は代金の
支払いを拒む
ことができる

 買主　　　売主

契約不適合責任（瑕疵担保責任）

○ 売主が契約内容に適合しない不動産を買主に引き渡した場合、買主は売主に対して、修補や代金の減額等を請求できる。

○ 買主が権利を行使するには、不適合を知ったときから1年以内に、その旨を売主に通知しなければならない。

○ 売主が不適合を知りながら買主に告げなかった場合、責任を免れることはできない。

担保責任

契約の内容と違って
雨漏りがあった

買主　　　売主

売主の責任
買主は追完請求（物件の補修などを要求することができる）・代金減額請求（補修などされない場合、代金の減額を請求できる）・損害賠償請求・契約解除ができる

住宅の品質確保の促進に関する法律

○ 新築住宅の構造耐力上必要な部分や雨水の侵入を防止する部分について売主は、建物の引渡しから最低10年間は契約不適合責任を負う。

解説

1. 売主は手付金の倍額を支払うことで、契約を解除できる。

（答：✕）

がんばった！

借地借家法（借地権）

借地権や借家権のそれぞれの違い、ポイントを理解する。

借地借家法

☐ 民法の規定を補った賃貸借契約に関する法律。土地や建物の貸し借りについて定めている。

借地権

☐ 建物の所有を目的に、他人の土地を借りて使用する権利。
☐ 借地権は普通借地権と定期借地権がある。

普通借地権（普通借地契約）

☐ 契約期間の終了後、借主が希望すれば、建物がある場合に限り契約は更新される。貸主は正当な事由がなければ、更新を拒むことはできない。

契約の存続期間	30年以上（期間の定めのない場合、30年未満で定めた場合は30年）
更新期間	最初の更新期間は20年以上、2回目以降は10年以上 期間満了時に建物がある場合、同一条件で更新
土地の利用目的	建物の用途は制限なし（居住用も事業用も可）
契約方式	定めなし（書面の必要なし）
特徴	地主が更新を拒絶する場合、正当な事由が必要
返還方法	原則、更地にて返還

○×問題にチャレンジ

1 借地借家法において、事業用定期借地権等の設定を目的とする契約は、公正証書によってしなければならない。（2023年1月）　　[　　]

定期借地権（定期借地契約）

☐ 契約期間の終了後、契約の更新はなく、土地が貸主に返還される。

☐ 定期借地権には、一般定期借地権、建物譲渡特約付借地権、事業用定期借地権の３種類がある。

☐ 借主が更新を希望しても、契約は更新されない。

☐ 定期借地権の違い

	一般定期借地権	建物譲渡特約付借地権	事業用定期借地権
契約の存続期間	50年以上	30年以上	10年以上50年未満※
更新	契約の更新はない		
土地の利用目的	制限なし（居住用も事業用も可）		事業用のみ（居住用は不可）
契約方式	書面（公正証書以外も可）※電子契約による契約も可能	定めなし（書面の必要なし・口頭でも可）	必ず公正証書
返還方法	原則、更地にて返還	建物を譲渡し、土地を地主に返還	原則、更地にて返還

※事業用借地権（10年以上30年未満）と事業用定期借地権（30年以上50年未満）がある

定期借地権は頻出問題、特に事業用定期借地権はどの項目も大切です。

普通借地権だと、地主はいつまでも土地を利用できないかもしれないから、期限が決まっている定期借地権があるのね。

息抜きも大事だよ！

解説

1. 本文の通り。（答：○）

借地借家法（借家権）

借家権とは何か、普通と定期の違いを理解する。

借家権

☐ 他人の建物を借りる権利。借家権は普通借家権と定期借家権がある。

普通借家権（普通借家契約）

☐ 貸主は正当な事由がなければ、更新を拒むことはできない。

契約の存続期間	1年以上（1年未満の契約は期間の定めのない契約となる）	
契約の更新と解約の条件	○期間の定めのある契約	
	貸主からの場合	期間満了の1年から6カ月前に「更新しない」旨の通知をしなかった場合、以前の契約と同一の条件（期間の定めがないもの）で契約を更新したものとみなされる。貸主から通知をするときは正当な事由が必要
	借主からの場合・正当な事由は不要	
	○期間の定めがない契約	
	貸主からの場合	• いつでも解約の申し入れが可能。貸主から申し入れを行う場合は正当な事由が必要 • 貸主から解約を申し入れるときは解約の申し入れ日から6か月経過後に契約は終了
	借主からの場合	• いつでも解約の申し入れが可能。借主からの場合は正当な事由は不要 • 借主から解約を申し入れるときは、解約の申し入れ日から3か月経過後に契約は終了
利用目的	制限なし（居住用も事業用も可）	
契約方式	定めなし（書面の必要なし・口頭でも可）	

○×問題にチャレンジ

1 借地借家法によれば、定期建物賃貸借契約（定期借家契約）では、貸主に正当の事由があると認められる場合でなければ、貸主は、借主からの契約の更新の請求を拒むことができないとされている。（2023年9月）　　　　　　　　　　　　　［　　］

定期借家権（定期借家契約）

◯ 契約期間の終了後、契約の更新はなく終了する。

◯ 貸主は事前に、定期借家権であることを書面で説明することが必要。

契約の存続期間	制限なし（1年未満の契約も可能）
契約の更新	期間満了により契約は終了、更新しない 合意の上、再契約は可能
解約の条件	契約期間が1年以上の場合、期間満了の1年から6カ月前までに「期間満了により契約が終了する」旨の通知が必要 貸主が通知をしない場合、借主は同一条件で建物を使用し続けることが可能
利用目的	制限なし（居住用も事業用も可）
契約方式	書面（公正証書以外も可） ※電子契約による契約も可能 契約締結前に契約の更新がなく、期間満了により契約が終了することを書面で説明することが必要

造作買取請求権

◯ 借主は貸主の同意を得て造作物（エアコンなど）を取り付けることができる。契約終了時に貸主に時価で買い取るように請求することができる。

◯ 貸主は契約時に買取をしない旨の特約を付けることで、造作買取請求権を排除できる。

家や部屋を借りる時・貸す時に知っているとトラブルが防げそうだね。

明日もファイトー！

解説

1. 定期建物賃貸借契約（定期借家契約）は期間満了により契約は終了する。契約期間満了の1年から6か月前までの間に借主に対して「期間満了により契約が終了する」旨の通知を行えば、正当な事由がなくても契約は終了する。（答：×）

本番問題にチャレンジ

過去問題を解いて、理解を確かなものにしよう。

⬭**問1** 下表は、定期借地権についてまとめた表である。下表の空欄（ア）〜（ウ）にあてはまる数値または語句の組み合わせとして、最も適切なものはどれか。（2023年9月FP協会 資産）

種類	一般定期借地権	（ イ ）定期借地権等	建物譲渡特約付借地権
借地借家法	第22条	第23条	第24条
存続期間	（ ア ）年以上	10年以上50年未満	30年以上
契約方式	公正証書等の書面	公正証書	指定なし
契約終了時の建物	原則として借地人は建物を取り壊して土地を返還する	原則として借地人は建物を取り壊して土地を返還する	（ ウ ）が建物を買い取る

1.（ア）30（イ）居住用（ウ）借地人
2.（ア）50（イ）事業用（ウ）土地所有者
3.（ア）50（イ）居住用（ウ）土地所有者　　　　　　　　　　　[　　]

⬭**問2** 下表は、宅地建物の売買・交換において、宅地建物取引業者と交わす媒介契約の種類とその概要についてまとめた表である。下表の空欄（ア）〜（ウ）にあてはまる語句または数値の組み合わせとして、最も適切なものはどれか。なお、自己発見取引とは、自ら発見した相手方と売買または交換の契約を締結する行為を指すものとする。（2023年FP協会 資産）

	一般媒介契約	専任媒介契約	専属専任媒介契約
複数業者への重複依頼	可	不可	不可
自己発見取引	可	（ イ ）	不可
依頼者への 業務処理状況報告義務	（ ア ）	2週間に1回以上	1週間に1回以上
指定流通機構への 登録義務	なし	媒介契約締結日の翌日から7営業日以内	媒介契約締結日の翌日から（ ウ ）営業日以内

1.（ア）なし 　　　　　（イ）可　　（ウ）5
2.（ア）3週間に1回以上　（イ）不可　（ウ）5
3.（ア）3週間に1回以上　（イ）可　　（ウ）3　　　　　　[　　]

🔲 **問3** 　〇×問題

1.　不動産の登記事項証明書は、対象不動産について利害関係を
有する者以外であっても、交付を請求することができる。（2023
年9月）　　　　　　　　　　　　　　　　　　　　　　　　[　　]

2.　不動産登記には公信力が認められていないため、登記記録上
の権利者が真実の権利者と異なっている場合に、登記記録を信
じて不動産を購入した者は、原則として、その不動産に対する権
利の取得について法的に保護されない。（2023年5月）　　　[　　]

解説1

（ア）　一般定期借地権　存続期間は50年以上。
（イ）　事業用定期借地権は、必ず公正証書で契約しなければならない。
（ウ）　建物譲渡特約付借地権は、土地所有者が建物を買い取る。（答：2）

解説2

（ア）　一般媒介契約は、依頼者への報告義務はない。
（イ）　専任媒介契約は、自己発見取引が可能。
（ウ）　専属専任媒介契約は、指定流通機構への登録義務は、5営業日以内で
ある。（答：1）

解説3

1. 本文の通り。（答：〇）
2. 本文の通り。（答：〇）

がんばった！

都市計画法と開発許可制度

都市計画法の概要と開発許可制度の内容について学習する。

都市計画法

☐ 計画的な街づくりを行うため、都市計画に関する事項を定めた法律。

都市計画区域

☐ 総合的に整備や開発を行う必要がある区域。原則として都道府県知事が指定。都市計画区域が2つ以上の都道府県にわたる場合、国土交通大臣が指定。

☐ 都市計画区域は、線引区域である市街化区域、市街化調整区域と非線引区域に分かれる。

市街化区域	すでに市街化を形成している区域、10年以内に優先的かつ計画的に市街化を図るべき区域。13種類の用途地域が定められている
市街化調整区域	市街化を抑制すべき区域。原則、用途地域が定められていない
非線引区域	市街化区域でも市街化調整区域でもない区域

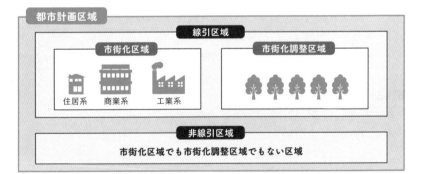

○×問題にチャレンジ

1 都市計画法によれば、市街化区域については、用途地域を定めるものとし、市街化調整区域については、原則として用途地域を定めないものとされている。(2023年9月)　　　　　[　]

用途地域

☐ 市街化区域内に定められる地域で、建築できる建物の用途や種類が制限される。住居系・商業系・工業系の3つに分けられる。

開発許可制度

☐ 都市計画区域内などで開発行為※を行う場合、事前に都道府県知事の許可が必要。

※開発行為：建築物などを建設する目的で、土地の造成等をすること。

☐ 都道府県知事の許可の有無

区域		許可の内容
都市計画区域	市街化区域	1,000m^{2}以上の開発行為は許可が必要
	市街化調整区域	規模にかかわらず許可が必要
	非線引区域	3,000m^{2}以上の開発行為は許可が必要
許可が不要な場合		・上記規模未満の開発行為 ・市街化区域以外の区域に、農林・林業・漁業用の施設や農林漁業従事者の住宅の建築を目的とする開発行為は、許可が不要

市街化調整区域は自然環境を残していく場所だから、規模にかかわらず開発には許可が必要なんだね。

息抜きも大事だよ！

解説

1. 本文の通り。（答：〇）

建築基準法

どの項目も大切な法律。用途地域の用途制限を理解する。

建築基準法

☐ 建築基準法は建築物の敷地や構造、用途など、建物の建築に関する基準を定めている法律。

用途制限

☐ 都市計画法では、用途地域を住居系、商業系、工業系に区分して、全部で13種類の用途地域に分けている。

☐ 建築基準法では、それぞれの用途地域で建築できる建物を制限している。

 工場と家が隣り合っていたら騒音問題が起きやすそう。用途地域が決められている理由はわかるなあ。

敷地が2つ以上の用途地域にわたる場合

☐ 面積が過半を占める用途地域の制限が適用される。

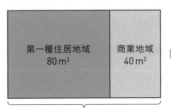

| 第一種住居地域 80 m² | 商業地域 40 m² |

甲土地（120 m²）

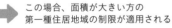 この場合、面積が大きい方の第一種住居地域の制限が適用される

○×問題にチャレンジ

1 建築基準法によれば、建築物の敷地が2つの異なる用途地域にわたる場合、その全部について、建築物の用途制限がより厳しい用途地域の建築物の用途に関する規定が適用される。（2023年9月）　[　　]

○建築可能　△制限あり　×建築不可

用途地域 → 建物の用途 ↓	住居系								商業系		工業系		
	第一種低層住居専用地域	第二種低層住居専用地域	田園住居地域	第一種中高層住居専用地域	第二種中高層住居専用地域	第一種住居地域	第二種住居地域	準住居地域	近隣商業地域	商業地域	準工業地域	工業地域	工業専用地域
神社・教会・寺院・診療所・公衆浴場・保育所・派出所	○	○	○	○	○	○	○	○	○	○	○	○	○
住宅・老人ホーム・図書館	○	○	○	○	○	○	○	○	○	○	○	○	×
幼稚園・小学校・中学校・高等学校	○	○	○	○	○	○	○	○	○	○	○	×	×
大学・各種専門学校等・病院	×	×	×	○	○	○	○	○	○	○	○	×	×
カラオケボックス・パチンコ店	×	×	×	×	×	×	○	○	○	○	○	○	○
ナイトクラブ・キャバレー	×	×	×	×	×	×	×	×	×	○	○	×	×
ホテル・旅館	×	×	×	×	×	△	○	○	○	○	○	×	×

☐ 神社・教会・寺院・診療所・公衆浴場・保育所・派出所は全ての地域で建築可能。

☐ 住宅は工業専用地域のみ建築できない。

「保育所はどの地域でも建てられるんだな」とか、「住宅や学校などは、工業地域や工業専用地域では建てられないんだな」など、○よりも×のところをイメージしてみて！　全部覚える必要はないですよ。

明日もファイトー！

解説

1. 面積が過半を占める用途地域の制限が適用される。（答：×）

道路に関する制限

2項道路など頻出項目は、きちんと理解することが必要。

道路に関する制限

◯ 建築基準法では、防火等のため建物に接する道路についても制限している。

建築基準法上の道路

◯ 原則：幅員（道路幅）が4m以上ある道路。

◯ 例外である**2項道路**※：幅員が**4m未満**の道路で、建築基準法が施行されたとき、すでに建築物が立ち並んでいた特定行政庁の指定を受けている道路。

※2項道路：建築基準法第42条2項の規定によることが名前の由来。

セットバック

◯ 幅員が4m未満の道路である2項道路の場合、原則として道路の中心線から両側に2m後退した部分が道路と敷地の境界線となり、その部分は道路とみなされる。この敷地の**後退部分をセットバック**という。

◯ セットバック部分は道路とみなされ、建蔽率や容積率を計算する際の敷地面積には含まれない。

接道義務

◯ 建築物の敷地は、原則として**幅員4m以上の道路に2m以上**接していなければならない。2m以上接していない場合、建物を建築できない。

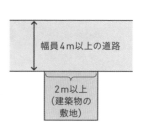

幅員4m以上の道路

2m以上
（建築物の
敷地）

📝 ◯×問題にチャレンジ

1 都市計画区域内にある建築物の敷地は、原則として、建築基準法に規定する道路に2m以上接していなければならない。（2023年5月）　[　　]

2項道路のセットバックの例

リボンを
チェック!

⬜ 道路の中心から2mのところが敷地と道路の境界線となる。建物を再建築する場合、セットバック部分の0.5mを除いた面積がA宅地の敷地面積となる。

10m×（20.5m−0.5m）=200m²

幅員3mの道路の場合

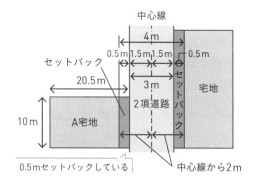

中心線

4m

0.5m 1.5m 1.5m 0.5m

セットバック

20.5m

3m
2項道路

セット
バック

宅地

10m

A宅地

中心線から2m

0.5mセットバックしている

片側がセットバックできない場合

⬜ 向かい側が河川やがけなどの場合、河川などの境界線から4mまでセットバックしたところを道路との境界線とみなす。

**敷地の反対側が河川やがけの
場合のセットバック例**

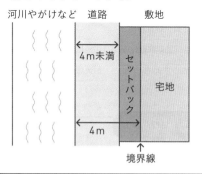

河川やがけなど　道路　　敷地

4m未満

セ
ッ
ト
バ
ッ
ク

宅地

4m

境界線

解説

1. 本文の通り。（答：○）

がんばった！

建蔽率

建蔽率の基本を理解して、計算もできるように学習する。

建蔽率とは

○ 敷地面積に対する建築面積の割合

$$建蔽率（\%）＝\frac{建築面積}{敷地面積}×100$$

最大建築面積＝敷地面積×建蔽率

○ 計算例：敷地面積が350m^{2}の土地に、建築面積245m^{2}の建物を建てた場合の建蔽率はいくらか。また、敷地面積が350m^{2}の土地の建蔽率が70％であれば、最大建築面積はいくらか。

○ 解答：建蔽率＝
245m^2÷350m^2×100＝70％
最大建築面積＝
350m^2×70％＝245m^2

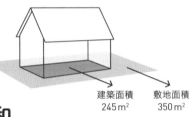

建築面積　　敷地面積
245 m^2　　350 m^2

建蔽率の上限と緩和

○ 建蔽率は用途地域ごとに上限が定められているが、次の条件を満たす場合は上限が緩和されて、建築面積が増える。

条件	緩和率
特定行政庁が指定する角地	10％緩和
防火地域・準防火地域内で耐火建築物等	
上記の両方に該当する場合（建蔽率が80％以外の地域）	20％緩和
建蔽率が80％の地域内でかつ防火地域内にある耐火建築物等	制限なし（建蔽率100％）

過去問題にチャレンジ

1 右記の200m^{2}の土地に建築面積120m^2、延べ面積160m^{2}の2階建ての住宅を建築した場合、当該建物の建蔽率は、（　　）である。（2023年9月）
1）60％　　2）80％　　3）100％

幅員6m公道

200 m^2

［　　］

> 建蔽率によって建物の大きさを制限することで、建物同士の距離を
> とり、火災のときの延焼を防ぎ、風通しや日当たりを確保できます。

防火地域と耐火建築物

☐ 防火地域：市街地など築物が密集している地域で、火災の延焼を防ぐた
めに建築物の構造に一定の制限を設けた地域。

☐ 耐火建築物：耐火構造（鉄筋コンクリート造等）で防火基準（延焼と倒
壊）を満たしている建物。

建物が建蔽率の異なる地域にわたる場合

☐ 建物の敷地が建蔽率の異なる地域にわたる場合、それぞれの地域の面
積と建蔽率を加重平均（土地ごとに計算して合計する）して求める。

☐ 計算例：建蔽率の異なる土地にわたる建物を建築する場合、建蔽率と最
大建築面積はいくらか。

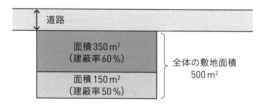

☐ 解答

建蔽率60％の土地　最大建築面積＝350m² × 60％＝210m²　①

建蔽率50％の土地　最大建築面積＝150m² × 50％＝75m²　②

最大建築面積：①＋②＝210m² ＋ 75m²＝285m²

建蔽率（％）＝$\dfrac{建築面積}{敷地面積} \times 100 = \dfrac{(210m^2 + 75m^2)}{(350m^2 + 150m^2)} \times 100 = 57\%$

解説

1. 建蔽率＝$\dfrac{120m^2}{200m^2} \times 100 = 60\%$　（答：1）

> 息抜きも大事だよ！

容積率
ようせきりつ

容積率の基本を理解して、計算もできるように学習する。

容積率とは
ようせきりつ

◯ 敷地面積に対する建築物の延べ面積の割合。用途地域ごとに上限が定められている（指定容積率）。

容積率（%）＝$\dfrac{建築物の延べ面積}{敷地面積} \times 100$

最大延べ面積＝敷地面積×容積率

◯ 計算例：敷地面積が330m^{2}の土地に、延べ面積660m^{2}の建物を建てた場合の容積率はいくらか。

また、敷地面積が330m^{2}の土地で容積率が200%の場合、建築できる建物の最大延べ面積はいくらか。

◯ 解答

容積率＝660m^2÷330m^2×100＝200%

最大延べ面積＝330m^2×200%＝660m^2

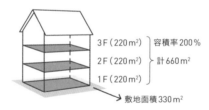

3F（220m^2）
2F（220m^2）
1F（220m^2）

容積率200%
計660m^2

敷地面積330m^2

 容積率を定めることで、建築できる建物の大きさを制限して、その地域に住める人口をコントロールするんだね。

 ### ◯×問題にチャレンジ

1 建築基準法上、容積率とは、建築物の建築面積の敷地面積に対する割合をいう。（2021年9月）　［　　］

前面道路の幅員による容積率の考え方

☐ 前面道路の幅員が12m未満である場合、用途地域別に制限がある。用途地域別に定められている指定容積率と以下の計算式で求める数値の小さい方の容積率を用いる。

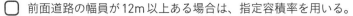

住居系用途地域	法定乗数 $\frac{4}{10}$	前面道路の幅員×$\frac{4}{10}$
その他	法定乗数 $\frac{6}{10}$	前面道路の幅員×$\frac{6}{10}$

☐ 前面道路の幅員が12m以上ある場合は、指定容積率を用いる。

☐ 計算例：前面道路の幅員が10mで、住居系用途地域（指定容積率は300％とする）に建物を建てる場合、最大延べ面積はいくらか。

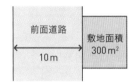

第二種住居地域で指定容積率300％

☐ 解答：前面道路の幅員10mに住居系用途地域の乗数$\frac{4}{10}$を掛ける。

$$10m × \frac{4}{10} × 100 = 400\%$$

指定容積率の300％の方が小さいので、300％を用いる。

最大延べ面積は　300m²×300％＝900m²

容積率は前面道路幅員による容積率の制限、建蔽率は防火地域や角地の緩和があります。それぞれ入れ替えて出題されるので注意しましょう。

明日もファイトー！

解説

1. 容積率とは、建築物の延べ面積の敷地面積に対する割合。問題文は建蔽率を表す。（答：×）

敷地が容積率の異なる地域にわたる場合

それぞれの違いを整理しよう。

☐ 建物の敷地が容積率の異なる地域にわたる場合、それぞれの地域の面積と容積率を加重平均（土地ごとに計算して合計する）して求める。

☐ 計算例：容積率の異なる地域にわたる建物を建築する場合、容積率の上限と最大延べ面積はいくらか。

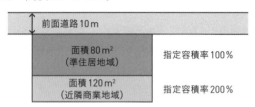

前面道路 10 m

面積 80 m²
（準住居地域）　　　　　指定容積率 100 %

面積 120 m²
（近隣商業地域）　　　　指定容積率 200 %

☐ 解答

【準住居地域】：指定容積率が 100 % の土地は住居系地域

前面道路の幅員 $10m \times \dfrac{4}{10} \times 100 = 400\%$

指定容積率の 100 % の方が小さいので 100 % を用いる

$80m^2 \times 100\% = 80m^2$　①

【近隣商業地域】：指定容積率が 200 % の土地は商業系地域（その他）

前面道路の幅員 $10m \times \dfrac{6}{10} \times 100 = 600\%$

指定容積率の 200 % の方が小さいので 200 % を用いる

$120m^2 \times 200\% = 240m^2$　②

最大延べ面積：①＋② ＝ $80m^2 + 240m^2 = 320m^2$

容積率：$320m^2 \div (80m^2 + 120m^2) \times 100 = 160\%$

○×問題にチャレンジ

1 建築基準法において、建築物が防火地域および準防火地域にわたる場合、原則として、その全部について防火地域内の建築物に関する規定が適用される。（2022 年 9 月）　　　[　　]

規制等が異なる地域で建物を建築する場合

地域	適用される制限
2つ以上の用途地域にわたる場合	面積が過半を占める用途地域の制限が適用される
建蔽率・容積率が異なる地域にわたる場合	加重平均（それぞれの地域ごとに計算して合計する）して求める
防火地域と準防火地域等にわたる場合	建築できる建物の制限等は、最も厳しい方の制限が適用される（防火地域の規制）
特定行政庁が指定する角地や防火地域・準防火地域内の耐火建築物等	建蔽率は緩和されるが、容積率は緩和されない
2つ以上の道路に面している場合	最も幅の広い道路が前面道路となる

その他の規制（高さ制限）

絶対高さ制限	第一種・第二種低層住居専用地域、田園住居地域	高さ10mまたは12mを超える建築物を建てることができない
日影規制	住居系用途地域、近隣商業地域、準工業地域	北側（隣地の南側）の敷地の日照を確保するための制限
北側斜線制限	住宅地のみ適用	住宅地の日照を確保するための制限

いろんな制限があるけど、大きい方や広い方、厳しい方などで適用されるんだね。

規制等が異なる地域での制限は、問題を解くときに必要なポイントですよ。

 がんばった！

解説

1. 本文の通り。（答：○）

区分所有法

区分所有法の概要、敷地利用権や集会決議について学ぶ。

区分所有法（建物の区分所有等に関する法律）

☐ 集合住宅での建物の使用や管理に関して定めた法律。

専有部分と共用部分

☐ 区分所有建物（分譲マンションなど）は専有部分と共用部分に分けられる。

☐ 専有部分：分譲マンションの居室、店舗、事務所など。

☐ 共用部分：エレベーター、バルコニー、階段、廊下など。

 バルコニーは共有部分なんだ！

 万が一の災害時に避難経路になるからなのよ。

共用部分の持分割合

☐ 区分所有者（マンションなどの所有者）が所有する専有部分の床面積の割合で決まる。

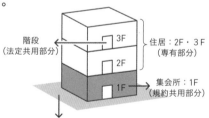

階段
（法定共用部分）

3F

2F

1F

住居：2F・3F
（専有部分）

集会所：1F
（規約共用部分）

区分所有建物の敷地（敷地利用権）

過去問題にチャレンジ

1 建物の区分所有等に関する法律（区分所有法）によれば、規約の変更は、区分所有者および議決権の各（　　）以上の多数による集会の決議によらなければならない。（2023年9月）

1）3分の2　　2）4分の3　　3）5分の4

[　　]

敷地利用権（分離処分の禁止）

- ☐ 住居など専有部分を所有するために、建物の敷地を利用する権利。
- ☐ 区分所有者は、専有部分と敷地利用権を分離して別々に処分（売却）はできない。

Check!

集会の決議

- ☐ 区分所有者の意思決定は、集会の決議によって行われる。
- ☐ 区分所有者人数と専有部分の床面積の割合による議決権によって決議する。
- ☐ 決議には普通決議と特別決議がある。
- ☐ 少なくとも年1回は集会を招集しなければならない。

決議	区分所有者と議決権の割合	内容
普通決議	過半数の賛成	一般的事項 管理者の選任など
特別決議	$\frac{3}{4}$以上の賛成	規約の設定、変更、廃止 共用部分の変更 （エレベーター設置など）
	$\frac{4}{5}$以上の賛成	建替え

※規約：区分所有者が建物や敷地の使用等について定めるもの

重大な決定ほど、多くの賛成が必要ってことなんだね。

解説

1. 本文の通り。（答：2）

息抜きも大事だよ！

16

農地法

農地法の基礎について理解する。

農地法

☐ 農地を自由に処分することを規制する法律。

☐ 農地や採草牧草地の売買や転用等を行う場合、許可や届出が必要。

☐ **権利の移動**：農地や採草牧草地をそのまま売買する場合。

☐ **転用**：農地を宅地など農地以外の土地にする場合。

☐ **転用目的での権利の移動**：農地を農地以外の土地にするため売買する場合。

> 農地が農地以外の土地に転用され続けてしまうと、作物を育てたり収穫したりすることができなくなるため、許可や届出が必要なんだね。

過去問題にチャレンジ

1 市街化区域内において、所有する農地を自宅の建築を目的として宅地に転用する場合、あらかじめ（　　　）に届出をすれば都道府県知事等の許可は不要である。（2023年5月）

1) 農業委員会

2) 市町村長

3) 国土交通大臣　　　　　　　　　　　　　　　　　　　　　　　[　　]

2 農地を農地以外のものに転用する場合、原則として、（①）の許可を受けなければならないが、市街化区域内にある農地を農地以外のものに転用する場合、当該転用に係る届出書を（②）に提出すれば、（①）の許可を受ける必要はない。（2022年9月）

1) ①都道府県知事等　　②農業委員会

2) ①農林水産大臣　　　②農業委員会

3) ①農林水産大臣　　　②都道府県知事等　　　　　　　　　　[　　]

☐ 市街化区域内の農地についての特例。

規制の対象	許可・届出	市街化区域内での特例
権利の移動	農業委員会の許可	特になし
転用	都道府県知事の許可	あらかじめ農業委員会に届出すれば、都道府県知事の許可は不要
転用目的での権利の移動		

※農林水産大臣が指定する市町村の地域内での農地の転用や転用目的の権利の移動の場合、その市町村長の許可が必要。

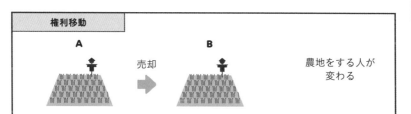

権利移動

A　売却　B　農地をする人が変わる

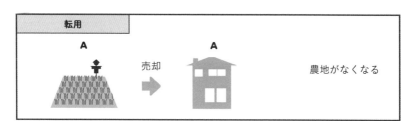

転用

A　売却　A　農地がなくなる

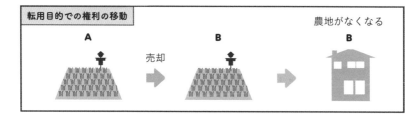

転用目的での権利の移動

農地がなくなる

A　売却　B　B

明日もファイトー！

解説

1. 本文の通り。（答：1）

2. 本文の通り。（答：1）

不動産取得時の税金①

学習日

/

不動産は色々な場面で税金が課税される。それぞれの違いを理解する。

不動産取得時の税金

☐ 不動産を取得したときに課税される4種類の税金。

不動産取得税

☐ 不動産を取得した場合、不動産がある都道府県が課税する地方税。

課税主体	不動産がある都道府県（地方税）
納税義務者	不動産の取得者（個人・法人）
課税標準	固定資産税評価額
税額の計算	不動産取得税＝課税標準×税率
税率	原則4%、2027年3月31日までに土地や住宅を取得した場合は、3%（特例）
課税対象	売買、交換、贈与、建築（増改築を含む）等により、土地や建物を取得したもの　※登記の有無は関係がない
課税されない場合	相続や遺贈による取得の場合

○×問題にチャレンジ

1 不動産取得税は、相続人が不動産を相続により取得した場合には課されない。（2022年1月）　[　　]

2 贈与により不動産を取得した場合、不動産取得税は課されない。（2021年5月）　[　　]

3 新築の戸建て住宅の取得に対する不動産取得税の課税標準の算定上、「不動産取得税の課税標準の特例」の適用を受けることにより、固定資産税評価額から最高で1,500万円を控除することができる。（2022年1月）　[　　]

住宅を取得した場合の課税標準の特例

☐ 一定の条件を満たす住宅の場合、課税標準から一定額が差し引かれる。

住宅	税額の計算	主な要件
新築住宅	不動産取得税＝（課税標準－1,200万円）×3% （一般住宅特例）	床面積：50m² 以上240m² 以下 自宅、賃貸住宅も可
中古住宅	不動産取得税＝（課税標準－控除額：100〜1,200万円）×3% ※新築時期で異なる控除額	床面積：50m² 以上240m² 以下 自宅のみ、賃貸住宅は不可
宅地	不動産取得税＝課税標準×$\frac{1}{2}$×3% （$\frac{1}{2}$控除の特例措置）	2027年3月31日までに土地や住宅を取得した場合

中古住宅を取得した場合に受けられる軽減措置は、新築と違って築年数が古くなるほど控除額が少なくなります。

☐ ケース：固定資産評価額が1,100万円の新築マンションの場合（住宅床面積150m²）。

住宅の床面積が50m² 以上240m² 以下の場合、1,200万円控除になる。

（1,100万円－1,200万円）×3%＝0円　　　不動産取得税はかからない。

がんばった！

解説

1. 本文の通り。（答：○）

2. 贈与により不動産を取得した場合は、不動産取得税は課税される。（答：×）

3. 固定資産税評価額から最高で1,200万円を控除することができる。（答：×）

不動産取得時の税金②

登録免許税や他の税金について学ぶ。

登録免許税

☐ 不動産の登記をするときに課税される国税。

課税主体	国（国税）
納税義務者	不動産登記を受ける者（個人・法人）
課税標準	固定資産税評価額（抵当権設定登記：債権金額）
税額の計算	登録免許税＝課税標準×税率

※相続や遺贈、贈与による取得のときにも課税される

過去問題にチャレンジ

1 下記は、不動産の取得および保有に係る税金についてまとめた表である。下表の空欄（ア）～（ウ）にあてはまる語句の組み合わせとして、正しいものはどれか。（2020年9月FP協会 資産）

税金の種類	課税主体	納税義務者（原則）	課税標準（原則）
不動産取得税	都道府県	不動産の取得者。ただし、（　ア　）により取得した場合は非課税	固定資産税評価額
登録免許税	国	登記を受ける者	抵当件設定登記等を除き、（　イ　）
固定資産税	（　ウ　）	1月1日現在の固定資産の所有者	固定資産税評価額

1.（ア）贈与　　（イ）相続税評価額
　（ウ）市町村（東京23区は東京都）

2.（ア）相続　　（イ）固定資産税評価額
　（ウ）市町村（東京23区は東京都）

3.（ア）贈与　　（イ）固定資産税評価額
　（ウ）都道府県

[　　]

税率

☐ 住宅用家屋（床面積：50m²以上）の場合。

登記事項	原則	住宅の軽減税率（2027年3月31日まで）
所有権保存登記：新しく購入した場合	0.4%	0.15%
所有権移転登記：売買した場合	2.0%	0.3%
抵当権設定登記：抵当権を設定した場合	0.4%	0.1%

※認定長期優良住宅・低炭素住宅に係る特例措置（所有権保存登記・所有権移転登記の税率➡0.1%）

リボンを
チェック！

印紙税

☐ 課税文書を作成した場合、文書に印紙を貼付、消印して納税する国税。

課税主体	国（国税）
納税義務者	課税文書の作成者（売買契約書を売主・買主が所有する場合、双方の契約書に印紙が必要）
課税対象	不動産売買契約書など
課税されない場合	建物の賃貸借契約書、不動産媒介契約書、国や地方公共団体が作成する文書など

※収入印紙の貼付がない場合や消印がなかった場合、過怠税が課される。この場合でも契約は有効

消費税

☐ 不動産取引での課税関係は次の通り。

	課税される取引	課税されない取引	仲介手数料
土地	1カ月未満の短期貸付	譲渡（売買）や貸付	課税
建物	譲渡・貸付（居住用を除く）	自宅の譲渡や貸付	課税

息抜きも大事だよ！

解説

1. 本文の通り。（答：2）

不動産保有時の税金①

不動産を保有しているときに課税される税金には**2種類**ある。

固定資産税

☐ 不動産を所有している場合、課税される地方税。幅広い用途に使われる。

☐ 取得した**翌年**から、都市計画税とあわせて納付する。

課税主体	不動産がある市町村（地方税）
納税義務者	1月1日に固定資産課税台帳に登録されている者 ※年の途中で売却した場合、1月1日に固定資産課税台帳に記載されている者が全額を支払う。一般的に、売主と買主の間で所有期間に応じて按分して負担する
課税標準	固定資産税評価額（3年ごとに見直し）
税額の計算	固定資産税＝課税標準×1.4% ※条例によって異なる税率に変更できる
納期	都市計画税とあわせて年4回に分割して納付

住宅用地の課税標準の特例

小規模住宅用地	200m²以下の部分	固定資産税＝課税標準×$\frac{1}{6}$×1.4%
一般住宅用地	200m²超の部分	固定資産税＝課税標準×$\frac{1}{3}$×1.4%

過去問題にチャレンジ

1 固定資産税における小規模住宅用地（住宅用地で住宅1戸につき200m²以下の部分）の課税標準については、当該住宅用地に係る固定資産税の課税標準となるべき価格の（　　）の額とする特例がある。（2022年9月）

1）2分の1　　　2）4分の1　　　3）6分の1

[　　]

○ 例：550m²の住宅の場合

200m²までの部分：固定資産税評価額 × $\frac{1}{6}$

200m²超の部分：残りの350m²　固定資産税評価額 × $\frac{1}{3}$

それぞれの金額に固定資産税の1.4%がかかる。

甲地：550m²

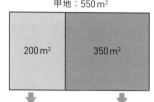

評価額 × $\frac{1}{6}$ × 1.4%　　評価額 × $\frac{1}{3}$ × 1.4%

新築住宅の税額減額特例（2026年3月31日まで）

新築住宅 （一戸建て）	居住用部分の床面積120m²以下の部分	固定資産税 × $\frac{1}{2}$	3年間 認定長期優良住宅：5年
新築中高層住宅 （耐火構造等）			5年間 認定長期優良住宅：7年

新築住宅の特例は固定資産税の軽減のみで、都市計画税の軽減はないんだね。

明日もファイトー！

解説

1. 本文の通り。（答：3）

不動産保有時の税金②

都市計画税とは何かを学習する。

都市計画税

☐ 公園や道路など都市計画事業等の費用とするため課税する地方税。

課税主体	不動産がある市町村（地方税）
納税義務者	市街化区域内の土地・建物の所有者 1月1日に固定資産課税台帳に登録されている者
課税標準	固定資産税評価額
税額の計算	都市計画税＝課税標準×0.3%（上限） 0.3%を上限として、条例によって下げることができる
納付	固定資産税とあわせて納付

固定資産税の内訳

4つの税を足したものが、いわゆる「固定資産税」と呼ばれる

家屋		固定資産税	都市計画税
土地		固定資産税	都市計画税

○×問題・過去問題にチャレンジ

1 都市計画税は、原則として、都市計画区域のうち市街化調整区域内に所在する土地・家屋の所有者に対して課される。（2014年9月）　[　　]

2 都市計画税は、都市計画法による都市計画区域のうち、原則として（　　）に所在する土地および家屋の所有者に対して課される。（2008年9月）

1) 市街化調整区域内
2) 非線引きの区域内
3) 市街化区域内　　　　　　　　　　　　　　　　　　　　　　　[　　]

住宅用地の課税標準の特例

◯ 固定資産税と同様に課税標準の特例がある。

小規模住宅用地	200m²以下の部分	都市計画税＝課税標準 $\times \dfrac{1}{3} \times 0.3\%$
一般住宅用地	200m²超の部分	都市計画税＝課税標準 $\times \dfrac{2}{3} \times 0.3\%$

リボンを
チェック！

◯ 550m²の住宅の場合

200m²までの部分　固定資産税評価額 $\times \dfrac{1}{3}$

200m²超の部分：残りの350m²　固定資産税評価額 $\times \dfrac{2}{3}$

それぞれの金額に都市計画税の0.3%（上限）がかかる

都市計画税も住宅用地の特例があるけど、固定資産税と少し違うね。

住宅用地の特例は、住宅の所有者の負担を軽減する特例。倉庫など住宅ではない建物が建つ土地や住宅がない更地には、住宅用地の特例は適用されません。

解説

1. 都市計画税は、市街化区域内の土地・建物の所有者に対して課税される。

（答：×）

2. 本文の通り。（答：3）

がんばった！

不動産譲渡時の税金

長期譲渡所得や短期譲渡所得の違い、計算方法は大切なポイント。

不動産の譲渡所得

☐ 土地や建物などを譲渡（売却）して所得を得た場合、譲渡所得となり所得税や住民税が課税される。この場合の譲渡所得は**分離課税**となる。

☐ 短期譲渡所得と長期譲渡所得

所得の種類	所有期間 （譲渡した年の1月1日時点で判断）	税率
短期譲渡所得	所有期間が5年以下	39.63％（所得税30％、復興特別所得税0.63％、住民税9％）
長期譲渡所得	所有期間が5年超	20.315％（所得税15％、復興特別所得税0.315％、住民税5％）

例：2018年1月7日に取得した不動産を、2023年10月24日に譲渡した場合は、短期譲渡所得となる（実際の保有期間は5年を超えているが、1月1日時点では5年未満となる）。

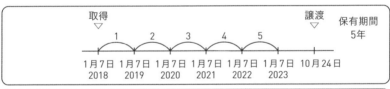

過去問題にチャレンジ

1 所得税の計算において、個人が土地を譲渡したことによる譲渡所得が長期譲渡所得に区分されるためには、土地を譲渡した年の1月1日における所有期間が（　　）を超えていなければならない。（2023年1月）

1）5年　　2）10年　　3）20年

[　　]

1月1日時点で判断すると、5年未満になることがあるので注意しましょう。

譲渡所得の計算

リボンを
チェック！

☐ 譲渡所得＝総収入金額－（取得費＋譲渡費用）

総収入金額	譲渡（売却）時の譲渡価額の合計金額
取得費	譲渡した土地や建物の購入代金、購入時の仲介手数料、印紙税、登録免許税、不動産取得税などを加えて、その合計金額から減価償却費相当額を差し引いた金額
譲渡費用	譲渡時に支出した仲介手数料、印紙税、登記費用、建物の取壊し費用、賃借人に支払う立退料、売却のための広告費など ※譲渡した不動産の固定資産税は譲渡費用や取得費に含まれない

概算取得費

☐ 取得費が不明な場合や実際の取得費が購入代金の5%を下回る場合、譲渡収入金額の5%を取得費とすることができる。

例：家を売却した金額が3,500万円で、購入価格が不明の場合。
3,500万円×5%＝175万円を取得費とする。

Chapter 5-21 ｜ 不動産譲渡時の税金

息抜きも大事だよ！

解説

1. 本文の通り。（答：1）

居住用財産の譲渡の特例

居住用財産の特例の種類や概要を理解することが大切。

居住用財産を譲渡した場合の 3,000万円の特別控除の特例

> ### Check!
>
> **居住用財産を譲渡した場合の 3,000万円の特別控除の特例**
>
> ☐ 個人が居住用財産（自宅や敷地など）を譲渡した場合、所有期間にかかわらずその譲渡益から最高3,000万円を控除できる。

適用の ポイント	• 居住用財産の譲渡であること（店舗併用住宅の場合：居住用部分が90%以上） • 短期譲渡でも長期譲渡でも適用される（居住期間や所有期間に制限はない） • 居住しなくなってから3年を経過した年の12月31日までの譲渡であること • 住宅と宅地が夫婦の共有名義の場合、それぞれが最高3,000万円まで控除できる（合計6,000万円まで控除できる） • 控除後に譲渡所得がなく課税されない場合でも確定申告が必要 • 居住用財産の軽減税率の特例と併用できる
適用 されない 場合	• 特別関係者（配偶者・直系血族など）への譲渡である場合 • 前年や前々年にこの特例を受けている場合（3年に1度しか適用できない） • 譲渡した年や前年、前々年に居住用財産の買換え特例を受けている場合

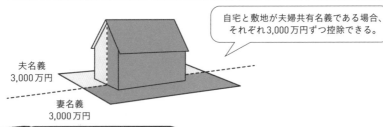

自宅と敷地が夫婦共有名義である場合、それぞれ3,000万円ずつ控除できる。

夫名義
3,000万円

妻名義
3,000万円

○×問題にチャレンジ

1 「居住用財産を譲渡した場合の長期譲渡所得の課税の特例」（軽減税率の特例）の適用を受けるためには、譲渡した居住用財産の所有期間が譲渡した日の属する年の1月1日において10年を超えていなければならない。（2023年9月）　　　　［　　］

居住用財産を譲渡した場合の
長期譲渡所得の課税の特例

リボンを
チェック！

Check!

居住用財産を譲渡した場合の
長期譲渡所得の課税の特例

☐ 個人が居住用財産（自宅や敷地など）を譲渡した場合で、その所有期間が譲渡した年の1月1日時点で **10年** を超えているときには、3,000万円特別控除後の金額に、さらに長期譲渡所得の **軽減税率** が適用される。

課税長期譲渡所得金額	軽減税率
6,000万円以下の部分	14.21％（所得税10％、復興特別所得税0.21％、住民税4％）
6,000万円超の部分	20.315％（所得税15％、復興特別所得税0.315％、住民税5％）

適用されない場合	・特別関係者（配偶者・直系血族など）への譲渡である場合 ・控除後に譲渡所得がなく課税されない場合でも確定申告が必要

例：譲渡所得が7,500万円の場合、

6,000万円以下の所得　6,000万円×14.21％、

残りの1,500万円について、1,500万円×20.315％　が課税。

3,000万円の特別控除と長期譲渡所得の課税の特例は、重要ポイントですよ！

明日もファイトー！

解説

1. 本文の通り。（答：〇）

特定の居住用財産の買換えの特例

買換え特例の概要を理解する。

特定の居住用財産の買換えの特例

☐ 所有期間が10年を超える居住用財産を個人が譲渡して、新しい居住用財産（居住用の建物）に買換えた場合、譲渡益に対する課税を将来に繰り延べることができる。

☐ 譲渡した資産価額よりも取得した資産の取得価額の方が高い場合、譲渡はなかったものとされる。取得した資産の取得価額の方が低い場合、差額分が譲渡益として課税される。

□譲渡資産の譲渡価額 ≦ 買換え資産の取得価額：
　譲渡はなかったとみなされ、課税は繰り延べられる。

4,000万円

買換え
≦

5,500万円

□譲渡資産の譲渡価額 > 買換え資産の取得価額：
　差額分（**1,500万円**）が譲渡益とみなされ、課税される。

5,500万円

買換え
>

4,000万円

過去問題にチャレンジ

1 個人が自宅の土地および建物を譲渡し、「特定の居住用財産の買換えの場合の長期譲渡所得の課税の特例」の適用を受けるためには、譲渡した年の1月1日において譲渡資産の所有期間が（ ① ）を超えていることや、譲渡資産の譲渡対価の額が（ ② ）以下であることなどの要件を満たす必要がある。（2023年5月）
1) ①5年　②1億円　　　2) ①5年　②1億6,000万円
3) ①10年　②1億円

[　]

譲渡する居住用財産の要件	• 譲渡した年の1月1日時点で所有期間が10年超、居住期間の合計が10年以上であること • 資産の売却金額が1億円以下であること • 特別関係者（配偶者・直系血族など）への譲渡でないこと • 2025年12月末までの譲渡であること
取得する居住用財産の要件	• 居住用部分の床面積が50m²以上、敷地面積が500m²以下であること • 譲渡した年の前年から譲渡した年の翌年までの3年間に買換え資産を取得し、取得年の翌年末までに居住開始すること
適用のポイント	• 買換え特例と3,000万円特別控除・居住用財産の譲渡による軽減税率の特例は併用できないため、どちらか一方を選択する • この特例を受けて譲渡所得がなくなる場合でも確定申告は必要

被相続人の居住用財産（空き家）に 係る譲渡所得の特別控除の特例

☐ 被相続人の居住用財産（空き家）を相続した相続人が、その家屋または 撤去した土地を譲渡した場合、譲渡所得から3,000万円を控除できる。

適用のポイント	• 相続開始日から3年を経過する年の12月31日までの譲渡であること • 譲渡金額が1億円以下であること • 2027年12月31日までの譲渡であること

「買換えの特例」は"課税を将来に繰り延べることができる"、つまり 利益に対する税金を先送りすることで、税金が免除されるわけでは ありません。

解説

1. 本文の通り。（答：3）

がんばった！

その他の譲渡の特例

その他の特例も理解して、まとめで知識を整理しよう。

居住用財産買換え等の場合の譲渡損失の損益通算及び繰越控除の特例

☐ 所有期間が5年を超える居住用財産を譲渡して、譲渡損失が発生した場合、その他の所得と損益通算できる。損益通算をしても損失が残る場合、翌年以降3年間にわたって繰越控除できる。

適用のポイント	・譲渡した年の1月1日時点で所有期間が5年を超えていること
	・2025年12月末までの譲渡であること
	・特別関係者（配偶者・直系血族など）への譲渡でないこと
	・取得日の翌年の12月31日までに居住するか、居住する見込みであること
	・控除を受ける年の年末時点で、取得した居住用財産に10年以上の住宅ローンの残高があること
	・対象者の合計所得が繰越控除する年に3,000万円以下であること
	・損益通算、繰越控除を受ける場合は確定申告が必要

○×問題・過去問題にチャレンジ

1 個人が相続により取得した被相続人の居住用家屋およびその敷地を譲渡し、「被相続人の居住用財産（空き家）に係る譲渡所得の特別控除の特例」の適用を受けるためには、譲渡資産の譲渡対価の額が6,000万円以下であることなどの要件を満たす必要がある。（2023年5月）　[　　]

2 「特定居住用財産の譲渡損失の損益通算及び繰越控除の特例」の適用を受けた場合、損益通算を行っても控除しきれなかった譲渡損失の金額について繰越控除が認められるのは、譲渡の年の翌年以後、最長で（　　）以内である。（2018年9月）
1）3年　　2）5年　　3）10年　　[　　]

相続財産を譲渡した場合の取得費の特例

- ☐ 相続または遺贈により取得した土地等を、一定期間内に譲渡した場合、相続税額のうち一定金額を譲渡資産の取得費に加算することができる。
- ☐ 相続や遺贈により財産を取得した者で、その財産を取得した人に相続税が課税されていること。
- ☐ 相続開始のあった日の翌日から相続税の申告期限の翌日以後、3年を経過する日までにその財産を譲渡していること。
- ☐ 特例の適用を受けるためには、確定申告が必要。

リボンをチェック！

特例のまとめ

	所有期間	居住期間	併用できる特例
居住用財産の3,000万円の特別控除	要件なし		居住用財産の3,000万円の特別控除と軽減税率の特例は併用可
軽減税率の特例	10年超	要件なし	
居住用財産の買換え特例		10年以上	併用不可
居住用財産の買換え等の場合の譲渡損失の繰越控除	5年超	要件なし	住宅ローン控除と併用可

解説

1. 譲渡資産の譲渡対価の額が1億円以下であることなどの要件を満たす必要がある。（答：×）

2. 本文の通り。（答：1）

息抜きも大事だよ！

本番問題にチャレンジ

過去問題を解いて、理解を確かなものにしよう。

問1 借地借家法に基づく普通借家権に関する以下の記述の空欄（ア）〜（ウ）に入る語句の組み合わせとして、最も適切なものはどれか。（2023年1月FP協会 資産）

存続期間

期間の定めがある場合	契約で期間を定める場合、（　ア　）以上とする。（　ア　）未満の期間を定めた場合、期間の定めがないものとみなされる。
期間の定めがない場合	随時解約の申し入れをすることが可能である。 ・賃貸人からの解約の申し入れ 申し入れの日から（　イ　）経過したときに契約は終了する。ただし、賃貸人からの解約の申し入れには正当事由を要する。 ・賃借人からの解約の申し入れ 申し入れの日から（　ウ　）経過したときに契約は終了する。

1.（ア）1年　（イ）3カ月　（ウ）1カ月
2.（ア）1年　（イ）6カ月　（ウ）3カ月
3.（ア）2年　（イ）6カ月　（ウ）3カ月　　　　　　　　　[　]

問2 建築基準法の用途制限に従い、下表の空欄（ア）、（イ）にあてはまる建築可能な建築物の組み合わせとして、最も適切なものはどれか。なお、記載のない条件については一切考慮しないこととする。（2023年1月FP協会 資産）

用途地域	建築物の種類
第一種低層住居専用地域	（　ア　）、神社
工業地域	（　イ　）、自動車整備工場

1.（ア）大学　　（イ）病院
2.（ア）中学校　（イ）診療所
3.（ア）中学校　（イ）病院　　　　　　　　　　　　　　[　]

問3 建築基準法に従い、下記＜資料＞の土地に建築物を建築する場合、その土地に対する建築物の建築面積の最高限度として、正しいものはどれか。なお、記載のない条件については一切考慮しないこととする。（2023年1月FP協会 資産）

＜資料＞

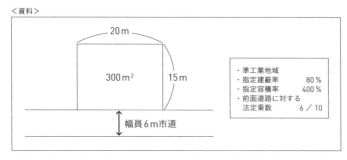

1. 240m²　　2. 1,080m²　　3. 1,200m²　　　　　　　[　　]

解説1

（ア）　普通借家権では、1年未満の期間を定めた場合、期間の定めがないものとみなされる。

（イ）　賃貸人からの解約の申し入れは、申し入れの日から6カ月経過したときに契約は終了する。

（ウ）　賃借人からの解約の申し入れは、申し入れの日から3カ月経過したときに契約は終了する。（答：2）

解説2

大学は第一種・第二種低層住居専用地域には建築できない。診療所は全ての地域で建築可能。（答：2）

解説3

建築物の建築面積の最高限度＝敷地面積×建蔽率

300m²×80％＝240m²（答：1）

明日もファイトー！

不動産の有効活用

不動産の有効活用である**6**つの事業方式について学習する。

事業方式による土地の有効活用

自己建設方式	土地所有者が自分の土地を保有したまま、企画から資金調達、建築から管理運営まで行う方法
事業受託方式	土地所有者が自分の土地を保有したまま、デベロッパー（不動産開発業者）に事業の全てを任せる方法
土地信託方式	土地所有者が信託銀行に土地を預けて、信託銀行が企画から資金調達、建設から管理運営まで行う方法。信託終了後に所有者に土地・建物が返還される
等価交換方式	土地所有者が土地を出資し、その土地にデベロッパーの資金で建物を建設、建設費用と土地価額の出資割合に応じて、土地所有者とデベロッパーが建物を所有する方法。建物の全部を譲渡する全部譲渡方式と一部のみを譲渡する部分譲渡方式がある
定期借地権方式	定期借地権を設定して、土地を賃貸する方法
建設協力金方式	土地所有者が建物等の借主（テナント）から建設資金を借りて、建物の建設費に充当する方法

等価交換方式や建設協力金方式が多く出題されているみたいだね。

○×問題にチャレンジ

1 土地の有効活用において、一般に、土地所有者が入居予定の事業会社から建設資金を借り受けて、事業会社の要望に沿った店舗等を建設し、その店舗等を事業会社に賃貸する手法を、建設協力金方式という。（2023年5月）　　　[　　]

不動産投資の形態

○ 現物不動産投資：マンションなど現物の不動産を所有して、投資をする形態。

リボンを
チェック！

○ アパートやマンションの経営

メリット	安定的な収入が見込める
デメリット	空室となる可能性がある
その他	ファミリータイプよりもワンルームマンションの方が家賃が割高になる

○ オフィスビルの経営

メリット	賃貸マンションより収益性が高い
デメリット	法人が対象となるため、景気変動や立地条件の影響を受けやすい
その他	初期費用が多くかかる

○ 駐車場経営

メリット	借地権や借家権の問題が発生しない
デメリット	減税措置がなく、固定資産税が高くなる 相続税評価が高くなる
その他	青空駐車場や立体駐車場、月極駐車場や時間貸駐車場など選択肢がある

がんばった！

解説

1. 本文の通り。（答：○）

不動産の投資判断指標

代表的な**3つ**の計算方法は、どのように計算するのかを理解する。

不動産の投資判断指標

☐ 不動産事業の採算をみる指標として、下記の3つがある。

表面利回り（単純利回り）：%	☐ 不動産の購入価格に対する年間の家賃収入の割合。諸経費を考慮しない。 表面利回り＝$\dfrac{\text{年間賃料収入の合計額}}{\text{総投資額（自己資金＋借入金）}} \times 100$
NOI利回り（純利回り）：%	☐ 不動産の購入価格に対する年間の純収入（家賃収入から諸経費を引いた金額）の割合。諸経費を考慮する。 NOI利回り＝$\dfrac{\text{年間賃料収入の合計額－年間諸経費}}{\text{総投資額（自己資金＋借入金）}} \times 100$
キャッシュ・オン・キャッシュ（自己資金に対する収益力）：%	☐ 自己資金と借入金で不動産を購入した場合、自己資金に対しての手取り額の割合。家賃収入から借入金の返済額を引いた金額。 キャッシュ・オン・キャッシュ $=\dfrac{\text{収入－支出}}{\text{自己資金}} \times 100 = \dfrac{\text{現金手取額}}{\text{自己資金}} \times 100$

収入から経費や支出した金額があれば引いて、投資した自己資金や借入金を足して割る式が多いね。

過去問題にチャレンジ

1 投資総額5,000万円で購入した賃貸用不動産の年間収入の合計額が270万円、年間費用の合計額が110万円である場合、この投資の純利回り（NOI利回り）は、（　　　）である。（2023年9月）

1) 2.2%　2) 3.2%　3) 5.4%

[　　]

○ 計算例：取得した不動産価格　6,000万円、賃料収入（年）600万円、
　年間経費　100万円、自己資金　2,000万円、銀行借入　3,000万円
　（年間借入金返済額　200万円）の場合、表面利回りとNOI利回り、
　およびキャッシュ・オン・キャッシュはいくらか。

○ 解答

• 表面利回り（単純利回り）：%

$$=\frac{600万円}{2,000万円 + 3,000万円} \times 100 = 12\%$$

• NOI利回り（純利回り）：%

$$=\frac{600万円 - 100万円}{2,000万円 + 3,000万円} \times 100 = 10\%$$

• キャッシュ・オン・キャッシュ（自己資金に対する収益力）：%

$$=\frac{600万円 - 100万円 - 200万円}{2,000万円} \times 100 = 15\%$$

NOIとは、「Net Operating Income（ネット・オペレーティング・インカム）」の頭文字で「純収益」という意味になります。
NOI利回りは文章問題でも正誤を判断できるようにしましょう！

息抜きも大事だよ！

解説

1.・NOI利回り（純利回り）：%

$$=\frac{270万円 - 110万円}{5,000万円} \times 100 = 3.2\%$$　　（答：2）

本番問題にチャレンジ

過去問題を解いて、理解を確かなものにしよう。

☐ **問1** 自己が居住していた家屋を譲渡する場合、その家屋に居住しなくなった日から（①）を経過する日の属する年の（②）までに譲渡しなければ、「居住用財産を譲渡した場合の3,000万円の特別控除」の適用を受けることができない。（2023年9月）

1. ①3年　②3月15日　　2. ①3年　②12月31日

3. ①5年　②12月31日　　　　　　　　　　　　　　［　　］

☐ **問2** 相続税路線価は、地価公示の公示価格の（①）を価格水準の目安として設定されており、（②）のホームページで閲覧可能な路線価図で確認することができる。（2023年5月）

1. ①70%　②国土交通省　　2. ①80%　②国税庁

3. ①90%　②国税庁　　　　　　　　　　　　　　　　［　　］

☐ **問3** 借地借家法によれば、定期建物賃貸借契約（定期借家契約）の賃貸借期間が1年以上である場合、賃貸人は、原則として、期間満了の1年前から（　　）前までの間に、賃借人に対して期間満了により契約が終了する旨の通知をしなければ、その終了を賃借人に対抗することができない。（2023年5月）

1. 1カ月　　2. 3カ月　　3. 6カ月　　　　　　　　　　［　　］

☐ **問4** 建築基準法によれば、第一種低層住居専用地域内の建築物の高さは、原則として（　　）のうち当該地域に関する都市計画において定められた建築物の高さの限度を超えてはならないとされている。（2023年5月）

1. 10mまたは12m　　2. 10mまたは20m　　3. 12mまたは15m　［　　］

○ **問5** 建物の区分所有等に関する法律（区分所有法）によれば、集会においては、区分所有者および議決権の各（　　　）以上の多数により、区分所有建物を取り壊し、その敷地上に新たに建物を建築する旨の決議（建替え決議）をすることができる。（2023年1月）

1. 3分の2　　2. 4分の3　　3. 5分の4　　　　　　　　[　　]

解説1
居住しなくなってから3年を経過する日の属する年の12月31日までの譲渡であること。（答：2）

解説2
公示価格の80％を価格水準の目安として設定されており、国税庁のホームページで閲覧可能な路線価図で確認することができる。（答：2）

解説3
期間満了の1年前から6カ月前までの間に、賃借人に対して期間満了により契約が終了する旨の通知をしなければ、その終了を賃借人に対抗することができない。（答：3）

解説4
絶対高さ制限：第一種・第二種低層住居専用地域、田園住居地域
高さ10mまたは12mを超える建築物を建てることができない。（答：1）

解説5
規約の変更の場合：$\frac{3}{4}$ 以上の賛成

建替えの場合：$\frac{4}{5}$ 以上の賛成 （答：3）

明日もファイトー！

購入？賃貸？

マイホームを購入するのか、あるいは賃貸住宅に住み続けるのか。永遠のテーマと言えそうな問いですが、それぞれにメリット・デメリットがあることは知っておきたいものです。

マイホームを購入する際の最大のメリットは、自己資産になることです。住宅ローンを返済中に亡くなった場合、団体信用生命保険（以下団信）によりローンが完済されるので、自宅は資産として残ります（団信付き住宅ローンの場合）。反面、住宅ローン負担は、特に金利上昇局面では、家計に大きな影響を及ぼす可能性があります。また固定資産税や火災保険料の負担も小さくありません。気軽に引越しができなくなるのもデメリットと言えるかもしれません。

賃貸のメリットは、生活に合わせて柔軟に住み替えできることでしょう。固定資産税はかからず、火災保険料もマイホームほど負担は大きくありません。しかし、高齢になると住宅を借りにくくなる問題が顕在化しています。ずっと住み続けられる保証がない不安定さはあります。

人口減少の時代に、住宅は確実に空き家が増えます。自分のライフプランと照らし合わせて、あるいは社会情勢も踏まえながら、家をどうするかを考えていきたいですね。

Chapter **6**

相続・事業承継

Chapter6では、個人の相続と贈与について学ぶ。相続と贈与は、「民法」と「相続税法」という**2**つの法律が関係するが、同じ事柄でも規定が異なる場合があるので、違いをしっかり押さえよう。

相続税は、相続税計算に必要な知識（ルール）が試験に問われやすい。身近な人が亡くなったと想定する等して、状況をイメージしながら学ぶと理解が進む。

アクセスキー **u**（小文字のユー）

バタ子さん、相続について考える

バタ子さんは、マサエさん、アキコさんとお茶をしながらおしゃべり中です。

じつは、昨年祖父が亡くなったときに、遺産相続問題が起きたんですよ。私の父が長男で、叔父と叔母がいるんですけど、そのせいで仲が悪くなってしまって。結構仲のいい親戚だったのに残念な気持ちでいっぱいなんです。

そうね、相続は「争う族」と書くのが当てはまる場合もあるわね。「争族」になってしまって、隣同士に住んでいるのに全く口も利かなくなってしまったご近所さんもいらっしゃったわ。

祖父は、遺書を残していなかったんです。もし遺書があったらこんなことにはならなかったかもしれないと考えてしまうんです。今の自分には早い話かもしれないけど、遺産分割や生前贈与の知識はあった方がいいなと思っています。

そうね、相続は、人が亡くなったら発生する事象だから、誰しも必ず経験するわ。知っておくに越したことはないわね。

贈与税は、贈与される側が納める税金。何か財産をもらうようなお話が出た時には、税金がどうなるのか、自分でも分かっておく必要があると思うわ。

遺書は、何歳くらいから書いたらいいのでしょう？ 目安とかあるのかな？

遺書というのは、自分の死後、誰かに自分の意思や気持ちを伝える私的な文書やメッセージのこと。定められた形式とか、書かなければいけない内容などは特になく、自由よ。紙以外に、メールや音声、動画で残すこともできるわ。

遺言書は、民法で定められたルールに沿って作成される文書で、正しく作成すれば、法的な効力を持つの。遺産分割を想定して作成するなら、この「遺言書」を作る必要があるわね。

遺書と遺言書が違うということ、初めて知りました。

お子さんのいないご夫妻や、独身の方で、自分の死後スムーズに財産分与手続きなどを進められるようにしたいと考えていらっしゃる方は、遺言書を書いておく必要があります。

独身の方が増えると、思いもかけない人の相続人になる可能性もあります。知識を身につけること、とても大切ですね。Chapter6でしっかり学べますよ。

Chapter6の内容が気になってきました！頑張って勉強します。

1

贈与税

贈与の概要・種類や違いについて学習する。

贈与とは

☐ 自分の財産を無償で相手に与える契約。
☐ 相手が合意することによって成立する。
☐ 贈与する人を贈与者、財産を受け取る人を受贈者という。

贈与契約の違い

☐ 書面によらない贈与（口頭による贈与）	当事者それぞれで取消しができる 履行された部分は取り消すことができない
☐ 書面による贈与	契約の効力が生じた時から取消しができない

贈与の種類

種類	定義	ケース	ポイント
定期贈与	定期的に一定額の財産を贈与	毎年100万円を10年間贈与する	贈与者・受贈者の一方が死亡した場合に契約は終了する
負担付贈与	受贈者に一定の負担（債務）を負わせる贈与	3,500万円の住宅を贈与する代わりに、2,500万円のローンを支払う	受贈者が債務を履行しない場合、贈与者は契約を解除できる
死因贈与	贈与者が死亡することによって効力が発生する贈与（双方の合意が必要）	私が死んだら、この家を贈与する	受け取った財産は贈与税ではなく、相続税の対象となる
単純贈与	贈与ごとに贈与契約を結ぶ		

贈与税の納税義務者

☐ 贈与により財産を取得した個人。
☐ 国内に住所がある者は、贈与により取得した国内外すべての財産に課税。

○×問題にチャレンジ

1 死因贈与は、贈与者が財産を無償で与える意思を表示することのみで成立し、贈与者の死亡によって効力を生じる。（2022年9月 改題）　[　　]

課税財産の種類

☐ 贈与税の課税財産

課税財産		例
本来の贈与財産	実際の贈与によって取得した財産。経済的価値のあるもの	現金、預貯金、有価証券、不動産など
みなし贈与財産	実際に贈与を受けたとみなされて課税される財産	保険料を負担した者以外が受け取った満期保険金など
		個人間で時価よりも著しく低い価額で財産を譲り受けた場合、時価との差額
		借金をしている人が借金を免除してもらった場合、その免除された金額

お金や不動産だけでなく、有価証券や生命保険金も贈与の対象になるんだね！

贈与税の非課税財産

☐ 扶養義務者からの生活費や教育費	通常必要な範囲での金額。親からの仕送りなど
☐ 法人から贈与された財産	法人が個人へ贈与した場合、所得税や住民税の課税対象となる • 従業員であれば給与所得、従業員でない場合は一時所得となる
☐ 香典・祝い金・見舞金等	社交上必要と認められる範囲
☐ 離婚に伴う財産	慰謝料や財産分与を受けた場合
☐ 相続などにより取得した財産	相続開始年にすでに被相続人から受けていた贈与財産は、相続税の課税対象
☐ 使用貸借	親が子に土地などを無償で貸した場合

明日もファイトー！

解説

1. 死因贈与は贈与者と受贈者の双方の合意が必要。遺贈のように一方的に贈与する意思表示だけでは成立しない。(答：×)

2

贈与税の計算と申告

贈与税の計算方法や申告と納付の基本を学ぶ。

暦年課税と基礎控除

◯ 1月1日から12月31日までの1年間（暦年）に贈与された財産の合計額から、基礎控除額（110万円）を差し引いた残りの金額に課税する。

◯ 贈与により取得した財産の合計額が基礎控除額（110万円）以下の場合、贈与税は課税されず申告不要。

◯ 父母の両方から贈与された場合でも、基礎控除額は110万円が上限。

贈与税額の計算式

◯ 贈与税額＝（贈与税の課税価格－110万円）×税率

特例税率の適用

◯ 直系尊属（父母や祖父母など）から贈与を受けた場合、特例税率を適用して税率を計算する（受贈者が贈与を受けた年の1月1日時点で18歳以上の場合に限る）。

◯ 贈与税の速算表

基礎控除後の課税価格	一般贈与財産		特例贈与財産	
	税率	控除額	税率	控除額
200万円以下	10%	-	10%	-
200万円超～300万円以下	15%	10万円	15%	10万円
300万円超～400万円以下	20%	25万円		
400万円超～600万円以下	30%	65万円	20%	30万円
600万円超～1,000万円以下	40%	125万円	30%	90万円
1,000万円超～1,500万円以下	45%	175万円	40%	190万円
1,500万円超～3,000万円以下	50%	250万円	45%	265万円
3,000万円超～4,500万円以下	55%	400万円	50%	415万円
4,500万円超			55%	640万円

○×問題にチャレンジ

1 贈与税の納付については、納期限までに金銭で納付することを困難とする事由があるなど、所定の要件を満たせば、延納または物納によることが認められている。（2019年1月 改題） [　　]

速算表は覚えなくてOK。計算する時に特例になるかを確認すること！

☐ 例題：子（18歳以上）が父から年間800万円の贈与を受けて、暦年課税を選択した場合、贈与税額はいくらか。

解答：贈与税額＝（贈与税の課税価格－110万円）×税率

（800万円－ 110万円 ）× 30％－90万円 ＝117万円
　　　　　　基礎控除額　　　　特例税率

贈与税の申告と納付

☐ 申告書の提出期限：贈与を受けた年の翌年の2月1日から3月15日まで。
☐ 申告書の提出先：受贈者の住所地を管轄する税務署。
☐ 納付期限：申告書の提出期限と同じ（3月15日まで）、金銭で一括納付。
☐ 作成した申告書等は、e-Tax（電子申告）を利用して提出することができる。

延納

☐ 下記要件を満たす場合、延納（分割して納付）することができる。

	金銭での一括納付が困難であること
延納の要件	延納申請書を申告期限までに提出すること
	贈与税額が10万円を超えていること
	原則として担保を提供すること

※延納期間：最高5年
※物納（金銭の代わりに贈与された財産で納付すること）は認められていない

がんばった！

解説

1. 贈与税の納付で物納は認められていない。相続税の納付では延納によっても金銭で納付することが困難である場合、物納することができる。

（答：×）

3

贈与税の特例等

贈与税の特例や相続時精算課税制度の概要について学ぶ。

贈与税の配偶者控除の特例

- [ ] 一定の要件にあてはまる配偶者が、居住用不動産、またはその購入資金を贈与された場合、課税価額から基礎控除額（110万円）とは別に、最高2,000万円の控除ができる。

Check!

贈与税の配偶者控除の特例の計算式

- [ ] 贈与税額＝（課税価格 － 110万円 － 2,000万円 ）×税率
  基礎控除額　配偶者控除の特例

贈与税の配偶者控除の特例の適用要件

- [ ] 婚姻期間が贈与日において20年以上あること。
- [ ] 国内にある居住用不動産、もしくは居住用不動産を取得するための金銭の贈与であること。
- [ ] 贈与を受けた年の翌年3月15日までに居住を開始し、その後も居住する見込みであること。
- [ ] 同じ配偶者からの贈与で特例を受けていないこと（同一夫婦間で一生に一度）。
- [ ] 贈与税額0円の場合でも申告が必要。

- [ ] 例題：婚姻期間が20年以上ある夫から配偶者へ居住用不動産（評価額2,500万円）の贈与があり贈与税の配偶者控除の特例を適用した場合、贈与税額はいくらか（贈与税の速算表を参照）。

  解答：（2,500万円 － 110万円 － 2,000万円 ）×20％ － 25万円 ＝ 53万円
  基礎控除額　配偶者控除の特例　一般税率

過去問題にチャレンジ

1 贈与税の配偶者控除は、婚姻期間が（ ① ）以上である配偶者から居住用不動産または居住用不動産を取得するための金銭の贈与を受け、所定の要件を満たす場合、贈与税の課税価格から基礎控除額のほかに最高で（ ② ）を控除することができる特例である。（2024年1月 改題）

1）①10年　②2,000万円　　2）①20年　②2,000万円
3）①20年　②2,500万円

[　]

相続時精算課税制度

☐ 相続時精算課税制度とは、納税者の選択によって贈与税と相続税を一体化して課税が行われる制度。

☐ 受贈者が2,500万円までの贈与であれば贈与税が非課税となり、相続が発生した時点で贈与財産と相続財産を合算して相続税を計算し、一括して相続税として納税する。2,500万円を超える金額については20％の贈与税が課税される。2024年1月からは、年間110万円の基礎控除が創設された。

相続時精算課税の概要

☐ 適用対象者 （贈与年の1月1日 における年齢）	贈与者	60歳以上の父母または祖父母
	受贈者	18歳以上の推定相続人である子（養子・代襲相続人を含む）または18歳以上の孫 ※推定相続人：相続人になると予測される者
☐ 手続き	受贈者	贈与を受けた翌年2月1日から3月15日までに、相続時精算課税選択届出書を提出する
☐ 対象財産	贈与財産	種類や金額、回数、贈与期間に制限はない
☐ 特別控除額	累計2,500万円までが非課税	この制度を選択した贈与者からの贈与財産の価額のうち、2,500万円の非課税枠を超える金額に、一律20％の税率が適用される
	年110万円までの贈与	年110万円以下の贈与であれば贈与税が課税されず、かつ、累計2,500万円の特別控除に含める必要はない
☐ 贈与税	計算方法	{（贈与額－年110万円）－2,500万円｝×20％
☐ ポイント	申告	年110万円以下の贈与は申告が不要
	選択	この制度を選択した場合、取消しや暦年課税への変更は不可
☐ 相続発生時	受贈者	• 贈与者からの贈与財産と相続財産を合算して相続税額を算出し、すでに納付した贈与税額を控除する ※相続財産と合算する贈与財産の価額：贈与時の価額 • すでに納付した贈与税額の方が多い場合、申告することで差額が還付される

息抜きも大事だよ！

解説

1. 贈与日において婚姻期間が20年以上あること、居住用不動産、またはその購入資金を贈与された場合、課税価額から基礎控除（110万円）とは別に、最高2,000万円の控除ができる。（答：2）

贈与税の非課税制度

教育資金や結婚・子育て資金の贈与について理解する。

学習日 /

直系尊属から教育資金の一括贈与を受けた場合の非課税

☐ 一定の子や孫に対して、直系尊属（父母や祖父母など）が教育資金として金銭を贈与し、金融機関に預入れ等した場合、一定金額を非課税とする制度。

概要

☐ 適用対象者	贈与者	父母や祖父母などの直系尊属
	受贈者	前年の合計所得金額が1,000万円以下の30歳未満の子や孫
☐ 非課税金額	学校	1人につき1,500万円
	学校以外の塾等	1,500万円のうち、500万円までが上限
☐ 適用期間		2026年3月31日までの贈与
☐ ポイント		・30歳になった時点で残額があった場合、贈与税の課税対象となる ・贈与者が死亡した場合、その時点での残額は相続税の課税対象になる。ただし、受贈者が23歳未満の場合、相続税の対象にならない

※適用を受けるためには「教育資金非課税申告書」の提出が必要

子や孫のライフイベントを助けるための制度。限度額は押さえておきたい！

 ### 過去問題にチャレンジ

1 「直系尊属から教育資金の一括贈与を受けた場合の贈与税の非課税」の適用を受けた場合、受贈者1人につき（ ① ）までは贈与税が非課税となるが、学校等以外の者に対して直接支払われる金銭については、（ ② ）が限度となる。(2023年9月)
   1) ①1,000万円　②500万円
   2) ①1,500万円　②300万円
   3) ①1,500万円　②500万円

[　]

直系尊属から結婚・子育て資金の一括贈与を受けた場合の非課税

☐ 一定の子や孫に対して、直系尊属（父母や祖父母など）が結婚資金や子育て資金として金銭を贈与し、金融機関に預入れ等をした場合、一定金額を非課税とする制度。

概要

リボンをチェック！

☐ 適用対象者	贈与者	父母や祖父母などの直系尊属
	受贈者	前年の合計所得金額が1,000万円以下の18歳以上50歳未満の子や孫
☐ 非課税金額	子育て資金	1人につき1,000万円
	結婚資金	1人につき300万円
☐ 適用期間		2025年3月31日までの贈与
☐ ポイント		• 50歳になった時点で残額があった場合、贈与税の課税対象となる • 贈与者が死亡した場合、その時点での残額は相続税の課税対象になる

※適用を受けるためには「結婚・子育て資金非課税申告書」の提出が必要
※直系尊属から教育資金の一括贈与を受けた場合の非課税、直系尊属から住宅取得等資金の贈与を受けた場合の非課税と併用可能

明日もファイトー！

解説

1. 父母や祖父母などの直系尊属が子や孫に対して教育資金を贈与した場合、受贈者1人につき1,500万円まで（学校以外の塾等は、1,500万円のうち、500万円までが上限）非課税とする制度。（答：3）

住宅取得資金の 贈与税の非課税制度

住宅取得資金の贈与について学習する。

直系尊属から住宅取得等資金の 贈与を受けた場合の非課税

☐ 18歳以上の者に対して、直系尊属（父母や祖父母など）が住宅を取得
するための資金等を贈与した場合、一定金額を非課税とする制度。

概要

☐ 適用対象者	贈与者	父母や祖父母などの直系尊属
	受贈者	贈与を受けた年の1月1日時点で18歳以上の者 ※その年の合計所得金額が2,000万円以下の者
☐ 所得制限 （贈与された物の 合計所得金額）と 住宅の要件	合計所得金額1,000万円以下	床面積40m²以上50m²未満 $\frac{1}{2}$以上が居住用であること
	合計所得金額1,000万円超 2,000万円以下	床面積50m²以上240m²以下 $\frac{1}{2}$以上が居住用であること
☐ 適用期間	2026年12月31日までの贈与	
☐ 非課税限度額	• 一般住宅：500万円 • 耐震・省エネ住宅：1,000万円	

 ○×問題にチャレンジ

1 「直系尊属から住宅取得等資金の贈与を受けた場合の贈与税の非課
税」は、受贈者の贈与を受けた年の年分の所得税に係る合計所得金
額が2,000万円を超える場合、適用を受けることができない。（2023
年1月 改題）　　　　　　　　　　　　　　　[　　]

併用

☐ 直系尊属から結婚・子育て資金の一括贈与を受けた場合の非課税と併用可能。

☐ 暦年課税制度や相続時精算課税制度との併用は可能。

> 贈与税の非課税制度は税制改正により延長されます。3つの非課税制度の非課税金額や受贈者の条件を比較して覚えるのがポイントですよ。

新非課税制度の概要

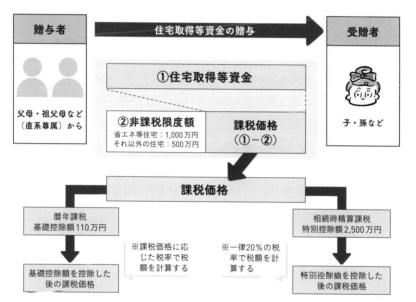

| 贈与者 | 住宅取得等資金の贈与 → | 受贈者 |

父母・祖父母など（直系尊属）から

①住宅取得等資金

②非課税限度額
省エネ等住宅：1,000万円
それ以外の住宅：500万円

課税価格（①－②）

子・孫など

課税価格

暦年課税
基礎控除額110万円

※課税価格に応じた税率で税額を計算する

※一律20％の税率で税額を計算する

相続時精算課税
特別控除額2,500万円

基礎控除額を控除した後の課税価格

特別控除額を控除した後の課税価格

がんばった！

解説

1. 贈与を受けた年の1月1日時点で18歳以上の者で、その年の合計所得金額が2,000万円以下の者が適用できる。（答：◯）

Chapter 6

本番問題に チャレンジ

過去問題を解いて、理解を確かなものにしよう。

学習日 ／

□ 問1 贈与税の申告書は、原則として、贈与を受けた年の翌年の（ ① ）から3月15日までの間に、（ ② ）の住所地を所轄する税務署長に提出しなければならない。（2024年1月）

1) ①2月1日　②受贈者
2) ①2月1日　②贈与者
3) ①2月16日　②贈与者　　　　　　　　　　　　　　　　　　［　　］

□ 問2 神田綾子さんは、夫から居住用不動産の贈与を受けた。綾子さんは、この居住用不動産の贈与について、贈与税の配偶者控除の適用を受けることを検討しており、FPで税理士でもある米田さんに相談をした。この相談に対する米田さんの回答の空欄（ア）、（イ）にあてはまる語句または数値の組み合わせとして、最も適切なものはどれか。（2024年1月）

[米田さんの回答]
「配偶者から居住用不動産の贈与を受けた場合、その（ ア ）において、配偶者との婚姻期間が20年以上あること等の所定の要件を満たせば、贈与税の配偶者控除の適用を受けることができます。なお、贈与税の配偶者控除の額は、最高（ イ ）万円です。」

1.（ア）贈与があった年の1月1日　（イ）1,000
2.（ア）贈与があった年の1月1日　（イ）2,000
3.（ア）贈与があった日　　　　　　（イ）2,000　　　　　　　［　　］

解説1

　贈与税の申告書は、贈与を受けた年の翌年の2月1日から3月15日までに、受贈者の住所地を所轄する税務署に提出する。（答：1）

解説2

　贈与税の配偶者控除の特例：一定の要件にあてはまる配偶者が、居住用不動産、またはその購入資金を贈与された場合、課税価額から基礎控除（110万円）とは別に、最高2,000万円の控除ができる。

　また、婚姻期間が贈与した日において20年以上あることが要件。（答：3）

贈与税が軽減されたり、非課税になったりする制度は、試験でもよく問われるところです。それぞれを比較して、違う点を覚えてくださいね。

贈与税の問題は、贈与の種類や贈与の契約についてなど、基本的な部分を問う問題も多いです。非課税財産には、どのようなものがあるか、申告書の提出期限や基礎控除額についても大切です。赤字の部分を復習しましょう。

息抜きも大事だよ！

相続の基礎

相続の基本的な内容と納税義務者について学ぶ。

相続とは

☐ 被相続人（死亡した人）の全ての財産（権利と義務）を相続人（一定範囲の親族）が引き継ぐことをいう。

> 相続によって引き継ぐ財産は、現金や土地などのプラスの財産である資産の他に、マイナスの財産となる借入金などの負債も含まれます。

相続税の納税義務者

☐ 相続や遺贈によって財産を取得した個人。

☐ 財産を取得したときに国内に住所がある者は、取得した国内外全ての財産が課税対象になる。

親等の数え方

☐ 血族の親等：本人を"0"として親や子の世代を経るごとに数字を1つ足して数える。

☐ 姻族の親等：本人の配偶者を"0"として、親や子の世代を経るごとに数字を1つ足して数える。配偶者の親は1親等となる。

☐ 民法上の親族：6親等内の血族、配偶者及び3親等内の姻族。

> つぎの図は丸暗記するのではなく、数え方を覚えればOK！

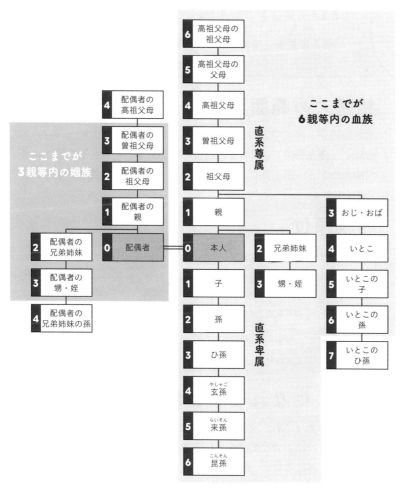

6	高祖父母の祖父母	
5	高祖父母の父母	
4	配偶者の高祖父母	4 高祖父母
3	配偶者の曽祖父母	3 曽祖父母
2	配偶者の祖父母	2 祖父母
1	配偶者の親	1 親

ここまでが
3親等内の姻族

ここまでが
6親等内の血族

直系尊属

2	配偶者の兄弟姉妹	0 配偶者	0 本人	2 兄弟姉妹	3 おじ・おば
3	配偶者の甥・姪		1 子	3 甥・姪	4 いとこ
4	配偶者の兄弟姉妹の孫		2 孫		5 いとこの子
			3 ひ孫		6 いとこの孫
			4 玄孫		7 いとこのひ孫
			5 来孫		
			6 昆孫		

直系卑属

※民法上の親族とは、6親等内の血族、配偶者および3親等内の姻族のこと

明日もファイトー!

法定相続人と相続順位

相続人は誰か、順位も含めて大切な項目を理解する。

相続人の範囲と順位

☐ 法定相続人：民法で定める相続人。

☐ 相続では優先順位があり、上の順位の者がいない場合、下の順位の者が相続人になる。第1順位の子がいる場合、第2順位や第3順位の者は相続できない。

相続順位

☐ 常に相続人となる	配偶者	正式な婚姻関係のみ、内縁の妻や前妻は対象外
☐ 第1順位	子	養子・非嫡出子・胎児（まだ生まれていない子）を含む ※養子や非嫡出子の詳細は後ページに記載
☐ 第2順位	直系尊属	本人の父母や祖父母など ※第1順位の者がいない場合に父母、父母もいない場合に祖父母が相続人となる
☐ 第3順位	兄弟姉妹	※第1順位や第2順位の者がいない場合、相続人となる

相続人になれない場合

法定相続人であっても、次の場合は相続できない。

☐ 相続開始以前にすでに死亡している者。

☐ 相続欠格にあたる場合：被相続人を殺害したり、脅迫や詐欺を行ったり、遺言書を偽造した場合。

☐ 相続廃除にあたる場合：被相続人を虐待や侮辱していた場合。

☐ 相続を放棄した者。

自分に危害を加えた人に相続はしたくないよね……。

代襲相続

☐ 相続開始時点で、相続人となる者がすでに死亡、欠格、廃除により、相続権がなくなっている場合、その者の子が代わりに相続すること。

☐ 代襲相続人：その者の代わりに相続人となる者。

Check!

代襲相続のポイント

代襲相続人	相続分は本来の相続人と同じ	下記例の場合
放棄	相続放棄した者の子は、代襲相続できない	孫E
欠格・廃除	代襲相続できる	孫F
子が死亡	被相続人の子が相続開始以前にすでに死亡している場合、被相続人の孫が代襲相続する（限りなく下に代襲相続が可能、子→孫→曾孫…等）	孫G
兄弟姉妹	相続人となる兄弟姉妹がすでに亡くなっている場合、被相続人の甥・姪までしか代襲相続できない	甥

 相続人が相続を放棄した場合は、代襲相続できないと押さえておけばOKです。

☐ 代襲相続の例

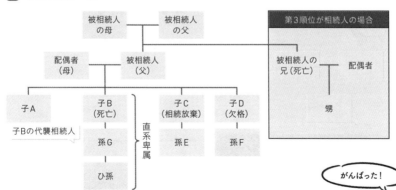

代襲相続人：孫Gと子Aの相続分は同じ。孫Gも死亡している場合、ひ孫が代襲相続人となる。

がんばった！

相続の承認と放棄

相続には承認と放棄があり、それぞれの要点や違いを学ぶ。

相続の承認と放棄

☐ 相続人は、被相続人の財産上の権利や義務を相続するかどうかを選択することができる。その方法には、「相続の承認」と「相続の放棄」がある。

相続		要点	期限
相続の承認	単純承認	• 被相続人の全ての財産（資産や負債）を受け継ぐこと • 相続放棄などを行うより前に、相続人が財産の全部または一部を処分した場合は、単純承認したとみなされる	相続の開始があったことを知った日から3カ月以内に「相続放棄」や「限定承認」を行わなかった場合、単純承認したものとみなされる（家庭裁判所の手続きは不要）
	限定承認	相続財産である資産（プラスの財産）の範囲内でのみ、被相続人の債務（マイナスの財産）を引き継ぐこと 【例】資産：1,000万円、負債：1,500万円を受け継いだ場合、1,000万円の返済義務を負う	相続の開始があったことを知った日から3カ月以内に「限定承認申述書」を共同相続人全員で家庭裁判所に提出しなければならない
相続の放棄		被相続人からの相続を拒否すること	• 相続の開始があったことを知った日から3ヶ月以内に「相続放棄申述書」を家庭裁判所に提出しなければならない • 相続人全員が共同で行う必要はなく、各相続人が単独で行うことができる

相続の放棄や限定承認を選択する場合は、「3カ月以内」ということですよ。

○×問題にチャレンジ

1 相続人は、原則として、自己のために相続の開始があったことを知った時から3カ月以内に、相続について単純承認または限定承認をしなければ、相続の放棄をしたものとみなされる。（2023年1月 改題）　[　　]

☐ 単純承認・限定承認・相続放棄の違い

手続きの違い

☐ 共同相続人：相続人が複数いる場合、すべての相続人のこと。被相続人
が亡くなった時点で自動的に共同相続人となる。

共同相続人　**限定承認**　**家庭裁判所**

相続人全員で行う

相続人　**放棄**　**家庭裁判所**

1人でも可能

息抜きも大事だよ！

解説

1. 相続の開始があったことを知った時から3カ月以内に、相続放棄や限定承認をし
なければ、単純承認をしたものとみなされる。相続の放棄は3カ月以内に「相続放
棄申述書」を家庭裁判所に提出する必要があり、自動的に相続を放棄したものとみ
なされることはない。（答：×）

法定相続分と養子

法定相続分とは何か、また養子の種類について理解することが大切。

指定相続分と法定相続分

☐ 指定相続分：被相続人が遺言によって指定する相続分。指定相続分は法定相続分より優先される。

 「遺言」は「ゆいごん」だと思っていたけれど、法的な効果がある遺言は「いごん」と読むのね！

☐ 法定相続分：民法で定められた相続分。遺言による指定がない場合に適用。

Check!

法定相続分の相続割合

配偶者	他の相続人			相続人の例と相続割合
$\frac{1}{2}$	第1順位	子	$\frac{1}{2}$	配偶者と子：配偶者$\frac{1}{2}$・子$\frac{1}{2}$
$\frac{2}{3}$	第2順位	直系尊属	$\frac{1}{3}$	配偶者と直系尊属（父と母）：配偶者$\frac{2}{3}$・直系尊属（父と母）$\frac{1}{3}$
$\frac{3}{4}$	第3順位	兄弟姉妹	$\frac{1}{4}$	配偶者と兄弟姉妹：配偶者$\frac{3}{4}$・兄弟姉妹$\frac{1}{4}$
その他の相続分				配偶者はいないが、子と直系尊属のみで相続した場合：子が全てを相続する
同順位の法定相続人が複数いた場合				複数の相続人で法定相続分を均等に按分する

○×問題にチャレンジ

1 特別養子縁組が成立した場合、養子となった者と実方の父母との親族関係は終了する。（2023年5月 改題）　　　　[　　]

法定相続分と法定相続人のポイント

配偶者	配偶者は常に相続人（内縁関係には相続分はない）
養子	実子（血のつながりがある子）と相続分は同じ
非嫡出子	嫡出子と相続分は同じ
放棄	相続を放棄した者の子は代襲相続できない。相続を放棄した場合、民法では最初から相続人でなかったことになる。

養子の種類

種類	普通養子縁組	特別養子縁組
☐ 概要	養子縁組が成立した後も、実の父母との親子関係が存続する	養子縁組により実の父母との親子関係が終了し、養親のみが父母となる
☐ 相続	実の父母と養親の父母の両方の相続人となる	原則、養親の父母のみの相続人となる
☐ イメージ		
☐ ポイント	• 実親の同意は不要で、養親と養子の同意で成立する • 原則20歳以上の者が養親となることができる	• 原則、15歳未満の子が対象 • 原則として、実の父母の同意が必要 • 原則、25歳以上の者が養親となることができる

嫡出子と非嫡出子

☐ 嫡出子：法律上の婚姻関係にある男女の間に生まれた子。

☐ 非嫡出子：法律上の婚姻関係のない男女の間に生まれた子（内縁関係の間に生まれた子など）。非嫡出子が相続するには、認知が必要となる。

☐ 嫡出子と非嫡出子の相続順位・法定相続分は同じ。

明日もファイトー！

解説

1. 養子縁組により実の父母との親子関係が終了し、養親のみが父母となる。

（答：○）

法定相続分の計算

ここでは、計算できるように理解することが大切なポイント。

 ず、図がいっぱいでめまいが……。

 大丈夫、ここは重要なポイント！　まずは第1順位の子がいるか、次に第2順位の父母、第3順位の兄弟姉妹、など順番に考えればスッキリ分かりますよ！

配偶者と子が2人の場合

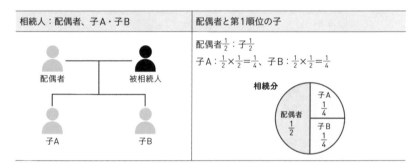

相続人：配偶者、子A・子B	配偶者と第1順位の子

配偶者$\frac{1}{2}$：子$\frac{1}{2}$
子A：$\frac{1}{2} \times \frac{1}{2} = \frac{1}{4}$、子B：$\frac{1}{2} \times \frac{1}{2} = \frac{1}{4}$

配偶者と直系尊属（父母）の場合

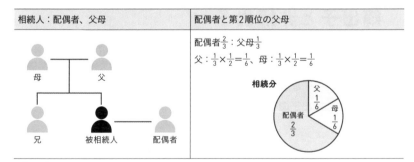

相続人：配偶者、父母	配偶者と第2順位の父母

配偶者$\frac{2}{3}$：父母$\frac{1}{3}$
父：$\frac{1}{3} \times \frac{1}{2} = \frac{1}{6}$、母：$\frac{1}{3} \times \frac{1}{2} = \frac{1}{6}$

※第2順位の父母がいる場合、第3順位の兄に相続分はない

配偶者と兄弟姉妹の場合

相続人：配偶者、兄	配偶者と第3順位の兄
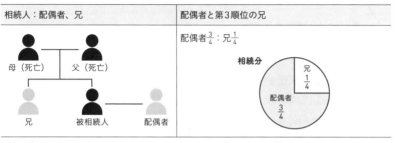	配偶者$\frac{3}{4}$：兄$\frac{1}{4}$ 相続分 兄 $\frac{1}{4}$ 配偶者 $\frac{3}{4}$

※第1順位の子がなく、第2順位の父母が亡くなっているため、第3順位の兄が相続する

相続放棄者がいる場合

相続人：配偶者、子C、子B（養子）	配偶者と第1順位の子
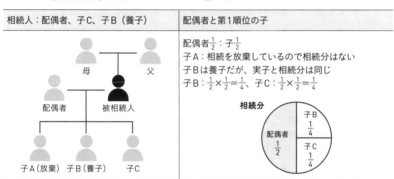	配偶者$\frac{1}{2}$：子$\frac{1}{2}$ 子A：相続を放棄しているので相続分はない 子Bは養子だが、実子と相続分は同じ 子B：$\frac{1}{2}\times\frac{1}{2}=\frac{1}{4}$、子C：$\frac{1}{2}\times\frac{1}{2}=\frac{1}{4}$ 相続分 子B $\frac{1}{4}$ 配偶者 $\frac{1}{2}$ 子C $\frac{1}{4}$

※第1順位の子がいるため、第2順位の父母には相続分はない

代襲相続の場合

相続人：配偶者、子A、 子Bの代襲相続人となる孫C	配偶者と第1順位の子
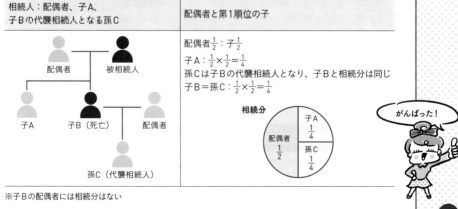	配偶者$\frac{1}{2}$：子$\frac{1}{2}$ 子A：$\frac{1}{2}\times\frac{1}{2}=\frac{1}{4}$ 孫Cは子Bの代襲相続人となり、子Bと相続分は同じ 子B＝孫C：$\frac{1}{2}\times\frac{1}{2}=\frac{1}{4}$ 相続分 子A $\frac{1}{4}$ 配偶者 $\frac{1}{2}$ 孫C $\frac{1}{4}$

※子Bの配偶者には相続分はない

がんばった！

成年後見制度

成年後見制度の概要や法定後見と任意後見の違いを学習する。

成年後見制度

- ☐ 認知症、知的障害、精神障害などの理由で判断能力の不十分な方々の権利を保護し、支援する制度。
- ☐ 不動産や預貯金などの財産を管理したり、介護サービスや施設入所など契約を結んだり、遺産分割の協議をする必要があるときなど、不利益を被らないようにする。
- ☐ すでに判断能力が落ちている場合に法律に基づいて行う法定後見制度と、判断能力が十分にある間に将来に備えて任意後見人と契約を結ぶ任意後見制度がある。

制度の概要

制度	概要
☐ 法定後見制度	• 本人の判断能力が不十分になった後に対応する制度 • 本人の判断能力の程度に応じて、「後見」「保佐」「補助」の3つの制度がある 　後見：多くの手続き・契約などを、ひとりで決めることがむずかしい方 　保佐：重要な手続き・契約などを、ひとりで決めることが心配な方 　補助：重要な手続き・契約の中で、ひとりで決めることに心配がある方
☐ 任意後見制度	• 本人が十分な判断能力がある間に、将来、本人の判断能力が不十分になったときに備えて、任意後見人と公正証書で契約を結ぶ制度 • 任意後見人に特別な資格は不要。原則として誰でも任意後見人になることができる

一言で後見制度と言っても、本人の状態によって細分化されているんだね！

○×問題にチャレンジ

1　成年後見制度には法定後見制度と任意後見制度があり、法定後見制度には「後見」「保佐」「補助」の3つがある。(2017年9月 改題)　[　　]

成年後見制度の分類

	自分で決める		裁判所が決める	

任意後見	法定後見		
	補助	保佐	後見
まだ自分で 決められる	ひとりで決める ことが心配	時々決められ ないことがある	自分では 決められない

判断能力 →

高　　　　　　　　　　　　　　　　　　　　　　　　低

2000年に「介護保険制度」がスタートしました。利用者である本人が事業者と契約して介護サービスを受けるようになり、すでに判断能力が十分でなく、事業者と契約できない利用者を支援するために「成年後見制度」が始まったのです。
そこから、「介護保険制度」と「成年後見制度」が高齢者の生活を支える車の両輪と言われています。

息抜きも大事だよ！

解説

1. 本人の判断能力の程度に応じて、「後見」「保佐」「補助」の3つの制度がある。

（答：○）

本番問題に チャレンジ

過去問題を解いて、理解を確かなものにしよう。

○ **問1** 下記の〈親族関係図〉において、Aさんの相続における妻Bさんの法定相続分は、（　　）である。なお、Aさんの父母は、Aさんの相続開始前に死亡している。（2024年1月）

＜親族関係図＞

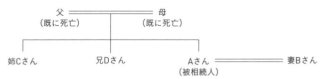

1）2分の1
2）3分の2
3）4分の3

[　　]

○ **問2** 2024年1月5日に相続が開始された工藤達夫さん（被相続人）の＜親族関係図＞が下記のとおりである場合、民法上の相続人および法定相続分の組み合わせとして、最も適切なものはどれか。なお、記載のない条件については一切考慮しないものとする。（2024年1月 FP協会 資産）

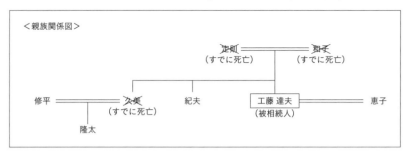

1. 恵子　2／3　紀夫　1／3
2. 恵子　3／4　紀夫　1／4
3. 恵子　3／4　紀夫　1／8　隆太　1／8

[　　]

解説**1**

- 第1順位の子がなく、第2順位の父母が亡くなっているため、第3順位の姉と兄が相続する。

法定相続人：妻Bさん、姉Cさん、兄Dさん

法定相続分：妻Bさん　3/4
　　　　　　姉Cさん　1/4×1/2＝1/8
　　　　　　兄Dさん　1/4×1/2＝1/8

相続分

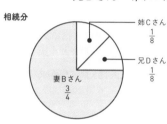

（答：3）

解説**2**

- 第1順位の子がなく、第2順位の父母が亡くなっているため、第3順位の兄弟姉妹が相続する。

法定相続人：恵子、紀夫、久美の代襲相続人：隆太

法定相続分：恵子　3/4
　　　　　　紀夫　1/4×1/2＝1/8
　　　　　　隆太　1/4×1/2＝1/8

相続分

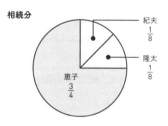

（答：3）

明日もファイトー！

寄与分・配偶者居住権

寄与分や配偶者居住権とは何かを学習する。

寄与分

☐ 被相続人の生前に一定の貢献（介護など）をした相続人がいる場合、その相続人の貢献度に応じて、相続分に寄与分として加算する制度。

特別寄与料制度

☐ 寄与分は相続人に認められているが、相続人以外の親族（相続人の配偶者など）が無償で被相続人の介護などを行った場合、特別寄与者として寄与に応じた額の金銭を特別寄与料として相続人に対して請求できる制度。

※特別寄与者：相続人ではない親族。

☐ 特別寄与料を受け取った場合、遺贈があったとみなされ、相続税の課税対象となる。

特別寄与料の期限

☐ 請求期限	相続の開始があったことを知った日から6か月以内 相続の開始があったことを知らなかった場合、相続開始のときから1年以内
☐ 相続税の申告期限	特別寄与料の金額が確定したことを知った日の翌日から10か月以内

配偶者居住権

☐ 配偶者（法律婚における配偶者、内縁の配偶者は含まない）が相続開始時に被相続人が所有している建物に居住していた場合、被相続人の死亡後もその建物に居住することができる権利。

☐ 自宅の建物に関する権利を"住む権利（居住権）"と"所有する権利（所有権）"に分けて、配偶者は"住む権利"を相続する。

☐ 配偶者居住権のイメージ図

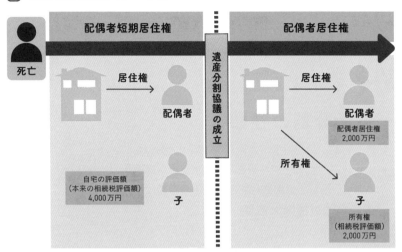

配偶者居住権の概要

権利	概要
☐ 配偶者居住権	• 配偶者居住権を相続することで、原則、配偶者が亡くなるまで一生涯、無償でその建物に住み続けることができる • 登記することで権利を主張できる • 配偶者居住権を取得した場合、相続税の対象
☐ 配偶者短期居住権	• 相続開始時に被相続人が所有している建物に居住していた配偶者が、遺産分割協議が成立するまで、その建物に無償で住むことができる権利（最低6か月間） • 相続が開始すると、自動的に権利が発生する

配偶者居住権の設定された住宅の相続税評価額

☐ 配偶者居住権の設定された住宅を他の相続人が相続した場合	相続税評価額から配偶者居住権の評価額を差し引いた額
☐ 居住権を取得した配偶者が亡くなった場合	相続税の対象にならない （配偶者居住権は消滅）

がんばった！

遺産分割

遺産分割の方法や考え方について学習する。

 法定相続分で分割する方法だけでなく、他にも遺産分割の種類があ
ります。

遺産分割の種類

☐ 遺産分割：相続財産（遺産）を相続人で分けること。
☐ 指定分割と協議分割がある。協議が整わない場合、法定相続分で分割す
る方法、もしくは家庭裁判所の調停や審判によって分割する。

遺産分割の種類と概要

種類	概要
指定分割	☐ 遺言によって遺産を分割する方法 ☐ 遺産の全部、あるいは一部について行うことができる
協議分割	☐ 遺言がない場合など、相続人全員の協議によって遺産を分割する方法 ☐ 指定分割が優先されるが、相続人全員の合意があれば、遺言の内容や法定相続分とは異なる協議分割も可能 ☐ 協議が成立後、相続人全員の署名と押印によって、遺産分割協議書を作成する

遺産分割の方法

分割方法	概要	例
現物分割	遺産を個別の財産ごとに分割する方法	土地A：長男、土地B：次男、預貯金：長女
換価分割	遺産の全部、または一部を売却（お金に換える）して、その代金を分割する方法	不動産3,000万円を売却。長男・次男・長女で各1,000万

○×問題にチャレンジ

1 共同相続人は、被相続人が遺言により相続分や遺産分割方法の指定
をしていない場合、法定相続分どおりに相続財産を分割しなければ
ならない。（2023年9月 改題）　　　　　　　　　　　　[　　]

代償分割	・特定の相続人が遺産を現物で取得して、その代わりに自分の固有財産（代償財産：現金など）を他の相続人に対して支払う方法 ・代償分割した時の代償財産は、贈与税ではなく、相続税の対象	長男が自宅（1億円）を取得、次男には自分の預金から5,000万円を支払う

配偶者への贈与等の特別受益の持ち戻し免除

リボンをチェック！

☐ 婚姻期間が20年以上ある夫婦間で、居住用不動産の遺贈、又は贈与があった場合、その不動産は遺産分割の対象から除外できる。

※特別受益：一部の相続人だけが被相続人から贈与などで受け取った利益を、公平な遺産分割のため過去の贈与など全てを含めて遺産分割協議をする制度。

※特別受益の持ち戻し免除：相続人同士の公平より遺言者の意思を尊重するための制度。

☐ 例　相続人：配偶者と子1名

遺言によって配偶者に住居が遺贈される場合、住居は遺産分割の対象外。

遺産：居住用不動産　2,000万・その他の財産（預貯金）3,000万円

居住用不動産は遺産分割の対象外となり、預貯金の3,000万円を配偶者と子で分割する。　配偶者：1,500万円　子：1,500万円

息抜きも大事だよ！

解説

1. 遺言がない場合など、相続人全員の協議によって協議分割を行うが、相続人全員の合意があれば、法定相続分とは異なる協議分割も可能。（答：×）

遺言 (いごん)

遺言の種類や概要、考え方について理解しよう。

遺言 (いごん) とは

☐ 死後のために財産処分など、生前に自分で最後の意思表示をしておくこと。遺言者の死亡によって効力が発生する法律行為。

遺言のポイント

☐ 満15歳以上で意思能力があれば、誰でも作成できる（未成年であっても親など法定代理人の同意は必要ない）。

☐ 遺言は単独で作成する。夫婦共同での遺言は作成できない。

☐ 遺言書はいつでも内容の変更や撤回ができる。複数の遺言書がある場合、最も日付の新しいものが有効。古い遺言書と新しい遺言書で内容が異なる部分は、撤回したとみなされる。

遺言の撤回

☐ いつでも何度でも本人が自由に撤回できる。遺言書を作成した同じ方式で撤回する必要はない。公正証書遺言を自筆証書遺言で撤回することも可能。

遺贈

☐ 被相続人の遺言により、財産の一部または全部を特定の者に一方的に贈与する単独行為。遺贈による財産は相続税の対象。

 エンディングノートには、法的効力はありません。

○×問題にチャレンジ

1 公正証書遺言の作成においては、証人2人以上の立会いが必要であるが、遺言者の推定相続人はその証人となることができない。（2023年1月 改題） [　]

遺言の種類

種類	自筆証書遺言	公正証書遺言	秘密証書遺言
作成方法	• 本人が本文の全文、日付（年月日）、氏名を自書し、押印する • 代筆やパソコンなどで作成したものは不可 • 財産目録に限り、パソコン等での作成も可能（全ページに署名・押印は必要）	• 本人が口述して、公証人が筆記する。作成には、相続財産に応じた手数料がかかる • 原本が公証役場に保管される	• 本人が作成して署名・押印の後封印。公証人の前で本人が住所氏名を記入、公証人が日付を記入。 • パソコンでの作成や代筆は可能
場所	自由	公証役場	公証役場
証人	不要	証人2名以上の立会いが必要	公証人1名、証人2名以上の立会いが必要
署名・押印	本人	本人（実印）、公証人、証人	本人、公証人、証人
家庭裁判所の検認	原則、必要	不要	必要

※推定相続人や相続の利害関係者、未成年者は証人になれない
※遺言書の押印：公正証書遺言以外は、実印である必要はない
※自筆証書遺言書保管制度：法務局で保管されている遺言書の検認は不要

 公正証書遺言や証人、検認について問われやすいので、しっかり押さえておきましょう！

家庭裁判所による検認

◯ 家庭裁判所が相続人に遺言の存在や、遺言書を開封してその内容を知らせる行為。遺言書の偽造・変造を防止するための手続き。

◯ 検認の申立てにより、相続人の立会いのもと家庭裁判所で開封する。

◯ 遺言の有効・無効を判断する手続きではない。検認前に遺言書を開封した場合でも、遺言自体は有効。

明日もファイトー！

解説

1. 推定相続人や相続の利害関係者、未成年者は証人になれない。（答：◯）

リボンをチェック！

Chapter 6-16 遺言

遺留分

遺留分の定義や割合、遺留分侵害額請求権について学ぶ。

遺留分とは

- ☐ 民法では、一定の相続人が最低限の遺産を取得できるように保障する制度がある。この最低限の遺産取得分を遺留分という。
- ☐ 遺留分権利者（遺留分を請求する権利がある人）は、配偶者や子（代襲相続人を含む）、直系尊属（父母など）。兄弟姉妹に遺留分はない。
- ☐ 被相続人の生前に家庭裁判所の許可を得て、遺留分を放棄することができる。

遺留分の割合

- ☐ 直系尊属だけが相続人である場合：相続財産の $\frac{1}{3}$
- ☐ その他（配偶者のみ・子のみ・配偶者と子など）の場合：相続財産の $\frac{1}{2}$
- ☐ 兄弟姉妹：遺留分はない。

遺留分権利者と遺留分の割合

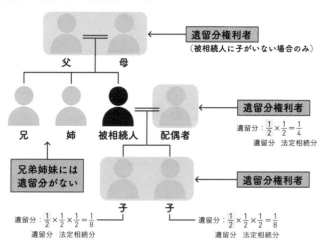

遺留分権利者
（被相続人に子がいない場合のみ）

兄　姉　被相続人　配偶者

兄弟姉妹には遺留分がない

子　子

遺留分権利者

遺留分： $\frac{1}{2} \times \frac{1}{2} = \frac{1}{4}$
遺留分　法定相続分

遺留分権利者

遺留分： $\frac{1}{2} \times \frac{1}{2} \times \frac{1}{2} = \frac{1}{8}$
遺留分　法定相続分

遺留分： $\frac{1}{2} \times \frac{1}{2} \times \frac{1}{2} = \frac{1}{8}$
遺留分　法定相続分

○×問題にチャレンジ

1 被相続人の直系尊属で、法定相続人である者は、遺留分権利者となる。（2022年5月 改題）　　　[　　]

遺留分侵害額請求権（遺留分減殺請求権）

☐ 遺言や贈与によって遺留分を侵害された場合、遺留分権利者は遺留分侵害額に相当する金銭の支払いを請求することができる。この権利を遺留分侵害額請求権という。

☐ 遺留分侵害額請求権は、下記期間の制限がある。
　①相続の開始および侵害されたことを知った日から1年（消滅時効）。
　②相続開始から10年（除斥期間）。

☐ 相続人の遺留分を侵害する内容の遺言であっても、遺言の効力は有効。

遺留分割合の計算例

☐ 遺留分の対象となる相続財産が9,000万円の場合

・相続人が配偶者と子2人の場合

　　遺留分＝遺留分算定の基礎となる財産×遺留分割合×法定相続分

　　配偶者：$9,000万円 \times \dfrac{1}{2} \times \dfrac{1}{2} = 2,250万円$

　　子：$9,000万円 \times \dfrac{1}{2} \times \dfrac{1}{2} \times \dfrac{1}{2} = 1,125万円$（子1人あたり）

・相続人が父または母のみの場合

　　父または母のみ：$9,000万円 \times \dfrac{1}{3} = 3,000万円$

・相続人が配偶者と兄弟姉妹の場合

　　配偶者：$9,000万円 \times \dfrac{1}{2} = 4,500万円$

　　兄弟姉妹：なし

> 遺留分は、相続できる遺産の最低保障額。例えば、亡くなった親が家族関係にない方に全財産を相続させると遺言に残してしまったら……残された家族は困りますね。

> もしものために相続人を守る制度なんだね。

リボンをチェック！

Chapter 6-17 ｜ 遺留分

がんばった！

解説

1. 遺留分の割合：直系尊属だけが相続人である場合、相続財産の$\dfrac{1}{3}$となる。

（答：〇）

相続税の仕組み

相続財産の範囲や非課税財産についての基本を学ぶ。

相続税とは

☐ 相続や遺贈により、被相続人の財産を相続した相続人が納める税金。

相続税の課税財産

☐ 相続税が課される財産には、本来の相続財産とみなし相続財産がある。

相続税の課税財産の種類

課税財産の種類	概要	ケース
☐ 本来の相続財産	相続や遺贈により取得した財産。金銭に換算できる経済的価値のある財産	預貯金、株式や債券など
☐ みなし相続財産	本来は相続財産ではないが、実質的に相続財産とみなされて相続税が課される財産	生命保険金、死亡退職金など

みなし相続財産の具体例

☐ 生命保険金	死亡保険金：契約者（保険料負担者）、被保険者が被相続人で、保険金の受取人が相続人である場合
☐ 死亡退職金	被相続人の退職金等：被相続人の死亡後3年以内に支給が確定したもの

相続時精算課税に係る基礎控除の創設

☐ 贈与税・相続税相続時精算課税を選択した受贈者が、贈与者から2024年1月1日以後に贈与により取得した財産の贈与税については、暦年課税の基礎控除とは別に、贈与税の課税価格から基礎控除額110万円が控除される。

☐ 贈与者の死亡による相続税の課税価格に加算される贈与者から2024年1月1日以後に贈与により取得した財産の価額は、基礎控除額を控除した後の残額とする（土地・建物が災害によって一定以上の被害を受けた場合、相続時に再計算を行うように改正された）。

※相続時精算課税制度はLesson3参照

暦年課税による生前贈与の加算対象期間等の見直し

☐ 相続又は遺贈により財産を取得した者が、その相続開始前7年以内（改正前は3年以内）に被相続人から贈与により取得した財産がある場合、その取得した財産の贈与時の価額を相続財産に加算する。

☐ 延長された4年間に贈与により取得した財産の価額については、総額100万円までは加算されない。

加算対象期間について

◯ この改正は、2024年1月1日以後に贈与により取得する財産に係る相続税について適用される。具体的な贈与の時期等と加算対象期間は次のとおり。

贈与の時期		加算対象期間
〜2023年12月31日		相続開始前3年間
2024年1月1日〜	贈与者の相続開始日	
	2024年1月1日〜2026年12月31日	相続開始前3年間
	2027年1月1日〜2030年12月31日	2024年1月1日〜相続開始日
	2031年1月1日〜	相続開始前7年間

リボンをチェック！

生前贈与加算が作られた理由は、被相続人が死亡直前に"相続税逃れ"のために駆け込みで贈与することを防止するためなんだね。

Check!

相続財産に加算されない財産

◯ 贈与税の配偶者控除の特例の適用を受けた財産
◯ 直系尊属から住宅取得等資金の贈与を受けた場合の非課税額
◯ 直系尊属から教育資金の一括贈与を受けた場合の非課税額
  など

遺産分割前の相続預金の払戻し制度

◯ 被相続人の預金を遺産分割が終了する前であっても、各相続人が一定の範囲で預金の払戻しを受けることができる制度。

◯ 単独で払戻しができる金額＝相続開始時の預金額×$\frac{1}{3}$×各相続人の法定相続分。同一の金融機関からの払戻しは150万円が上限。

◯ 例：相続人（配偶者と子A・子B）、相続開始時の預金額　600万円の場合
子Aが単独で払戻しできる金額＝600万円×$\frac{1}{3}$×$\frac{1}{4}$＝50万円

息抜きも大事だよ！

以前は預金が遺産分割の対象にならないとされていたため、被相続人名義の預金を相続人が払戻しすることができたんだね。でも最高裁判決によって預金が遺産分割の対象になると決定されたから、預金の払戻しができるように新たに制度を設けたんだって！

Chapter 6-18 | 相続税の仕組み

相続税の非課税財産

相続税が非課税になる財産の種類について学ぶ。

相続税の非課税財産

☐ 墓地、仏壇、仏具、香典などは、相続税の課税対象にはならない。

生命保険金の非課税金額

☐ 相続人が被相続人の死亡により生命保険金を受け取った場合、次の計算式で求めた金額が非課税となる。受け取った死亡保険金額が、非課税限度額以内であれば申告不要。

☐ 生命保険金が非課税の対象となる契約形態：契約者（保険料負担者）・被保険者が被相続人、受取人が法定相続人（配偶者や子など）である場合。

Check!

非課税限度額の求め方

☐ 非課税限度額＝500万円×法定相続人の数（この法定相続人には、相続放棄した者も含む）

死亡退職金

☐ 被相続人の死亡後、3年以内に支払いが確定した退職金。

☐ 死亡退職金の非課税限度額＝500万円×法定相続人の数（生命保険金と同額）

過去問題にチャレンジ

1 被相続人の業務上の死亡により、被相続人の雇用主から相続人が受け取った弔慰金は、実質上退職手当金等に該当すると認められるものを除き、被相続人の死亡当時の普通給与の（　　）に相当する金額まで相続税の課税対象とならない。（2013年9月）
1）半年分　　2）1年分　　3）3年分　　　　　　　　　[　　]

弔慰金
ちょう　い　きん

☐ 被相続人の死亡によって被相続人の勤務先から受け取る弔慰金についても、一定額が非課税となる。

☐ 業務上の死亡の場合：非課税限度額＝死亡時の普通給与×36ヶ月（3年）

☐ 業務外の死亡の場合：非課税限度額＝死亡時の普通給与×6ヶ月（半年分）

法定相続人の数

☐ 相続税の計算上、法定相続人の数について相続税法では民法とは取り扱いが異なる。

相続の放棄があった場合	相続を放棄した者がいても、放棄がなかったものとして法定相続人の数に含める	
養子がいる場合	被相続人に実子がいる場合	養子の数は1人まで、法定相続人に加える
	被相続人に実子がいない場合	養子の数は2人まで、法定相続人に加える

※特別養子縁組によって養子になった者は実子とみなされる
※民法では相続を放棄した場合、最初から相続人でなかったものとみなされる。また、民法上では養子は何人でも増やすことができる

ケース	法定相続人の数
配偶者　被相続人 子A　子B（養子）　子C（養子）　子D（放棄）	• 配偶者、子A、子Bか子Cのどちらか1人、（実子がいる場合、養子の数は1人まで）子D（放棄している者も含める）計4人となる

死亡保険金は相続放棄者でも受け取れますが、相続税の非課税金額は適用されないので、受け取った保険金全額が相続税の課税対象です。

明日もファイトー！

解説

1. 被相続人の死亡によって被相続人の勤務先から受け取る弔慰金は、業務上の死亡の場合、普通給与の3年分が非課税となる。（答：3）

20

学習日

/

相続税の債務控除と葬儀費用

相続税の計算の際に控除できるものについて学習する。

相続税の債務控除と葬儀費用

☐ 相続や遺贈によって財産を取得した者が、被相続人の債務（借金）や葬儀費用を負担した場合、相続財産の価額から控除することができる。

	○控除できるもの	×控除できないもの
債務	☐ 借入金 ☐ 未払いの医療費 ☐ 未払いの税金（所得税・住民税など）	☐ 被相続人が生前に購入した墓地・墓石や仏壇の未払金 ☐ 遺言執行費用 ☐ 相続税申告費用など
葬儀費用	☐ 通夜費用、仮葬儀や本葬儀費用 埋葬料・火葬費用、納骨に要した費用 ☐ お寺へのお布施や戒名料	☐ 香典返戻費用 ☐ 初七日・四十九日などの法要費用

墓地や墓石・仏壇などは相続税の非課税財産のため、購入した代金が未払いであっても債務控除の対象にはなりません。相続開始後に相続人が墓地などを購入しても、費用は相続税の課税対象となる相続財産から控除できませんよ。

○×問題・過去問題にチャレンジ

1 相続税額の計算上、被相続人が生前に購入した墓碑の購入代金で、相続開始時において未払いであったものは、債務控除の対象となる。（2024年1月 改題）　[　　]

2 相続により取得した土地について、「相続財産に係る譲渡所得の課税の特例」（相続税の取得費加算の特例）の適用を受けるためには、当該土地を、当該相続の開始があった日の翌日から相続税の申告期限の翌日以後（　　）を経過する日までの間に譲渡しなければならない。（2022年1月）
1）2年　　2）3年　　3）5年　　[　　]

相続財産に加算するものと差し引くもの

本来の 相続財産	非課税財産	相続財産から 差し引くもの
みなし相続財産	債務、葬式費用	
相続時精算 課税制度による 贈与財産	課税価格	相続税の計算の もととなる 財産の金額
生前贈与加算 （7年以内の贈与財産）		

相続財産
として加算
するもの

相続税の取得費加算の特例

☐ 相続または遺贈により取得した不動産や株式などの財産を、相続の開始があった日の翌日から相続税の申告期限の翌日以降3年を経過する日までに譲渡した場合、相続税額の一定金額を譲渡した資産の取得費に加算することができる特例。

がんばった！

解説

1. 墓地、墓石、仏壇などは相続税の非課税財産として扱われるため、購入代金が未払いであっても債務控除の対象とはならない。（答：×）

2. 相続の開始があった日の翌日から相続税の申告期限の翌日以降3年を経過する日までに譲渡した場合、相続税額の一定金額を譲渡した資産の取得費に加算することができる。（答：2）

相続税の計算

相続税の計算の流れや考え方を理解しよう。

相続税の計算手順

○ 大きく分けて次のような3ステップに沿って計算される。

第1ステップ：相続税の課税遺産総額の計算

第2ステップ：相続税の総額の計算

第3ステップ：各相続人の納付税額の計算

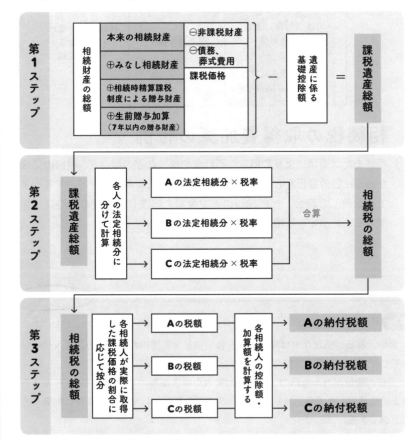

 課税遺産総額を各相続人が法定相続分で相続したと仮定して、相続税の総額を計算します。それから、実際に取得した課税価格の割合に応じて、相続税の総額を各相続人に振り分けます。

課税遺産総額の計算（第**1**ステップ）

☐ 様々な相続財産の課税価格の合計額から、下記の基礎控除額を差し引き、課税遺産総額を計算する。課税価格が基礎控除額以下である場合、相続税は課税されず相続税の申告書の提出も不要。

> **Check!**
>
> **相続税の基礎控除額**
>
> ☐ 遺産に係る基礎控除額＝3,000万円＋600万円×法定相続人の数
> （生命保険金の場合と同じ。相続を放棄した者も含む）

相続税の総額の計算（第**2**ステップ）

☐ 相続税の総額は、法定相続人が法定相続分で取得したと仮定して計算する。各相続人の仮の相続税額を計算し、相続人全員の相続税額を合算する。

☐ 相続税の速算表（この表は覚えなくてOKです）

法定相続分に応じた取得金額	税率	控除額
1,000万円以下	10%	―
1,000万円超～3,000万円以下	15%	50万円
3,000万円超～5,000万円以下	20%	200万円
5,000万円超～1億円以下	30%	700万円
1億円超～2億円以下	40%	1,700万円
2億円超～3億円以下	45%	2,700万円
3億円超～6億円以下	50%	4,200万円
6億円超	55%	7,200万円

相続税額の**2**割加算

☐ 被相続人の一親等の血族（父母、子）および配偶者以外の者が、相続や遺贈などによって財産を取得した場合、相続税額に2割相当額が加算される。死亡した子の代襲相続人となっている孫は、2割加算の対象にならない。

☐ 対象者：兄弟姉妹・孫・祖父母など

☐ 相続税の加算額＝相続税額×20%

息抜きも大事だよ！

相続税の税額控除

相続税を計算するときの控除について理解する。

相続税の税額控除

☐ 各相続人の相続税額から、一定額を控除できる制度。次の6種類ある。

 相続税の税額控除は、相続人の個々の事情に応じて相続税の負担を軽減する制度ですよ。

贈与税額控除（①）

☐ 相続や遺贈により財産を取得した者が、被相続人から生前贈与を受けていた場合、すでに納付した贈与税額、および相続時精算課税によって納付した贈与税額を相続税額から控除できる。

☐ 生前贈与加算の対象となった者（相続開始前3年以内に贈与を受けた者、2024年1月1日以後の暦年課税による贈与の場合、相続開始前7年以内に贈与を受けた者）。

Check!

配偶者の税額の軽減（②）

☐ 被相続人の配偶者が取得した財産が1億6千万円、もしくはその金額を超えて配偶者の法定相続分相当額以下であれば、相続税は課税されない。

配偶者と子が相続人である場合の課税対象額

10億円であった場合	配偶者の法定相続分である、$\frac{1}{2}$の5億円までは相続税がかからない
3億円であった場合	配偶者の法定相続分である、$\frac{1}{2}$の1億5千万円までではなく、1億6千万円までは、配偶者には相続税がかからない

※相続人が配偶者1人の場合、相続税はかからない

配偶者の適用要件

☐ 法律上の婚姻関係（婚姻期間は問わない）であること。

☐ 申告期限までに遺産分割されて、配偶者の相続財産が確定していること。

☐ 納付税額が0円の場合でも、相続税の申告が必要。

> 相続税では婚姻期間の要件はありませんが、贈与税では婚姻期間の要件があるので注意しましょう。

未成年者控除（③）

☐ 相続や遺贈により財産を取得した相続人が18歳未満である場合、次の金額を相続税額から控除できる。

☐ 控除額＝（18歳－相続開始時の年齢）×10万円

　※年齢に達するまでの年数が、何カ月など端数がある場合、1年として計算する。

障害者控除（④）

☐ 相続や遺贈により財産を取得した相続人が障害者である場合、次の金額を相続税額から控除できる。

☐ 控除額＝（85歳－相続開始時の年齢）×10万円（特別障害者の場合：20万円）

　※年齢に達するまでの年数が、何カ月など端数がある場合、1年として計算する。

相次相続控除（⑤）
そうじ

☐ 10年以内に2回以上の相続が発生した場合、1回目の相続税額の一定額を2回目の相続税から控除できる。

外国税額控除（⑥）

☐ 相続や遺贈により外国にある被相続人の財産を取得し、その外国で相続税に相当する税が課された場合、二重課税を防ぐため、その税額を日本での相続税額から控除することができる。

明日もファイトー！

本番問題にチャレンジ

過去問題を解いて、理解を確かなものにしよう。

問1 相続税額の計算上、死亡退職金の非課税金額の規定による非課税限度額は、「( )×法定相続人の数」の算式により算出される。（2024年1月）

1) 500万円
2) 600万円
3) 1,000万円 　　　　　　　　　　　　　　　　　　　　　　[ ]

問2 被相続人の（ ）が相続により財産を取得した場合、その者は相続税額の2割加算の対象となる。（2023年5月）

1) 兄弟姉妹
2) 父母
3) 孫（子の代襲相続人） 　　　　　　　　　　　　　　　　[ ]

問3 杉山さんは、家族のために遺言書を作成することを考えている。公正証書遺言に関する次の記述の空欄（ア）～（ウ）にあてはまる語句の組み合わせとして、最も適切なものはどれか。（2023年5月FP協会 資産）

公正証書遺言は、遺言者が遺言内容を口述し、（ ア ）が筆記したうえで、遺言者・証人に読み聞かせ、または閲覧させて作成することを原則とし、その作成に当たっては、（ イ ）以上の証人の立会いが必要とされる。なお、公正証書遺言については、家庭裁判所による検認が（ ウ ）とされている。

1.（ア）公証人 （イ）2人 （ウ）必要
2.（ア）公証人 （イ）2人 （ウ）不要
3.（ア）裁判官 （イ）1人 （ウ）不要 　　　　　　　　　[ ]

○×問題

◯ **問4** 定期贈与とは、贈与者が受贈者に対して定期的に財産を給付することを目的とする贈与をいい、贈与者または受贈者のいずれか一方が生存している限り、その効力を失うことはない。（2024年1月 改題） [　]

◯ **問5** 相続において、養子の法定相続分は、実子の法定相続分の2分の1となる。（2024年1月 改題） [　]

解説1

死亡退職金の非課税限度額は、「500万円×法定相続人の数」の算式により算出される。（答：1）

解説2

被相続人の一親等の血族（父母、子）および配偶者以外の者が、相続や遺贈などによって財産を取得した場合、相続税額に2割相当額が加算される。死亡した子の代襲相続人となっている孫は、2割加算の対象にならない。対象者は、兄弟姉妹・孫・祖父母など。（答：1）

解説3

公正証書遺言は、本人が口述して、公証人が筆記する。作成には、証人2名以上の立会いが必要とされる。家庭裁判所による検認は不要とされている。（答：2）

○×問題

解説4

定期贈与は、贈与者・受贈者の一方が死亡した場合に契約は終了する。（答：×）

解説5

養子には、普通養子縁組と特別養子縁組がある。
どちらの縁組も法律上の子となり、養子であっても
実子と相続分は同じになる。（答：×）

がんばった！

相続税の計算例

相続税はどのように計算するかを確認する。

☐ 相続税は次の流れで計算する。

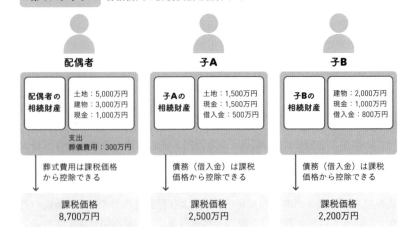

第1ステップ 各相続人の課税価格を計算する

配偶者

| 配偶者の相続財産 | 土地：5,000万円
建物：3,000万円
現金：1,000万円 |

支出
葬儀費用：300万円

葬式費用は課税価格から控除できる

課税価格
8,700万円

子A

| 子Aの相続財産 | 土地：1,500万円
現金：1,500万円
借入金：500万円 |

債務（借入金）は課税価格から控除できる

課税価格
2,500万円

子B

| 子Bの相続財産 | 建物：2,000万円
現金：1,000万円
借入金：800万円 |

債務（借入金）は課税価格から控除できる

課税価格
2,200万円

相続税の総額を計算する

課税価格
8,700万円

課税価格
2,500万円

課税価格
2,200万円

各相続人の課税財産を一度合計する

合計
13,400万円

－

遺産に係る基礎控除額

3,000万円＋600万円×
法定相続人の数

4,800万円
（3,000万円＋600万円×3人）

＝

課税遺産総額
8,600万円

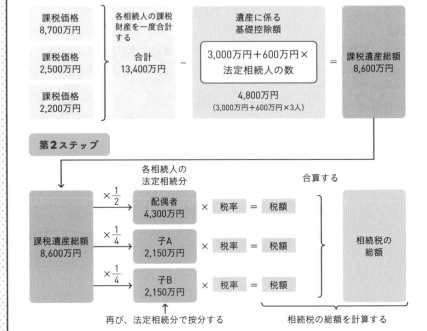

第2ステップ

各相続人の
法定相続分

合算する

課税遺産総額
8,600万円

×$\frac{1}{2}$ → 配偶者
4,300万円 × 税率 ＝ 税額

×$\frac{1}{4}$ → 子A
2,150万円 × 税率 ＝ 税額

×$\frac{1}{4}$ → 子B
2,150万円 × 税率 ＝ 税額

相続税の総額

再び、法定相続分で按分する

相続税の総額を計算する

第3ステップ 各相続人の納付税額を計算する

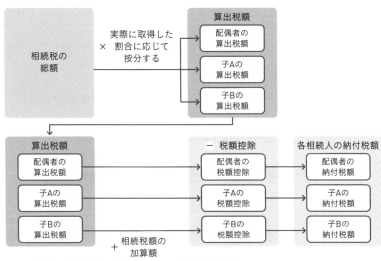

相続人が兄弟姉妹などの場合には、ここで相続税額の加算をする

相続発生から**1年間**のスケジュール

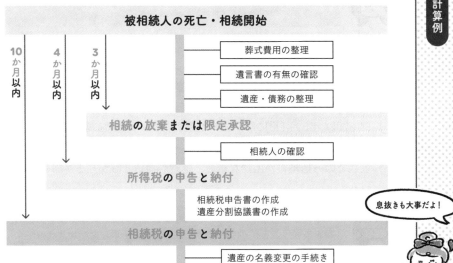

息抜きも大事だよ！

相続税の申告と納付

相続税の申告期限や準確定申告、物納や延納について学ぶ。

Check!

相続税の申告と納付

- ☐ 申告書の提出期限：相続の開始を知った日の翌日から10カ月以内。
- ☐ 相続税の課税価格の合計額が遺産に係る基礎控除額以下：申告は不要。
- ☐ 申告書の提出先：被相続人の死亡時の住所地を管轄する税務署
- ☐ 納付期限：申告書の提出期限と同じ（10カ月以内）、金銭で一括納付。
- ☐ 作成した申告書等は、e-Tax（電子申告）を利用して提出することができる。

相続税の申告は、被相続人の住所地の税務署、贈与税の申告は受贈者の住所地の税務署に行います。

被相続人の所得税の準確定申告

- ☐ 被相続人が亡くなった年に所得があった場合、その所得について確定申告をしなければならない。これを準確定申告という。
- ☐ 申告期限：相続の開始があったことを知った日の翌日から4カ月以内
- ☐ 例：2024年3月1日に亡くなった場合、7月1日までに準確定申告する

相続税の納付方法

- ☐ 金銭での一括納付が困難な場合、延納や物納という方法が認められている。

不動産が相続財産の大部分を占める場合、納税資金が不足して相続税を支払うことが難しいこともあります。要件を満たせば延納や物納することができますよ！

延納

☐ 下記要件を満たす場合、延納（分割して納付）することができる。

延納の要件	金銭での一括納付が困難であること
	申告期限までに延納申請書を提出して、税務署長の許可を得ること
	相続税額が10万円を超えていること
	延納税額に相当する担保を提供すること（延納税額が100万円以下で、かつ、延納期間が3年以内の場合は不要）

※延納期間：5年から20年。延納した期間に応じて利子税を支払う
※延納が困難になった場合、申告期限から10年以内であれば物納への変更は可能

物納

☐ 下記要件を満たす場合、物納することができる。

物納の要件	金銭での一括納付が困難であり、延納によっても金銭で納付することが困難であること
	申告期限までに物納申請書を提出して、税務署長の許可を得ること
	物納できる財産：相続や遺贈により取得した相続財産で国内にあるもの

物納適格財産	第1順位	国債・地方債、不動産、船舶、上場株式など
	第2順位	非上場株式など
	第3順位	動産
物納できない財産	抵当権など担保の目的となっている不動産 複数の相続人が保有している共有財産 相続時精算課税制度の適用を受けた財産	

明日もファイトー！

本番問題にチャレンジ

過去問題を解いて、理解を確かなものにしよう。

☐ **問1** ○×問題　相続税額の計算上、遺産に係る基礎控除額を計算する際の法定相続人の数は、相続人のうちに相続の放棄をした者がいる場合であっても、その放棄がなかったものとしたときの相続人の数とされる。（2024年1月改題）　　　　　　　　　　　　　　　　[　]

☐ **問2**　下記の＜親族関係図＞において、遺留分を算定するための財産の価額が2億4,000万円である場合、長女Eさんの遺留分の金額は、（　　）となる。（2023年5月）

＜親族関係図＞

```
     Aさん ═══════════ 妻Bさん
   （被相続人）
   ┌─────────┼─────────┐
 長男Cさん    二男Dさん    長女Eさん
```

1）1,000万円　　2）2,000万円　　3）4,000万円　　　　[　]

☐ **問3**　下記の＜親族関係図＞において、Aさんの相続における相続税額の計算上、遺産に係る基礎控除額は、（　　）である。（2023年9月）

＜親族関係図＞

```
     父Cさん ═══════════ 母Dさん
   ┌─────────┴─────────┐
 兄Eさん            Aさん ═══════════ 妻Bさん
                 （被相続人）
```

1）4,500万円　　2）4,800万円　　3）5,400万円　　　　[　]

☐ **問4**　○×問題　相続税の申告書の提出は、原則として、その相続の開始があったことを知った日の翌日から10カ月以内にしなければならない。（2023年9月 改題）　　　　　　　　　　　　　　　　　　　　　[　]

○ **問5** 相続税は、相続税の申告書の提出期限までに金銭により一時に納付することが原則であるが、所定の要件を満たせば、延納による納付方法も認められる。（2018年9月 改題）　　　　　　　　[　　]

解説1
遺産に係る基礎控除額を計算するときの法定相続人の数には、相続を放棄した者も含む。（答：○）

解説2
遺留分の割合は、配偶者と子の場合、相続財産の1/2。
遺留分全体では、2億4,000万円×1/2＝1億2,000万円
法定相続分は配偶者が1/2、3人の子が1/2×1/3＝1/6ずつになる。
妻Bさん　1億2,000万円×1/2＝6,000万円
長男Cさん・二男Dさん・長女Eさん　1億2,000万円×1/6＝2,000万円
長女Eさん　2,000万円（答：2）

解説3
遺産に係る基礎控除額＝3,000万円＋600万円×法定相続人の数
・第1順位の子がなく、第2順位の父母が相続する
法定相続人は、妻Bさん、父Cさん、母Dさんの3人
遺産に係る基礎控除額＝3,000万円＋600万円×3＝4,800万円（答：2）

解説4
相続税の申告書の提出は、原則として、その相続の開始があったことを知った日の翌日から10カ月以内にしなければならない。（答：○）

解説5
金銭での一括納付が困難であることなど要件を満たす場合、延納することができる。（答：○）

親族関係図の問題は、パターンを変えて出題されます。基本的な法定相続分の計算は解答できるようにしましょう。配偶者と子どもの場合、配偶者と父母の場合、配偶者と兄弟姉妹の場合です。
また、放棄者や代襲相続人がいる場合、また、養子がいる場合もあります。どのように計算するかを確認しておきましょう。

がんばった！

相続財産の評価

評価の方法や計算、特例など重要ポイントの理解が大切。

宅地の評価

☐ 宅地：建物の敷地として用いられる土地。

評価単位と評価方式

☐ 宅地は、一区画（利用単位、二筆以上の宅地の場合もある）ごとに評価する。登記上の一筆（一個の土地）ごとの評価ではない。

☐ 評価方式：宅地の評価方式には、路線価方式と倍率方式がある。どちらを選択するか、所在地により国税庁が指定する。

路線価方式	・市街地にある宅地の評価方法 ・宅地が接する道路の路線価（1m²あたり千円単位で表示）を基準とし、宅地の形状等による調整率を用いて計算する
倍率方式	・市街地以外の路線価が定められていない地域にある宅地の評価方法 ・固定資産税評価額に国税庁の定める一定の倍率を掛けて計算する

路線価方式による宅地の評価

☐ 宅地の評価額＝路線価×地積（面積）

☐ 宅地が2つ以上の道路に面している場合、それぞれの路線価に奥行価格補正率を掛けて評価し、価格が高い方が正面路線価となる。

☐ 宅地が1つの道路にのみ面している場合、複数の道路に接している場合など、路線価を基準として「奥行価格補正率」「側方路線影響加算率」などの調整率を用いて評価する。

実際の路線価の表記

☐ 借地権割合：借地権割合がC（70％）である場合、借地人の権利が70％、地主の権利が残りの30％となる。

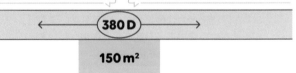

"380"は路線価：千円単位で表記
1m²あたりの路線価：380×1,000円＝38万円

アルファベット表記：借地権割合
A＝90％、B＝80％、C＝70％、D＝60％、
E＝50％…を意味する

← 380 D →

150 m²

路線価方式での財産評価

1つの道路にのみ面している宅地の評価額

◯ 評価額＝路線価×奥行価格補正率×地積（面積）
評価額＝39万円×1.00×130m² ＝5,070万円

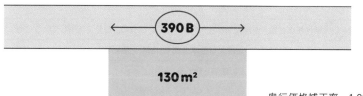

奥行価格補正率　1.00

角地で正面と側面が道路に面している宅地

◯ 評価額＝｛（正面路線価×奥行価格補正率）＋（側方路線価×奥行価格補正率×側方路線影響加算率）｝×地積（面積）

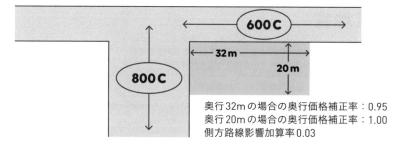

奥行32mの場合の奥行価格補正率：0.95
奥行20mの場合の奥行価格補正率：1.00
側方路線影響加算率0.03

◯ 「路線価×奥行価格補正率」の価格が高い方が正面路線価
80万円×0.95＝76万円
60万円×1.00＝60万円　　　　　正面路線価：80万円

80万円（正面路線価）×0.95（奥行価格補正率）＋60万円（側方路線価）
×1.00（奥行価格補正率）×0.03（側方路線影響加算率）×640m²
＝4億9,792万円

息抜きも大事だよ！

宅地は、買ったときの値段ではなく、国税庁が指定した方式で評価するのね。計算方法をしっかり覚えて、試験でちゃんと得点できるようにしたいな！

宅地上の権利や評価

宅地は**4種類**に分類。自用地以外は自用地の評価を基にして計算する。

自用地

○ 概要	借地権など他人が使用する権利がない土地。所有者が自分で利用している宅地
○ 評価額	評価額＝路線価方式、または倍率方式で計算した評価額
○ ケース	Aさんの土地にAさんの建物を建てる

Aさんの建物

Aさんの土地 → 自用地評価額：1人が100％の権利を持っているとした場合の宅地の評価額

借地権

○ 概要	建物の所有を目的に他人の土地を借りて使用する権利 借地権が設定されている場合の宅地の賃借権
○ 評価額	評価額＝自用地評価額×借地権割合
○ ケース	Aさんの土地をBさんが借りている場合のBさんの権利：借地権 【例】自用地評価額　3,500万円 　　　借地権割合　　70% Bさん：借地権の評価額 3,500万円× 0.7 ＝2,450万円

Bさんの建物

70% Bさん（借地権）

Aさんの土地（貸宅地）

○ 借地権割合：土地の更地の評価額に対する借地権価格（借地権の評価額）の割合

○×問題にチャレンジ

1 個人が、自己が所有する土地に賃貸マンションを建築して賃貸の用に供した場合、相続税額の計算上、当該敷地は貸宅地として評価される。(2022年5月 改題)

[　　]

貸宅地（底地権）

☐ 概要	借地権が設定されている宅地	
☐ 評価額	評価額＝自用地評価額×（1－借地権割合）	
☐ ケース	Aさんの土地をBさんが借りている場合のAさんの土地：貸宅地	

例：自用地評価額　3,500万円
　　借地権割合　　70%

Bさん：借地権の評価額
3,500万円×0.7＝2,450万円

Aさん：貸宅地の評価額
3,500万円×（1－0.7）＝1,050万円

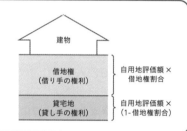

Check!

借地権・貸宅地

「自用地評価額＝100%とした場合の宅地の評価額」に対して、借地権割合をかけたのが借地権、残りが貸宅地。

建物

借地権	自用地評価額 ×
（借り手の権利）	借地権割合
貸宅地	自用地評価額 ×
（貸し手の権利）	(1- 借地権割合)

 貸宅地や借地権は計算できるように、また計算式も文章で正解を選択できるようにね。

私道の評価

☐ 不特定多数の者が利用する私道は、一般道とみなして評価しない（評価額はゼロになる）。

明日もファイトー！

解説

1. 借地権の設定をして貸している土地が貸宅地であり、自己が所有する土地に賃貸マンションを建築して賃貸の用に供した場合、貸家建付地として評価する。
（答：×）

宅地上の権利や建物の評価

貸家建付地は重要ポイント、計算ができるように理解する。

貸家建付地
かしやたてつけち

概要	土地の所有者が建物を建てて、他人に貸し付けている場合の宅地（賃貸アパートなど）
評価額	評価額＝自用地評価額×（1－借地権割合×借家権割合×賃貸割合）
ケース	Aさんの土地にAさんがアパートを建てて、賃貸している 【例】自用地評価額　4,000万円 　　　借地権割合　　70% 　　　借家権割合　　30% 　　　賃貸割合（満室）100% Aさん：貸家建付地の評価額 4,000万円×（1－0.7×0.3×1）＝3,160万円

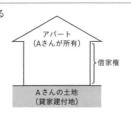

アパート
（Aさんが所有）

借家権

Aさんの土地
（貸家建付地）

☐ 借家権割合：相続税を計算するときに、アパート等の賃貸物件（所有している家屋を他人に貸し付けている場合）の評価に利用される一定割合のこと。国税庁が決定している。

☐ 賃貸割合：貸家の中で実際に貸している部屋の割合のこと。満室の場合を賃貸割合100％とする。

 実際の問題では、満室である100％で出題されることが多いですよ。

 ○×問題にチャレンジ

1 貸家建付地の相続税評価額は、「自用地としての価額×（1－借地権割合）」の算式により算出される。（2023年1月 改題）　[　]

2 子が父の所有する土地を無償で借り受け、その土地の上に建物を建築した場合には、父から子へ借地権の贈与があったものとして贈与税の課税対象となる。（2016年9月 改題）　[　]

リボンを
チェック！

Check!

貸宅地と貸家建付地の違いは建物所有者にある

貸宅地
土地所有者≠建物所有者

貸家建付地
土地所有者＝建物所有者

土地の使用貸借

☐ 使用貸借されている宅地の場合、自用地として評価する（使用貸借にかかる使用借権の価額は、ゼロとして取り扱うため贈与税が課税されることはない）。

☐ ケース：子が親の土地を無償（地代を支払わない）で使用している場合。

※使用貸借（無償で貸し借りする）⇔賃貸借（賃料を支払うことで貸し借りする）。

建物の相続税評価

☐ 自用家屋と貸家の場合で評価額が異なる。

建物の評価

分類	評価額	例
☐ 自用家屋	評価額＝固定資産税評価額×1.0	自宅、事務所、店舗、別荘など
☐ 貸家	評価額＝固定資産税評価額× （1－借家権割合×賃貸割合）	貸付されている建物（アパートなど）

がんばった！

解説

1. 貸家建付地の相続税評価額は、自用地評価額×（1－借地権割合×借家権割合×賃貸割合）の計算式で評価する。（答：×）

2. 使用貸借されている宅地の場合、自用地として評価する。土地を使用する権利の価格はゼロとして扱うため、贈与税が課税されることはない。（答：×）

本番問題にチャレンジ

過去問題を解いて、理解を確かなものにしよう。

◯ **問1** 貸家建付地の相続税評価額は、（　　　）の算式により算出される。
（2023年9月）
1）自用地としての価額×（1－借地権割合）
2）自用地としての価額×（1－借家権割合×賃貸割合）
3）自用地としての価額×（1－借地権割合×借家権割合×賃貸割合）[　]

◯ **問2**　相続開始後の各種手続きにおける下記＜資料＞の空欄（ア）、（イ）
にあてはまる語句の組み合わせとして、最も適切なものはどれか。なお、記
載のない事項については一切考慮しないこととする。（2023年1月FP協会
資産）

＜資料＞

手続きの種類	行うべき手続きの内容
相続の放棄または限定承認	原則として、相続の開始を知った時から3ヵ月以内に（　ア　）に申述書を提出
相続税の申告と納付	相続の開始を知った日の翌日から（　イ　）以内に被相続人の死亡時の住所地の所轄税務署長に申告書を提出

1.（ア）地方裁判所　（イ）6ヵ月
2.（ア）地方裁判所　（イ）10ヵ月
3.（ア）家庭裁判所　（イ）10ヵ月　　　　　　　　　　　　　　[　]

◯ **問3**　2023年1月5日に相続が開始された皆川健太郎さん（被相続人）
の＜親族関係図＞が次のとおりである場合、民法上の相続人および法定相続
分の組み合わせとして、正しいものはどれか。なお、記載のない条件につい
ては一切考慮しないこととする。（2023年1月FP協会 資産 改題）

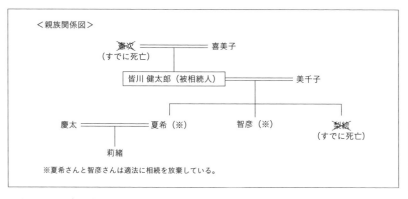

1. 美千子 2／3　喜美子 1／3
2. 美千子 1／2　喜美子 1／2
3. 美千子 1／2　莉緒 1／2

[　　]

解説1

　貸家建付地の相続税評価額は、自用地としての価額×（1－借地権割合×借家権割合×賃貸割合）の算式により算出される。（答：3）

解説2

- 相続の放棄は、相続の開始があったことを知った日から3カ月以内に「相続放棄申述書」を家庭裁判所に提出しなければならない。
- 相続税の申告書は、相続の開始を知った日の翌日から10カ月以内に、被相続人の死亡時の住所地を管轄する税務署に提出する。（答：3）

解説3

- 第1順位の子はいるが、死亡、あるいは相続放棄しているため、第2順位の母が相続する。
- 相続放棄した者の子は、代襲相続できない。

法定相続人：配偶者と母
法定相続分：配偶者2/3：母1/3

美千子 2／3　喜美子 1／3となる。（答：1）

息抜きも大事だよ！

小規模宅地等の評価減の特例

外せない重要な項目。しっかりと理解して覚えるポイント。

小規模宅地等の特例

☐ 相続または遺贈により取得した宅地について、その宅地上に被相続人の居住用や事業用の建物等がある場合、相続税の評価額から一定の割合を評価減する特例。

☐ 小規模宅地等の評価減の特例の概要

宅地等の利用区分		限度面積	減額割合	適用要件
居住用	特定居住用宅地等	330m²	80%	• 被相続人等の居住用の宅地等 • 取得者が配偶者の場合 • 取得者が配偶者以外の同居の親族の場合、相続税申告期限まで居住・所有など一定の要件がある
事業用 貸付以外の事業用	特定事業用宅地等	400m²	80%	• 被相続人等の事業用の宅地等 • 取得者が一定の親族（配偶者を含む）で、事業を相続税申告期限まで継続するなど一定の要件がある
貸付事業用	貸付事業用宅地等	200m²	50%	• 被相続人等の貸付事業用に使用されていた宅地等 • 取得者が一定の親族（配偶者を含む）で、相続税申告期限までその貸付事業を行っていることなど一定の要件がある
特例のポイント	• 配偶者が被相続人の居住用宅地を取得した場合、無条件で特例が適用される（所有期間の要件もないため、相続税申告期限までに宅地を売却した場合でも、特例は適用される） • 特定事業用宅地等や貸付事業用宅地等である場合、相続税申告期限までに宅地を売却した場合、特例の適用はない • この制度を利用して納付税額が0円の場合でも相続税の申告が必要			

※特定居住用宅地等と特定事業用宅地等を併用する場合：合計730m²（330m² + 400m²）まで適用可能

贈与によって取得した財産は小規模宅地等の特例の適用はありません。

減額される金額の計算方法

⬜ 相続税の評価額から下記の計算式で算出した金額を差し引いた金額を、相続税の課税価格に算入する。

特定居住用宅地等である場合

減額される金額＝
宅地等の相続税評価額 $\times \dfrac{\text{分母のうち}330m^2\text{までの部分}}{\text{その宅地等の敷地面積}} \times 80\%$

特定事業用宅地等である場合

減額される金額＝
宅地等の相続税評価額 $\times \dfrac{\text{分母のうち}400m^2\text{までの部分}}{\text{その宅地等の敷地面積}} \times 80\%$

貸付事業用宅地等である場合

減額される金額＝
宅地等の相続税評価額 $\times \dfrac{\text{分母のうち}200m^2\text{までの部分}}{\text{その宅地等の敷地面積}} \times 50\%$

具体的な計算方法

⬜ ケース：自用地評価額2億円（600m²）・配偶者が取得。
居住用宅地等について小規模宅地等の特例の適用を受けた場合、相続税評価額はいくらになるか。

解答：配偶者の場合、無条件で特定居住用宅地等となる
特定居住用宅地等：600m²のうち、330m²まで80％減額される

減額される金額：$2\text{億円} \times \dfrac{330m^2}{500m^2} \times 80\% = 8,800\text{万円}$

減額後の評価額：2億円－8,800万円＝1億1,200万円

うぅ、苦手な計算が続く……。

大丈夫！　計算式よりも、表の中の限度面積と減額割合の3種類の関係性を必ず覚えてね！

明日もファイトー！

上場株式等の相続税評価

上場株式の相続税評価について学習する。

上場株式の評価

☐ 上場株式は、次の①～④のうち最も低い価額で評価する。

①課税時期（原則、相続開始日）の終値（最終価格）
②課税時期の属する月の毎日の終値の月平均額
③課税時期の属する月の前月の毎日の終値の月平均額
④課税時期の属する月の前々月の毎日の終値の月平均額

①課税時期（7/16）の終値

7/16
相続開始

5月	6月	7月
④前々月の終値の平均	③前月の終値の平均	②当月の終値の平均

過去問題にチャレンジ

1 2024年1月10日（水）に死亡したAさんが所有していた上場株式X
を、相続人が相続により取得した場合の1株当たりの相続税評価額
は、下記の＜資料＞によれば、（　　）である。（2024年1月）

＜資料＞上場株式Xの価格

2023年11月の毎日の最終価格の月平均額	1,480円
2023年12月の毎日の最終価格の月平均額	1,490円
2024年1月の毎日の最終価格の月平均額	1,500円
2024年1月10日（水）の最終価格	1,490円

1）1,480円　　2）1,490円　　3）1,500円

[　　]

○ ケース：被相続人の死亡日を7月16日とした場合、次の①～④の4つの価格の中で最も低い価格で評価する。
（課税時期の終値と課税時期以前3か月間の各月の終値の平均と比較する）
②の評価額：1,480円

①課税時期の終値（最終価格）	7月16日	1,500円
②課税時期の属する月の毎日の終値の月平均額	7月の終値の月平均	1,480円
③課税時期の属する月の前月の毎日の終値の月平均額	6月の終値の月平均	1,580円
④課税時期の属する月の前々月の毎日の終値の月平均額	5月の終値の月平均	1,520円

 課税時期3か月よりも前の月があったとしても、対象外ですよ（上記ケースであれば、3月の終値の平均額：1,420円など）。

 上場株式等の相続税評価額は出題されることも多いですが、ゆっくりと考えれば理解できる問題です。最も低い価格で評価するため、その価格を見つけることです。それから、課税時期以前3か月の月平均額であることも確認しましょう。

解説

1. 上場株式は、課税時期の終値と課税時期以前3か月間の各月の終値の平均とを比較して、最も低い価額で評価する。最も低い価額は1,480円となる。（答：1）

がんばった！

取引相場のない 株式の評価

非上場株式の評価方法の種類について学習する。

取引相場のない株式の評価

☐ 取引相場のない株式：取引所に上場していない株式（非上場株式）。

☐ 株式の取得者や会社の規模によって評価方法が異なる。

☐ 株主を同族株主等と同族株主等以外の株主に区分し、評価方式を決定する。

☐ 取引相場のない株式の評価の種類

評価方式	取得者	種類
原則的評価方式	同族株主等	①類似業種比準方式 ②純資産価額方式 ①と②類似業種比準方式と純資産価額方式の併用方式
特例的評価方式	同族株主等以外の株主	③配当還元方式

※同族株主：会社の経営権を持つ株主（親族）
※同族株主等以外の株主：一般的に経営権のない株主

会社規模の判定

☐ 従業員数や総資産価額、取引金額により、大会社、中会社、小会社に分類。

評価方法の選択	大会社	類似業種比準方式
	中会社	類似業種比準方式と純資産価額方式の併用方式
	小会社	純資産価額方式

※大会社：従業員数が70人以上いるなど

○×問題にチャレンジ

1 取引相場のない株式の相続税評価において、純資産価額方式とは、評価会社の株式の価額を、評価会社と事業内容が類似した上場会社の株価および配当金額、利益金額、純資産価額を基にして算出する方式である。（2020年1月 改題） [　　]

株式の評価方法

☐ 類似業種比準方式：事業内容が似ている業種の上場会社の株価と比較して、株価を評価する方法。
「1株当たりの配当金額」「1株当たりの利益金額」「1株当たりの純資産価額」の3つの要素を上場会社と評価する会社とで比較して算出する。

☐ 純資産価額方式：会社を解散した場合の純資産額を株価とする方法。会社の全財産を現金化して債務を返済した後、各株主に1株当たりいくら分配できるか、その予想額を評価額とする。

☐ 併用方式：類似業種比準方式と純資産価額方式を併用し、各方式で算出したそれぞれの金額に一定の割合を掛けて株価を算定する方法。

☐ 配当還元方式：過去2年間の平均配当金を基礎として評価額を算定する方法。同族株主等以外の株主が取得する株式の評価に適用する。

取引相場のない株式の相続税評価方式

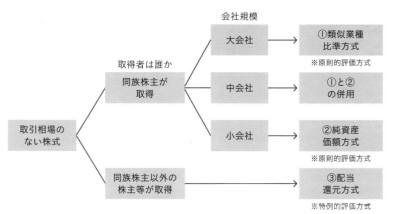

解説

1. 純資産価額方式は、会社を解散した場合の純資産額を株価とする方法。問題文は類似業種比準方式の説明である。（答：×）

その他の財産の相続税評価

その他の財産がどのように評価されるのかを理解する。

☐ その他の財産評価

財産	評価額
預貯金	預入残高＋既経過利子の額－源泉所得税相当額 ※普通預金：利子が少額であれば課税時期の預入残高で評価
国債	課税時期の中途換金した場合の価額
公社債 （上場されている利付公社債）	課税時期の最終価格＋既経過利息額（源泉徴収後）
投資信託 （上場投資信託以外）	上場株式の評価と同様の評価
	課税時期の基準価格（原則） ※解約時の手数料や信託財産留保額は差し引く

国債や公社債まで、いろいろな財産を評価する方法が決まっているんだ！

◯×問題にチャレンジ

1 相続税額の計算において、相続開始時に保険事故が発生していない生命保険契約に関する権利の価額は、原則として、相続開始時においてその契約を解約するとした場合に支払われることとなる解約返戻金の額によって評価する。（2022年5月 改題）　　　　[　　]

ゴルフ会員権

- 次の計算式で評価する。
- 評価額＝課税時期の通常の取引価額×70%

> **Check!**
>
> **生命保険契約に関する権利**
>
> - 相続の開始時において、継続している生命保険契約（まだ保険事故が発生していない＝被保険者が死亡していない場合）の評価
> - 評価額＝課税時期の解約返戻金相当額
> - 解約返戻金のないもの（掛捨の保険）は評価しない。

生命保険契約に関する権利の価額は、解約返戻金相当額で評価します。既払込保険料相当額や死亡保険金で問われるので、間違えないようにね。

リボンをチェック！

明日もファイトー！

解説

1. 相続の開始時において、まだ保険事故が発生していない生命保険契約の権利の評価は、課税時期の解約返戻金相当額で評価する。（答：○）

本番問題にチャレンジ

過去問題を解いて、理解を確かなものにしよう。

○×問題

問1 個人が、自己が所有する土地上に建築した店舗用建物を第三者に賃貸していた場合、相続税額の計算上、当該敷地は貸家建付地として評価される。（2024年1月 改題）　[　]

問2 相続人が相続により取得した宅地が「小規模宅地等についての相続税の課税価格の計算の特例」における特定居住用宅地等に該当する場合、その宅地のうち330m²までを限度面積として、評価額の80％相当額を減額した金額を、相続税の課税価格に算入すべき価額とすることができる。（2023年9月 改題）　[　]

問3 取引相場のない株式の相続税評価において、同族株主以外の株主等が取得した株式については、特例的評価方式である配当還元方式により評価することができる。（2019年1月 改題）　[　]

問4 取引相場のない株式の相続税評価において、類似業種比準方式における比準要素には、「1株当たりの配当金額」「1株当たりの利益金額」「1株当たりの純資産価額」がある。（2018年5月 改題）　[　]

三択問題

問5 国税庁が公表している路線価図において、路線に「300C」と付されている場合、「C」の記号は、借地権割合が（　　）であることを示している。（2021年5月）
1）60％　　2）70％　　3）80％　　[　]

解説1
土地の所有者が建物を建てて、他人に貸し付けている場合の宅地は貸家建付地として評価する。（答：○）

解説2
特定居住用宅地等の場合、330m²までを限度面積として評価額の80％相当額を評価減することができる。（答：○）

解説3

取引相場のない株式で、同族株主以外の株主等が取得した株式については、特例的評価方式である配当還元方式により評価する。（答：〇）

解説4

類似業種比準方式は、事業内容が似ている業種の上場会社の株価と比較して、株価を評価する方法。「1株当たりの配当金額」「1株当たりの利益金額」「1株当たりの純資産価額」の3つの要素を上場会社と評価する会社とで比較して算出する。（答：〇）

解説5

路線価図の表記では、アルファベット表記は借地権割合を表す。

借地権割合　A＝90％、B＝80％、C＝70％、D＝60％、E＝50％…を意味する。よってアルファベットがCである場合、借地権割合がC（70％）となる。また、"300"は1m^{2}あたりの価額が300千円を示しており、千円単位で表記されている。1m^{2}あたりの路線価：300×1000円＝30万円となる。（答：2）

Check!

改正内容に注目

相続登記が義務化（2024年4月1日〜）

☐ 相続（遺言を含む。）により不動産の所有権を取得した相続人は、自己のために相続の開始があったことを知り、かつ、その不動産の所有権を取得したことを知った日から3年以内に相続登記の申請をすることが義務付けられた。

戸籍証明書等の広域交付（2024年3月1日施行）

☐ 本籍地以外の市区町村の窓口でも、戸籍証明書・除籍証明書を請求できるようになる（広域交付）。

どこでも：本籍地が遠くにある人でも、最寄りの市区町村の窓口で請求できる。

まとめて：ほしい戸籍の本籍地が全国各地にあっても、1カ所の市区町村の窓口でまとめて請求できる

※コンピュータ化されていない一部の戸籍・除籍を除く。

※一部事項証明書、個人事項証明書は請求できない。

住宅取得等資金の
贈与の非課税

住宅を買う、建てる、という選択をした時、大切なのが資金計画です。首都圏を中心に不動産価格が上昇する中、頭金の用意も大変になってきています。金利上昇局面に入りつつある現在、堅実な資金計画が必要です。

「直系尊属から住宅取得等資金の贈与を受けた場合の非課税」の措置は、住宅購入時に資金贈与を受けたい人にとって、とても有難く魅力的な制度と言えるでしょう。

この特例は、父母や祖父母などの自分の直系尊属から住宅取得のための資金贈与を受けた場合に、一定額までが非課税となる制度です。

一定の要件には、贈与を受ける人の条件（贈与を受けた年の1月1日時点で18歳以上、合計所得金額が2,000万円以下）、住宅の面積などの要件があります。非課税になる金額は、耐震・省エネ住宅の場合1,000万円、一般住宅は500万円が限度です。この制度は、暦年課税制度や相続時精算課税制度、結婚・子育て資金の一括贈与の非課税措置など、他の非課税措置も併せて適用できます。

注意点としては、適用を受けるためには、必ず税務署への申告が必要であることです。また時限立法（期限延長が繰り返されています）なので、実際に住宅購入等が実現しそうな時は、このような特例があるかどうか、しっかり確認することをお勧めします。

Chapter **7**

仕上げの本番問題

Chapter7では、これまでの学習内容の理解度を確かめるために、実技問題を中心に過去問題をセレクトした。基本的には資産設計提案業務・個人資産相談業務・保険顧客資産相談業務のいずれの問題を解く方も解けるようになっておきたい実技問題を揃えてあるが、一部、当該試験を受ける方のみに向いている試験には出典に★印をつけてある。

仕上げの本番問題 (Chapter1)

問題を解いて、理解を確実なものにしよう。

◯ 問1　下記は、山岸家のキャッシュフロー表（一部抜粋）である。このキャッシュフロー表の空欄（ア）〜（ウ）にあてはまる数値として、誤っているものはどれか。なお、計算に当たっては、キャッシュフロー表中に記載の整数を使用し、計算過程においては端数処理をせず計算し、計算結果については万円未満を四捨五入すること。（2023年5月FP協会 資産 改題★）

＜山岸家のキャッシュフロー表＞

(単位：万円)

経過年数			基準年	1年	2年	3年	4年
西暦（年）			2023	2024	2025	2026	2027
家族・年齢	山岸 雄太	本人	36歳	37歳	38歳	39歳	40歳
	美咲	妻	41歳	42歳	43歳	44歳	45歳
	尚人	長男	6歳	7歳	8歳	9歳	10歳
	由香	長女	2歳	3歳	4歳	5歳	6歳
ライフイベント		変動率		尚人 小学校入学			
収入	給与収入（本人）	1%	390			（ ア ）	
	給与収入（妻）	―	80	80	80	80	80
	収入合計	―	470				486
支出	基本生活費	2%	182	186			
	住宅関連費	―	106		106	106	106
	教育費	―	50		40	40	80
	保険料	―	22		22	22	22
	一時的支出	―					
	その他支出	―	20		20	20	20
	支出合計	―	380		377		425
	年間支出	―	90	60		101	（ イ ）
金融資産残高		1%	1,160	（ ウ ）		1,459	

※年齢および金融資産残高は各年12月31日現在のものとし、2023年を基準年とする。
※給与収入は可処分所得で記載している
※記載されている数値は正しいものとする。
※問題作成の都合上、一部を空欄にしてある。

1.（ア）402　　2.（イ）61　　3.（ウ）1,220　　［　　］

◯ **問2　FPの近藤さんは、木内家のバランスシートを作成した。次ページの表の空欄（ア）に当てはまる金額として、正しいものはどれか。なお、＜設例＞に記載のあるデータに基づいて解答することとする。**（2023年1月FP協会 資産 改題★）

＜設例＞

木内智洋さんは株式会社QAに勤める会社員である。智洋さんは、今後の生活設計についてFPで税理士でもある近藤さんに相談をした。なお、下記のデータはいずれも2024年1月1日現在のものである。

[家族構成（同居家族）]

氏名	続柄	生年月日	年齢	備考
木内 智洋	本人	1969年12月24日	54歳	会社員
美奈子	妻	1973年3月3日	50歳	会社員
昇太	長男	2004年8月10日	19歳	大学生

（単位：万円）

[保有資産（時価）]

金融資産	
普通預金	240
定期預金	400
投資信託	350
上場株式	210
生命保険（解約返戻金相当額）	50
不動産（自宅マンション）	3,700

[負債残高]

住宅ローン（自宅マンション）：800万円（債務者は智洋さん、団体信用生命保険付き）

[その他]

上記以外については、各設問において特に指定の無い限り一切考慮しないものとする。

＜木内家のバランスシート＞

（単位：万円）

［資産］	×××	［負債］	×××
		負債合計	×××
		［純資産］	（　ア　）
資産合計	×××	負債・純資産合計	×××

1. 1,250（万円）
2. 4,100（万円）
3. 4,150（万円）

[　　]

⬜ **問3**　次の設例に基づいて、下記の問に答えなさい。（2023年5月金財 保険 改題）

《設例》

会社員のAさん（54歳）は、妻Bさん（50歳）および長男Cさん（19歳）との3人暮らしである。Aさんは、大学卒業後、X株式会社に入社し、現在に至るまで同社に勤務している。Aさんは、今後の資金計画を検討するにあたり、公的年金制度から支給される老齢給付について理解を深めたいと思っている。また、今年20歳になる長男Cさんの国民年金保険料について、学生納付特例制度の利用を検討している。

そこで、Aさんは、ファイナンシャル・プランナーのMさんに相談することにした。

＜Aさんとその家族に関する資料＞

(1) Aさん（1969年11月28日生まれ・会社員）

・公的年金加入歴：下図のとおり（65歳までの見込みを含む）

20歳から大学生であった期間（29月）は国民年金に
任意加入していない。

・全国健康保険協会管掌健康保険、雇用保険に加入中

| 20歳　　　　　22歳 | 65歳 |
| 国民年金
未加入期間
（29月） | 厚生年金保険
被保険者期間
（511月） |

(2) 妻Bさん（1974年5月10日生まれ・パートタイマー）

・公的年金加入歴：18歳からAさんと結婚するまでの9年間（108月）は、厚生年金保険に加入。結婚後は、国民年金に第3号被保険者として加入している。

・全国健康保険協会管掌健康保険の被扶養者である。

（3）長男Cさん（2004年8月19日生まれ・大学生）

・全国健康保険協会管掌健康保険の被扶養者である。

※妻Bさんおよび長男Cさんは、現在および将来においても、Aさんと同居し、Aさんと生計維持関係にあるものとする。

※家族全員、現在および将来においても、公的年金制度における障害等級に該当する障害の状態にないものとする。

※上記以外の条件は考慮せず、各問に従うこと。

1. はじめに、Mさんは、《設例》の＜Aさんとその家族に関する資料＞に基づき、Aさんが老齢基礎年金の受給を65歳から開始した場合の年金額（2024年度価額）を試算した。Mさんが試算した老齢基礎年金の年金額の計算式として、次のうち最も適切なものはどれか。

1）$816{,}000\text{円}\times\dfrac{451\text{月}}{480\text{月}}$

2）$816{,}000\text{円}\times\dfrac{480\text{月}}{480\text{月}}$

3）$816{,}000\text{円}\times\dfrac{511\text{月}}{480\text{月}}$ 　　　　　　　　　[　]

2. 次に、Mさんは、Aさんおよび妻Bさんが受給することができる公的年金制度からの老齢給付について説明した。MさんのAさんに対する説明として、次のうち最も不適切なものはどれか。

1）「Aさんおよび妻Bさんには、特別支給の老齢厚生年金の支給はありません。原則として、65歳から老齢基礎年金および老齢厚生年金を受給することになります」

2）「Aさんが65歳から受給することができる老齢厚生年金の額には、妻Bさんが65歳になるまでの間、配偶者の加給年金額が加算されます」

3）「Aさんが60歳0カ月で老齢基礎年金および老齢厚生年金の繰上げ支給を請求した場合、年金の減額率は30％となります」 　　　[　]

3. 最後に、Mさんは、国民年金の学生納付特例制度（以下、「本制度」という）について説明した。Mさんが、Aさんに対して説明した以下の文章の空欄①〜③に入る語句または数値の組合せとして、次のうち最も適切なものはどれか。

「本制度は、国民年金の第1号被保険者で大学等の所定の学校に在籍する学生について、（ ① ）の前年所得が一定額以下の場合、所定の申請に基づき、国民年金保険料の納付を猶予する制度です。なお、本制度の適用を受けた期間は、老齢基礎年金の（ ② ）されます。

本制度の適用を受けた期間の保険料は（ ③ ）年以内であれば、追納することができます。ただし、本制度の承認を受けた期間の翌年度から起算して、3年度目以降に保険料を追納する場合には、承認を受けた当時の保険料額に経過期間に応じた加算額が上乗せされます」

1) ①世帯主　　②受給資格期間に算入　　③5

2) ①学生本人　②受給資格期間に算入　　③10

3) ①世帯主　　②年金額に反映　　　　　③10

[　　]

4. 仮にAさんが現時点（54歳）で死亡した場合、Aさんの死亡時点において妻のBさんに支給される公的年金の遺族給付に関する次の記述のうち、最も適切なものはどれか。

1) 中高齢寡婦加算が加算された遺族厚生年金と死亡一時金が支給される。

2) 中高齢寡婦加算が加算された遺族厚生年金が支給される。

3) 中高齢寡婦加算が加算された遺族厚生年金と寡婦年金が支給される。

[　　]

解説1

キャッシュフロー表の計算は、FP協会の実技問題では必ず出題される定番問題です。解き方をしっかりマスターしましょう！

キャッシュフロー表の各項目の計算方法は以下の通り。

年間収入（支出）	n年後の収入／支出＝現在の金額×（1＋変動率）n
年間収支	年間収支＝年間収入の合計額－年間支出の合計額
金融資産残高	貯蓄残高＝前年の貯蓄残高×（1＋変動率）±年間収支

（ア）は、3年後の給与収入

→390万円×（1+0.01）^{3}＝401.817…万円≒402万円（万円未満四捨五入）
　　解答は適切。

（イ）は、4年後の年間収支

→486万円－425万円＝61万円　解答は適切。

（ウ）は、1年後の金融資産残高

→1,160万円×（1＋0.01）＋60万円＝1,231.6万円≒1,232万円

解答は不適切。　　　　　　　　　　　　　　　　　　　（答：3）

解説2

バランスシートを作成する問題もFP協会では必ず出題されます。とにかく手を動かしましょう！

＜解き方の手順＞

- 資産合計を出す…資産の内訳は「資料（保有財産）」から転記
  （普通預金、定期預金、投資信託等）
- 負債合計を出す…内訳は資料［負債残高］で確認（住宅ローン）
- 資産合計から負債合計を引いて、純資産を出す　純資産＝資産－負債

＜木内家のバランスシート＞

［資産］		［負債］	
金融資産		住宅ローン	800
普通預金	240		
定期預金	400	負債合計	800
投資信託	350		
上場株式	210	［純資産］	4,150
生命保険（解約返戻金相当額）	50		
不動産（自宅マンション）	3,700		
資産合計	4,950	負債・純資産合計	4,950

純資産＝資産合計4,950万円－負債合計＝800万円＝4,150万円　（答：3）

解説3

1. 20歳から60歳まで40年間（480月）保険料を納めると、老齢基礎年金は満額が支給されるが、Aさんは20歳から22歳まで29カ月保険料の未納期間がある。

Aさんの老齢基礎年金の受給資格期間は、480カ月－29カ月＝451カ月で、これは「受給資格期間10年以上（120カ月）」の要件を満たしている。またAさんは新規裁定者に該当する。

- 2024年度の老齢基礎年金の満額支給額：816,000円

老齢基礎年金額（満額）× $\dfrac{\text{保険料納付済月数}}{480\,\text{カ月}}$

$= 816,000\,\text{円} \times \dfrac{451\,\text{カ月}}{480\,\text{カ月}}$

$(= 766,700\,\text{円})$　（答：1）

2.

1) 適切。特別支給の老齢厚生年金は、男性が1961年4月1日以前生まれ、女性は1966年4月1日以前生まれの人に支給される。本問のAさん、Bさんは支給対象外。

2) 適切。加給年金は、厚生年金の加入期間が20年以上あり、扶養している65歳未満の配偶者や条件を満たす子がいる場合に支給される。本問では加給年金を受給できる要件を満たしている。

3) 不適切。繰上げ請求をした時の減額率は、1ヵ月当たり0.4％である。
60歳で繰上げ請求した場合、繰上げ月数は12ヵ月×5年＝60ヵ月で、
0.4％×60ヵ月＝24％　減額されることになる。　（答：3）

3.

学生納付特例制度は、20歳以上の学生が、申請により在学中の保険料納付を猶予される制度。学生本人の前年所得が一定額以下であることが要件（家族の収入の多寡は問わない）。学生納付特例制度の承認を受けた期間は老齢基礎年金の受給資格期間に含まれるが、老齢基礎年金の額の計算の対象となる期間には含まれない。このため、将来の年金額を満額にするために、10年以内であれば保険料を納付できる仕組みとなっている。　（答：2）

4.

Aさんが厚生年金保険加入中に死亡した場合、妻のBさんには遺族厚生年金が支給される。長男のCさんは18歳を超えているため遺族基礎年金は受給対象外だが、Bさんは50歳で中高齢寡婦加算の受給要件を満たしている。
（答：2）

仕上げの本番問題 (Chapter2)

問題を解いて、理解を確実なものにしよう。

☐ **問1** 明石誠二さんが加入しているがん保険（下記＜資料＞参照）の保障内容に関する次の記述の空欄（ア）にあてはまる金額として、正しいものはどれか。なお、保険契約は有効に継続しているものとし、誠二さんはこれまでに＜資料＞の保険から保険金および給付金を一度も受け取っていないものとする。（2023年5月FP協会 資産 改題）

＜資料＞

誠二さんは、2024年中に初めてがん（膵臓がん、悪性新生物）と診断され、がんの治療で42日間入院し、がんにより病院で死亡した。入院中には手術（給付倍率20倍）を1回受けている。2024年中に支払われる保険金および給付金は、合計（　ア　）である。

1. 1,620,000円
2. 2,720,000円
3. 3,620,000円

[　　]

◯ **問2** 会社員の村瀬徹さんが加入している生命保険は下表のとおりである。下表の保険契約**A〜C**について、保険金が支払われた場合の課税に関する次の記述のうち、最も適切なものはどれか。（2023年5月FP協会 資産）

	保険種類	保険契約 （保険料負担者）	被保険者	死亡保険金受取人	満期保険金受取人
契約A	終身保険	徹さん	徹さん	妻	―
契約B	特定疾病保障保険	徹さん	妻	子	―
契約C	養老保険	徹さん	徹さん	妻	徹さん

1. 契約Aについて、徹さんの妻が受け取る死亡保険金は贈与税の課税対象となる。
2. 契約Bについて、徹さんの子が受け取る死亡保険金は相続税の課税対象となる。
3. 契約Cについて、徹さんが受け取る満期保険金は所得税・住民税の課税対象となる。 [ ]

◯ **問3** 次の設例に基づいて、下記の問に答えなさい。

《設例》

Aさん（65歳）は、X株式会社（以下、「X社」という）の創業社長である。Aさんは今期限りで勇退する予定であり、X社が加入している生命保険の解約返戻金を退職金の原資として活用したいと考えている。

そこで、Aさんは、ファイナンシャル・プランナーのMさんに相談することにした。（2023年9月金財 保険 改題★）

<資料>X社が加入している生命保険に関する資料

保険の種類：長期平準定期保険（特約付加なし）
契約年月日：2004年12月1日
契約者（＝保険料負担者）：X社
被保険者：Aさん
死亡保険金受取人：X社
死亡・高度障害保険金額：1億円
保険期間・保険料払込期間：95歳満了
年払保険料：260万円
現時点の解約返戻金額：4,200万円
現時点の払込保険料累計額：5,200万円
※保険料の払込みを中止し、払済終身保険に変更することができる。

※上記以外の条件は考慮せず、各問に従うこと。

1. Mさんは、《設例》の長期平準定期保険について説明した。MさんのAさんに対する説明として、次のうち最も適切なものはどれか。

   1)　「当該生命保険の単純返戻率（解約返戻金額÷払込保険料累計額）は、保険期間の途中でピーク時期を迎え、その後は低下しますが、保険期間満了時に満期保険金が支払われます」

   2)　「現時点で当該生命保険を払済終身保険に変更する場合、契約は継続するため、経理処理は必要ありません」

   3)　「当該生命保険を払済終身保険に変更し、契約者をAさん、死亡保険金受取人をAさんの相続人に名義を変更することで、当該払済終身保険を役員退職金の一部としてAさんに現物支給することができます」

                                  [　]

2. X社が現在加入している《設例》の長期平準定期保険を下記＜条件＞にて解約した場合の経理処理（仕訳）として、次のうち最も適切なものはどれか。

＜条件＞

・X社が解約時までに支払った保険料の累計額は、5,200万円である。

・解約返戻金の値は、4,200万円である。

・配当等、上記以外の条件は考慮しないものとする。

1)

借　方		貸　方	
現金・預金	4,200万円	前払保険料	2,600万円
雑損失	1,000万円	定期保険料	2,600万円

2)

借　方		貸　方	
現金・預金	4,200万円	前払保険料	2,600万円
		雑収入	1,600万円

3)

借　方		貸　方	
前払保険料	2,100万円	現金・預金	4,200万円
定期保険料	2,100万円		

                                  [　]

解説1

明石さんに支払われる保険金は、

✓「初めてがんと診断された」 →がん診断給付金

✓「がんの治療で入院」 →がん入院給付金

　手術（20倍）を1回 →がん手術給付金

✓ 死亡（死因：がん） →死亡給付金

がん診断給付金		200万円
がん入院給付金	1万円/日額×42日＝	42万円
手術給付金	1万円×20倍＝	20万円
死亡給付金	1万円×100倍＝	100万円
	計	362万円

（答：3）

Check!

保険金・給付金計算の注意点

☐ 特定（三大）疾病保険

　　特定疾病になり、一定の要件を満たす→特定疾病保険金（生前）

　　特定疾病以外の理由で死亡 →死亡保険金

☐ 傷害特約・災害割増特約

　　交通事故（不慮の事故）で死亡 → 傷害特約保険金、災害割増特約保険金

　　※病死の時は非該当

☐ 入院給付金

　　「1日目から」→入院日額×日数

　　「5日目から」→入院日額×（入院日数－4）

　　入院に日数が「1入院限度日数」を超えた場合は、入院日額×限度日数

解説2

1. 契約者＝被保険者（夫）、死亡保険金受取人が妻（法定相続人）である契約なので、死亡保険金はみなし相続財産として相続税の課税対象となる。
2. 契約者、被保険者、保険金受取人がそれぞれすべて異なるとき、保険金は贈与税の課税対象となる。
3. 契約者＝被保険者で、満期保険金を本人が受け取る場合、満期保険金は一時所得として所得税・住民税の課税対象となる。（答：3）

Check!
参考

	契約者	被保険者	受取人	ケース	課税関係
①	A	A	B	契約者＝被保険者（死亡）で、受取人がそれ以外である場合	相続税
②	A	B	A	契約者＝受取人で、被保険者が異なる場合	所得税（一時所得）
③	A	B	C	契約者、被保険者、受取人がすべて異なる場合	贈与税

解説3

1.
1) 長期平準定期保険には満期保険金はない。よって不適切。
2) 同じ保険種類の払済保険にする場合、経理処理は不要であるが、本問のように異なる保険種類の払済保険に変更する場合は、原則経理処理が必要※。よって不適切。
※「法人が既に加入している生命保険をいわゆる払済保険に変更した場合には、原則として、その変更時における解約返戻金相当額とその保険契約により資産に計上している保険料の額（資産計上額）との差額をその変更した日の属する事業年度の益金の額又は損金の額に算入しなければならない（基通9-3-7の2）」
3) 本文記載の通り。
（答：3）

2. 契約年月日が2003年12月1日なので従来の長期平準定期保険の経理処理を行う。

＜従来の長期平準定期保険の経理処理＞

被保険者	保険金受取人	経理処理	
役員・従業員	法人	保険期間の当初 60/100の期間	支払保険料×1/2＝損金算入 支払保険料×1/2＝資産計上 （前払保険料）
		保険期間の残り 40/100の期間	支払保険料＝全額損金算入 前払保険料は残りの区間で按分して損金算入
役員・従業員	役員・従業員の遺族	給与	

- 保険期間の当初60/100の期間

毎年の仕訳

借方		貸方	
前払保険料	130万円	現金・預金	260万円
定期保険料	130万円		

- 20年後の前払保険料は130万円×20＝2,600万円
- 解約時点→これまで積み立ててきた前払保険料を取り崩す（貸方）
  解約返戻金と前払保険料の差額（4,200万円－2,600万円＝1,600万円）は雑収入（益金）として計上。よって解約時点の仕訳は

借方		貸方	
現金・預金	4,200万円	前払保険料	2,650万円
		雑収入	1,600万円

（答：2）

Check!

参考：法人保険の経理処理のポイント

基本ルール

☐ 貯蓄性のある保険（終身保険、養老保険等）の保険料は資産に計上（借方）

☐ 掛け捨ての保険（定期保険、医療保険）の保険料は損金算入

仕訳

☐ 資産が増える時→借方（左側）に記載
　負債が増える時→貸方（右側）に記載

☐ 収益が発生する時→貸方（右側）に記載
　費用が発生する時借方（左側）に記載

仕上げの本番問題 (Chapter3)

問題を解いて、理解を確実なものにしよう。

◯ **問1** 次の設例に基づいて、下記の各問に答えなさい。（2024年1月金財 個人）

≪設例≫

会社員のAさん（29歳）は、将来に向けた資産形成のため、株式や債券による運用を始めたいと考えている。

そこで、Aさんは、ファイナンシャル・プランナーのMさんに相談することにした。Mさんは、Aさんに対して、X社株式（東京証券取引所プライム市場上場銘柄）および国内の大手企業が発行しているY社債（特定公社債）を例として、説明を行うことにした。

＜X社に関する資料＞

総資産	1,000億円
自己資本（純資産）	600億円
当期純利益	60億円
年間配当金総額	15億円
発行済株式数	5,000万株
株価	1,500円

＜Y社債に関する資料＞

- 発行会社：国内の大手企業
- 購入価格：103円（額面100円当たり）
- 表面利率：1.2%
- 利払日：年2回
- 残存期間：5年
- 償還価格：100円（額面100円当たり）
- 格付：BBB

※上記以外の条件は考慮せず、各問に従うこと。

1. Mさんは、＜X社に関する資料＞から算出されるX社株式の投資指標について説明した。MさんのAさんに対する説明として、次のうち最も不適切なものはどれか。

1) 「株価の相対的な割高・割安の度合いを判断する指標として、PERやPBRがあります。X社株式のPERは12.5倍、PBRは1.25倍です」

2) 「会社の収益性や経営効率を測る指標として、ROEがあります。X社のROEは10%です。一般に、ROEが高い会社ほど、資本の効率的な活用がなされていると判断することができます」

3) 「株価に対する1株当たりの年間配当金の割合を示す指標を配当性向といいます。X社株式の配当性向は25%です」 [　　]

2. Mさんは、Y社債に投資する場合の留意点等について説明した。MさんのAさんに対する説明として、次のうち最も適切なものはどれか。

1) 「一般に、BBB（トリプルビー）各相当以下の格付は、投機的格付けと呼ばれています。Y社債は、投資適格債に比べて信用度は劣りますが、相対的に高い利回りを期待することができます」

2) 「毎年受け取る利子は、購入価格に表面利率を乗じることで求められます。表面利率は、発行時の金利水準や発行会社の信用力などに応じて決められます」

3) 「Y社債の利子は、原則として、支払時に所得税および復興特別所得税と住民税の合計で20.315%相当額が源泉徴収され、申告分離課税の対象となりますが、確定申告不要制度を選択することもできます」 [　　]

3. Y社債を＜Y社債に関する資料＞の条件で購入した場合の最終利回り（年率・単利）は、次のうちどれか。なお、計算にあたっては税金や手数料等を考慮せず、答は%表示における小数点以下第3位を四捨五入している。

1) 0.58%　　2) 0.60%　　3) 1.17% [　　]

◯ 問2　下記＜資料＞の投資信託を50万口購入する場合の購入金額として、正しいものはどれか。なお、解答に当たっては、円未満を切り捨てること。（2023年1月FP協会 資産）

＜資料＞

| 約定日の基準価額（1万口当たり）　19,855円 |
| 購入時手数料（税込み）　2.20% |
| 運用管理費用（信託報酬・税込み）　年0.66% |

1) 999,302円　　　2) 1,014,590円　　　3) 1,021,142円 [　　]

問3 下記は、一般的な公募株式投資信託（非上場）と証券取引所に上場しているETF（上場投資信託）およびJ-REIT（上場不動産投資信託）の特徴についてまとめた表である。下表の空欄（ア）～（ウ）にあてはまる語句に関する次の記述のうち、最も適切なものはどれか。（2021年9月FP協会 資産）

	一般的な公募株式投資信託（非上場）	ETF（上場投資信託）	J-REIT（上場不動産投資信託）
取引・購入窓口	各投資信託を取り扱う証券会社や銀行などの販売会社	証券会社等	（ ア ）
取引価格	（ イ ）	市場での取引価格	市場での取引価格
購入時の手数料	投資信託によって、販売会社ごとに異なる手数料率を適用	（ ウ ）	（ ウ ）

1) 空欄（ア）に入る語句は、「不動産取引業者」である。
2) 空欄（イ）に入る語句は、「基準価額」である。
3) 空欄（ウ）に入る語句は、「証券取引所が定めた手数料率を一律に適用」である。 ［ ］

問4 投資信託の費用に関する以下の説明について、正誤を答えなさい。（2022年9月金財 個人 改題）

1.「購入時手数料を徴収しない投資信託は、一般に、ノーロードファンドと呼ばれます。投資信託に投資する際には、購入時だけでなく、保有中や換金時にかかる費用等も勘案して銘柄を選択することが大切です」 ［ ］

2.「運用管理費用（信託報酬）は、投資信託を保有する投資家が負担する費用です。一般に、インデックス型投資信託は、アクティブ型投資信託よりも運用管理費用（信託報酬）が低い傾向があります」 ［ ］

問5 次の設例に基づいて、下記の各問に答えなさい。（2021年5月金財 個人 改題）

≪設例≫
会社員のAさん（55歳）は、X銀行の米ドル建定期預金のキャンペーン広告を見て、その金利の高さに興味を抱いており、満期を迎えるX銀行の円建の定期預金500万円の一部を活用して、米ドル建定期預金での運用を検討している。そこで、Aさんは、ファイナンシャル・プランナーのMさんに相談することにした。

＜Aさんが運用を検討しているX銀行の米ドル建定期預金に関する資料＞

- 預入金額 ：10,000米ドル
- 預入期間 ：3カ月
- 利率（年率）：2.0％（満期時一括支払）
- 為替予約なし
- 適用為替レート（米ドル／円）

	TTS	TTM	TTB
預入時	102.00円	101.50円	101.00円
満期時	104.00円	103.50円	103.00円

※上記以外の条件は考慮せず、各問に従うこと。

1. ≪設例≫の米ドル建定期預金の説明として、最も適切なものはどれか。

1）「TTMとTTS（TTB）の差分は為替スプレッドと呼ばれるもので、取引金融機関による差異はありません」

2）「預入時に円を米ドルに換える際に適用される為替レートは、1米ドル＝102.00円になります」

3）「X銀行の米ドル建定期預金の場合、Aさんが満期時に受け取ることができる利息額は200米ドル（税引前）になります」　　　　　　　［　　　］

2. ≪設例≫の条件の通り、10,000米ドルを外貨預金に預け入れ、満期時に円貨で受け取った場合における元利金の合計額として、次のうち最も適切なものはどれか。なお、計算にあたっては税金等を考慮せず、預入期間3カ月は0.25年として計算すること。

1）1,035,150円　　　2）1,045,200円　　　3）1,050,600円　　　　［　　　］

解説1

1.

1）X社の1株当たり当期純利益＝60億円÷5,000万株＝120円

PER（株価収益率）＝株価÷1株当たり当期純利益＝1,500円÷120円＝12.5倍

X社の1株当たり純資産＝600億円÷5,000万株＝1,200円

PBR（株価純資産倍率）＝株価÷1株当たり純資産＝1,500円÷1,200円＝1.25倍　　　説明は適切

2）ROE（自己資本利益率）＝当期純利益÷自己資本×100＝60億円÷600億円×100＝10％　　説明は適切

3)「株価に対する1株当たりの年金配当金の割合」は配当利回りである。
　　　説明は不適切。
　　　（配当性向＝配当金総額÷当期純利益×100＝15億円÷60億円×
100＝25％）　　　　　　　　　　　　　　　　　　　　　　（答：3）

2.
1)　投機的格付けは「BB（ダブルビー）」格相当以下をいう。BBBは投資適
　　格債。説明は不適切。
2)　受取利子は、額面金額に表面利率を乗じて求める。説明は不適切。
3)　説明は適切。　　　　　　　　　　　　　　　　　　　　　（答：3）

3. 最終利回り（％）

$$= \cfrac{\text{表面利率}+\cfrac{\text{償還価格}-\text{購入価格}}{\text{残存期間}}}{\text{購入価格}} \times 100$$

$$= \frac{1.2+（100-103）/5}{103} \times 100 = 0.5825\cdots ≒ 0.58\%$$

（答：1）

解説2

　購入金額は、基準価額×購入口数＋手数料で求める。
　　基準価額×購入口数＝19,855円/10,000口×500,000口＝992,750円
　　購入時手数料＝992,750円×2.2％＝21,840.5＝21,840円
　　購入金額＝992,750円＋21,840円＝1,014,590円　　　　（答：2）

解説3

　一般的な公募株式投資信託、ETF、J-REITの特徴は以下の通り。

	一般的な公募株式投資信託（非上場）	EFT（上場投資信託）	J-RFIT（上場不動産投資信託）
取引・購入窓口	各投資信託を取り扱う証券会社や銀行などの販売会社	証券会社等	証券会社等
取引価格	基準価額	市場での取引価格	市場での取引価格
購入時の手数料	投資信託によって、販売会社ごとに異なる手数料率を適用	証券会社により異なる	証券会社により異なる

よって、選択肢で適切なのは2。　　　　　　　　　　　　　　（答：2）

解説4

1.（答：○）　　2.（答：○）

解説5

1.

1）不適切。為替スプレッド（TTMとTTS、TTBのレートの差）は、金融機
　関により異なる。

2）適切。外貨預金の預入時に円貨→外貨に換えるレートは「TTS」である。
　預入時のTTSは102円である。

3）不適切。満期時（3カ月後）の利息額は、
　10,000米ドル×0.02×3/12＝50ドル
　※200米ドルは1年間預けた場合の利息額　　　　　　　　　　　（答：2）

2.満期時（3カ月後）の利息額は、
10,000米ドル×0.02×3/12＝50ドル
　満期時の元利合計＝10,000米ドル＋50米ドル＝10,050米ドル
　円貨にすると（TTBを適用）、
　10,050米ドル×103.00＝1,035,150円　　　　　　　　　　　（答：1）

仕上げの本番問題 (Chapter4)

問題を解いて、理解を確実なものにしよう。

◯ **問1　次の設例に基づいて、下記の各問（1.～3.）に答えなさい。**（2023年9月金財 個人）

≪設例≫

小売店を営む個人事業主であるAさんは、開業後直ちに青色申告承認申請書と青色事業専従者給与に関する届出書を所轄税務署長に対して提出している青色申告者である。

＜Aさんとその家族に関する資料＞

Aさん（45歳）：個人事業主（青色申告者）

妻Bさん（40歳）：Aさんが営む事業に専ら従事している。2023年中に、青色事業専従者として、給与収入90万円を得ている。

長男Cさん（15歳）：中学生。2023年中の収入はない。

母Dさん（73歳）：2023年中の収入は、公的年金の老齢給付のみであり、その収入金額は120万円である。

＜Aさんの2023年分の収入等に関する資料＞

(1) 事業所得の金額：580万円（青色申告特別控除後）

(2) 一時払変額個人年金保険（10年確定年金）の解約返戻金

契約年月：2015年10月

契約者（＝保険料負担者）・被保険者：Aさん

死亡保険金受取人：妻Bさん

解約返戻金額：480万円

正味払込保険料：400万円

※妻Bさん、長男Cさんおよび母Dさんは、Aさんと同居し、生計を一にしている。

※Aさんとその家族は、いずれも障害者および特別障害者には該当しない。

※Aさんとその家族の年齢は、いずれも2023年12月31日現在のものである。

※上記以外の条件は考慮せず、各問に従うこと。

1. 所得税における青色申告制度に関する以下の文章の空欄①〜③に入る語句または数値の組合せとして、次のうち最も適切なものはどれか。

i）「事業所得の金額の計算上、青色申告特別控除として最高（ ① ）万円を控除することができます。（ ① ）万円の青色申告特別控除の適用を受けるためには、事業所得に係る取引を正規の簿記の原則に従い記帳し、その記帳に基づいて作成した貸借対照表、損益計算書その他の計算明細書を添付した確定申告書を法定申告期限内に提出することに加えて、e-Taxによる申告（電子申告）または電子帳簿保存を行う必要があります。なお、確定申告書を法定申告期限後に提出した場合、青色申告特別控除額は最高（ ② ）万円となります」

ii）「青色申告者が受けられる税務上の特典として、青色申告特別控除のほかに、青色事業専従者給与の必要経費算入、純損失の3年間の繰越控除、純損失の繰戻還付、棚卸資産の評価について（ ③ ）を選択することができることなどが挙げられます」

1）①55　②10　③低価法
2）①65　②10　③低価法
3）①65　②55　③定額法　　　　　　　　　　　　　　[　　]

2. Aさんの2023年分の所得税の課税に関する次の記述のうち、最も適切なものはどれか。

1）「Aさんが受け取った一時払変額個人年金保険の解約返戻金は、源泉分離課税の対象となります」
2）「Aさんは、妻Bさんに係る配偶者控除の適用を受けることができ、その控除額は38万円です」
3）「Aさんは、母Dさんに係る扶養控除の適用を受けることができ、その控除額は58万円です」　　　　　　　　　　　　　[　　]

3. Aさんの2023年分の所得税における総所得金額は、次のうちどれか。

1）580万円
2）595万円
3）610万円　　　　　　　　　　　　　　　　　　　[　　]

⬭ 問2　次の設例に基づいて、下記の問に答えなさい。（2023年9月金財保険 改題）

《設例》

Aさん（65歳）は、X株式会社（以下、「X社」という）の創業社長である。A さんは今期限りで勇退する予定であり、X社が加入している生命保険の解約 返戻金を退職金の原資として活用したいと考えている。そこで、Aさんは、 ファイナンシャル・プランナーのMさんに相談することにした。

＜資料＞X社が加入している生命保険に関する資料

保険の種類：長期平準定期保険（特約付加なし）
契約年月日：2004年12月1日
契約者（＝保険料負担者）：X社
被保険者：Aさん
死亡保険金受取人：X社
死亡・高度障害保険金額：1億円
保険期間・保険料払込期間：95歳満了
年払保険料：260万円
現時点の解約返戻金額：4,200万円
現時点の払込保険料累計額：5,200万円
※保険料の払込みを中止し、払済終身保険に変更することができる。

※上記以外の条件は考慮せず、各問に従うこと。

仮に、X社がAさんに役員退職金5,000万円を支給した場合、Aさんが受け取 る役員退職金に係る退職所得の金額として、次のうち最も適切なものはどれ か。なお、Aさんの役員在任期間（勤続年数）を30年とし、これ以外に退職 手当等の収入はなく、障害者になったことが退職の直接の原因ではないもの とする。

1) 1,750万円

2) 3,500万円

3) 3,800万円　　　　　　　　　　　　　　　　　[　　　]

解説1

1.

①青色申告特別控除の最高金額は65万円。適用を受けるためには、下記要 件が必要となる。

- 事業所得に係る取引を正規の簿記の原則に従い記帳
- 記帳に基づいて作成した貸借対照表等を添付した確定申告書を法定申告 期限内に提出する

- e-Taxによる申告（電子申告）または電子帳簿保存を行う必要。

②青色申告特別控除額は最高10万円。確定申告書を法定申告期限後に提出した場合、上記①の要件を満たさないため、10万円となる。

③青色申告者は棚卸資産の評価について、低価法を選択することができる。原則は原価法だが、低価法（原価と時価のいずれか低い方で評価する方法）を選択することができる。（答：2）

2. 1. 不適切。Aさんが受け取った解約返戻金は、契約してから8年後に受け取っているため、一時所得として総合課税の対象となる。2. 不適切。妻Bさんは、青色事業専従者として給与の支払いを受けているため、配偶者控除の対象とはならない。3. 適切：母Dさんの年金収入から、65歳以上の公的年金等控除額（110万円）を差し引くと合計所得金額は10万円となる。控除対象扶養親族の要件である合計所得金額が48万円以下を満たすため、同居老人扶養親族に該当し、58万円の控除が適用できる。（答：3）

3. 一時所得＝総収入金額（解約返戻金）－収入を得るために支出した金額（正味払込保険料）－特別控除額（最高50万円）
解約返戻金：480万円－正味払込保険料：400万円－50万円＝30万円
総所得金額に算入される金額は、一時所得の金額×1/2
30万円×1/2＝15万円
総所得金額は、事業所得：580万円＋一時所得：15万円＝595万円（答：2）

解説2

- 退職所得＝（収入金額－退職所得控除額）×1/2
- 退職所得控除額は、勤続年数によって下記のように異なる

勤続年数	退職所得控除額
20年以下	40万円×勤続年数（最低80万円）
20年超	800万円＋70万円×（勤続年数－20年）

※勤務年数で1年未満の端数がある場合、1年に切り上げる

勤続年数は30年、役員退職金は5,000万円
800万円＋（70万円×（30年－20年））＝1,500万円
（5,000万円－1,500万）×1/2＝1,750万円 （答：1）

仕上げの本番問題 (Chapter5)

問題を解いて、理解を確実なものにしよう。

◯ **問1　次の設例に基づいて、下記の各問（1.～3.）に答えなさい。**

次の設例に基づいて、下記の各問に答えなさい。（2023年9月金財 個人）

Aさん（55歳）は、昨年、父親の相続によりX市内の実家（甲土地および建物）を取得した。法定相続人は、長男のAさんのみであり、相続に係る申告・納税等の手続は完了している。

Aさんは、別の都市に自宅を所有し、家族と居住しているため、相続後に空き家となっている実家（築45年）の売却を検討している。しかし、先日、友人の不動産会社の社長から、「甲土地は、最寄駅から徒歩5分の好立地にあり、相応の住宅需要が見込める。自己建設方式による賃貸マンションの建築を検討してみてはどうか」との提案があったことで、甲土地の有効活用にも興味を持ち始めている。

＜甲土地の概要＞

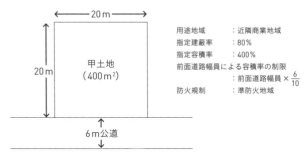

- 20m
- 20m
- 甲土地（400m²）
- 6m公道

用途地域	：近隣商業地域
指定建蔽率	：80%
指定容積率	：400%

前面道路幅員による容積率の制限

：前面道路幅員 × $\frac{6}{10}$

防火規制　　：準防火地域

- 指定建蔽率および指定容積率とは、それぞれ都市計画において定められた数値である。
- 特定行政庁が都道府県都市計画審議会の議を経て指定する区域ではない。

※上記以外の条件は考慮せず、各問に従うこと。

1. 甲土地に耐火建築物を建築する場合の①建蔽率の上限となる建築面積と②容積率の上限となる延べ面積の組合せとして、次のうち最も適切なものはどれか。

1) ① 360 m² ② 1,440 m²
2) ① 360 m² ② 1,600 m²
3) ① 400 m² ② 1,600 m²　　　　　　　　　　　　　　[　　]

2.「被相続人の居住用財産（空き家）に係る譲渡所得の特別控除の特例」（以下、「本特例」という）に関する次の記述のうち、最も不適切なものはどれか。

1)「本特例の適用を受けるためには、相続した家屋について、1981年5月31日以前に建築されたこと、相続開始直前において被相続人以外に居住をしていた人がいなかったことなどの要件を満たす必要があります」

2)「本特例の適用を受けるためには、譲渡の対価の額が5,000万円以下でなければなりません」

3)「本特例の適用を受けるためには、確定申告書にX市から交付を受けた被相続人居住用家屋等確認書を添付する必要があります」　　[　　]

3. 甲土地の有効活用等に関する次の記述のうち、最も適切なものはどれか。

1)「自己建設方式とは、Aさんが所有する土地の上に、事業者が建設資金を負担してマンション等を建設し、完成した建物の住戸等をAさんと事業者がそれぞれの出資割合に応じて取得する手法です」

2)「甲土地が貸付事業用宅地等に該当すれば、『小規模宅地等についての相続税の課税価格の計算の特例』の適用を受けることができます。貸付事業用宅地等は、相続税の課税価格の計算上、330m²までの部分について50%の減額が受けられます」

3)「Aさんが金融機関から融資を受けて賃貸マンションを建築した場合、Aさんの相続における相続税額の計算上、当該借入金の残高は債務控除の対象となります」　　　　　　　　　　　　　　　　　　　　[　　]

⬜ **問2　下記の1、2について解答しなさい。**（2023年5月FP協会 資産 改題）

1. 下記＜資料＞の甲土地の建築面積の最高限度を算出する基礎となる敷地面積として、正しいものはどれか。なお、この土地の存する区域は、特定行政庁が指定する区域に該当しないものとし、その他記載のない条件については一切考慮しないこととする。

<資料>

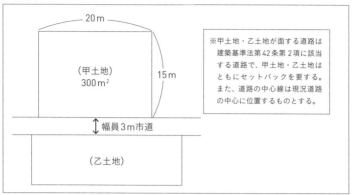

1. 260m²
2. 280m²
3. 290m²   [   ]

2. 井上さんは、下記<資料>の物件の購入を検討している。この物件の購入金額（消費税を含んだ金額）として、正しいものはどれか。なお、<資料>に記載されている金額は消費税を除いた金額であり、消費税率は10%として計算すること。また、記載のない条件については一切考慮しないこととする。

<資料>

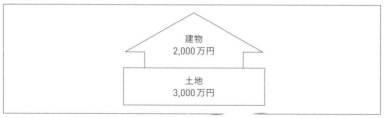

1. 5,200万円
2. 5,300万円
3. 5,500万円   [   ]

解説1

1. ① 下記条件で建蔽率の緩和を受けることができる。

準防火地域に耐火建築物を建築することで、建蔽率+10%

　建蔽率＝80％＋10％＝90％

敷地面積が400m²、建築面積の最高限度＝400m²×90％＝360（m²）

②容積率は敷地の前面道路の幅員が12m未満の場合、2つのうち低い方が適用される。指定容積率：400％

前面道路の幅員：6m　6m×6/10×100＝360％　低い方の360％となる。

延べ面積＝400m²×360％＝1,440（m²）（答：1）

2. 1. 適切。本文の通り。2. 不適切。譲渡の対価の額が1億円以下でなければならない。3. 適切。本文の通り。（答：2）

3. 1. 不適切。自己建設方式は、土地所有者が企画から資金調達、建築から管理運営まで自分で行う方法。問題の記述は等価交換方式。2. 不適切。貸付事業用宅地等に該当した場合、200m²までの部分について、50％減額される。3. 適切。本文の通り。（答：3）

解説2

1. 甲土地に接している道路は、幅員が3mの2項道路でセットバックを要する。2項道路に接する場合、道路の中心から水平距離で2m離れたところが敷地と道路の境界線になる。

建物を建築する場合の敷地面積は、セットバック部分の0.5mを除いた面積となり、20m×（15m－0.5m）＝290m²（答：3）

2. 建物の代金には消費税がかかるが、土地取引は非課税のため、土地の代金には消費税がかからない。

建物の代金：2,000万円×1.10＝2,200万円

土地の代金：3,000万円

2,200万円＋3,000万円＝5,200万円（答：1）

仕上げの本番問題 (Chapter6)

問題を解いて、理解を確実なものにしよう。

◯ **問1** 次の設例に基づいて、下記の各問（**1.〜3.**）に答えなさい。（2024年1月金財 個人 改題）

《設例》

Aさんは、妻Bさんとの2人暮らしである。長男Cさんは、妻と高校生の長女Dさんとの3人で隣県にある賃貸マンションに住んでいる。Aさんは、長男Cさん家族の生活資金や孫Dさんの学費について面倒を見てやりたいと思っており、現金の贈与を検討している。

〈Aさんの親族関係図〉

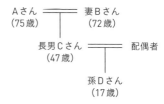

Aさん　　　　妻Bさん
（75歳）　　　（72歳）

長男Cさん　　　配偶者
（47歳）

孫Dさん
（17歳）

〈Aさんの主な所有財産（相続税評価額）〉

現預金：6,000万円

上場株式：1,500万円

自宅（敷地300m²）：7,000万円（注）

自宅（建物）：300万円

（注）「小規模宅地等についての相続税の課税価格の計算の特例」適用前の金額

※上記以外の条件は考慮せず、各問に従うこと。

1.「直系尊属から教育資金の一括贈与を受けた場合の贈与税の非課税」（以下、「本制度」という）に関する次の記述のうち、最も適切なものはどれか。

1)「本制度の適用を受けた場合、受贈者1人につき1,500万円までは贈与税が非課税となります。ただし、学習塾などの学校等以外の者に対して直接支払われる金銭については500万円が限度となります」

2)「Aさんからの資金援助について、孫Dさんが本制度の適用を受けるためには、教育資金の贈与を受けた年の前年分の長男Cさんの所得税に係る合計所得金額が1,000万円以下でなければなりません」

3)「受贈者である孫Dさんが22歳到達年度の末日に達すると、教育資金管理契約は終了します。そのときに、非課税拠出額から教育資金支出額を控除した残額があるときは、当該残額は受贈者のその年分の贈与税の課税価格に算入されます」　　　　　　　　　　　　　　　　　　　　[　　]

2. 仮に、長男Cさんが暦年課税（各種非課税制度の適用はない）により、2024年中にAさんから現金600万円の贈与を受けた場合の贈与税額は、次のうちどれか。

〈資料〉贈与税の速算表（一部抜粋）

基礎控除後の課税価格	特例贈与財産		一般贈与財産	
	税率	控除額	税率	控除額
万円超　　　万円以下 　　　～ 200	10%	—	10%	—
200 ～ 300	15%	10万円	15%	10万円
300 ～ 400	15%	10万円	20%	25万円
400 ～ 600	20%	30万円	30%	65万円
600 ～ 1,000	30%	90万円	40%	125万円

1. 68万円
2. 82万円
3. 90万円　　　　　　　　　　　　　　　　　　　　　　　　　　　[　　]

3. 現時点（2024年1月28日）において、Aさんの相続が開始した場合に関する次の記述のうち、最も不適切なものはどれか。

1)「妻Bさんが『配偶者に対する相続税額の軽減』の適用を受けた場合、妻Bさんが相続により取得した財産の額が、配偶者の法定相続分相当額と1億6,000万円とのいずれか多い金額を超えない限り、妻Bさんが納付すべき相続税額は算出されません」

2)「妻Bさんが自宅の敷地と建物を相続し、『小規模宅地等についての相続税の課税価格の計算の特例』の適用を受けた場合、自宅の敷地（相続税評価額7,000万円）について、相続税の課税価格に算入すべき価額は、1,400万円となります」

3)「相続税の申告書は、原則として、相続の開始があったことを知った日の翌日から4カ月以内に被相続人であるAさんの死亡時の住所地を所轄する税務署長に提出しなければなりません」 [　　]

解説1

1. 直系尊属から教育資金の一括贈与を受けた場合の非課税。

1. 非課税金額は、1人につき1500万円。学校以外の塾等は、1500万円のうち、500万円までが上限。

2. 受贈者である子や孫が、前年の合計所得金額が1000万円以下でなければならない。父親である長男Cさんの合計所得金額ではなく、孫Dさんの合計所得金額で判定する。

3. 受贈者が30歳になった時点で残額があった場合、贈与税の課税対象となる。22歳ではない。ただし、受贈者が在学中である時など、40歳まで延長される場合がある。（答：1）

2. 長男Cさんは、Aさんより贈与されているため、特例贈与財産としての税率で計算する。

贈与税の課税価格：600万円－110万円＝490万円

贈与税額：490万円×20％－30万円＝68万円（答：1）

3.

1. 適切。配偶者の税額の軽減：被相続人の配偶者が取得した財産が1億6千万円、もしくはその金額を超えて配偶者の法定相続分相当額以下であれば、相続税は課税されない。

2. 適切。小規模宅地等の特例における特定居住用宅地等に該当する場合、330m^{2}までを限度に、相続税の評価額を80％減額できる。

　自宅の敷地　300m^2　7,000万円

　減額分：7,000万円×80％＝5,600万円

　相続税の課税価格：7,000万円－5,600万円＝1,400万円

3. 不適切。相続税の申告書は、相続の開始を知った日の翌日から10カ月以内に、被相続人の死亡時の住所地を管轄する税務署に提出する。（答：3）

Index 索引

FP教科書
いつもバタ子さんのFP3級
テキスト&過去問題集
2024-2025年版

2024 年 5 月 28 日 初版第 1 刷発行

著者	青山 雅恵・溝江 淳子
監修	NPO法人Wco.FPの会
発行人	佐々木 幹夫
発行所	株式会社 翔泳社
	(https://www.shoeisha.co.jp)
印刷・製本	日経印刷株式会社

©2024 Masae Aoyama, Akiko Mizoe

ISBN978-4-7981-8276-6
Printed in Japan

著者紹介

青山 雅恵(Chapter1〜3担当)

NPO法人Wco.FPの会　理事長(AFP・2級FP技能士)
京都大学経済学部卒業。都銀総合職として法人営業等を担当。結婚後渡米し、米銀行勤務の後、出産・子育てを経て、2012年生活クラブFPの会入会。
2018年6月より現職。

溝江 淳子(Chapter4〜6担当)

NPO法人Wco.FPの会　副理事長(CFP・1級FP技能士・産業カウンセラー)。法人会計を担当。

監修者紹介

NPO法人Wco.FPの会

FP資格を保有する生活クラブ生協(生活クラブ事業連合生活協同組合)の組合員が主体となり、組合員の保険の見直し相談や学習会の講師業務を担うため、2002年に「生活クラブFPの会」を設立。
生活クラブ生協グループの組合員を対象とした学習会(ライフプラン講座)、3級FP技能士養成講座、行政・福祉団体向けの学習会等で講師を担当するとともに、個人相談業務も行っている。
2019年3月、東京都の認証を受けてNPO法人となり、現在に至る。

ブックデザイン

株式会社 細山田デザイン事務所
細山田 光宣・柏倉 美地
イラスト
香川 尚子
DTP
株式会社 シンクス